LES

TRIBUNAUX

SECRETS

PARIS. — TYPOGRAPHIE DE E. ET V. PENAUD FRÈRES
10, rue du Faubourg Montmartre

LES

TRIBUNAUX SECRETS

OUVRAGE HISTORIQUE

PAR

PAUL FÉVAL

FRANCS JUGES. — FANATIQUES. — CONSPIRATEURS. — DRUIDES. — ASSASSINS. —
THAUMATURGES. — INQUISITEURS. — PROPHÈTES. — MALLY MAGUIRES.
— ENFANTS BLANCS. — PIEDS NOIRS. — ROIS. — TRIBUNS. —
ESCLAVES. — CARBONARI. — TEMPLIERS. —
CHEVALIERS DE MALTE, ETC., ETC.

ORIGINES MYSTÉRIEUSES, RÉVÉLATIONS HISTORIQUES
REVERS DES MÉDAILLES ILLUSTRES

ILLUSTRATIONS DE R. DE MORAINE, STAAL ET FERDINAND

TOME CINQUIÈME

PARIS

EUGÈNE ET VICTOR PENAUD FRÈRES, ÉDITEURS
10, RUE DU FAUBOURG-MONTMARTRE

1852

LES

TRIBUNAUX SECRETS

LES TEMPLIERS.

INTRODUCTION.

Causes de la Croisade. — Persécutions en Orient. — La folie de la Croix.

Pour parler des Templiers et des mystères de leur Ordre, il faut parler de Jérusalem et aller à la première croisade.

C'était, en effet, cette époque guerrière et grande où l'Europe tout entière se précipitait vers la Terre sainte sous le glorieux étendard du Christ. C'était l'époque où, selon l'expression de saint Paul, régnait la *Folie de la Croix*. Au seul nom de la croix, les lois suspendaient leurs menaces, la tyrannie lâchait ses victimes, et la justice ouvrait la main qui tenait les coupables dès que ceux-ci s'écriaient : je veux aller à Jérusalem !

Quelques seigneurs qui n'avaient point d'abord pris la croix, et qui voyaient partir leurs vassaux sans pouvoir les arrêter, prirent le parti de les suivre comme chefs militaires pour conserver leur autorité. Le plus grand nombre n'eut pas besoin de ce stimulant : comtes et barons n'hésitèrent point à quitter l'Europe, que le concile de Clermont venait de déclarer en état de paix, et qui ne devait plus leur offrir l'occasion de signaler leur valeur.

Beaucoup de causes avaient encore contribué à entraîner vers l'Orient ces armées innombrables, qui devaient y trouver la mort.

L'Église n'avait point encore renoncé à l'usage d'imposer des pénitences publiques[1] ; un grand nombre de pécheurs, dit M. Michaud, rougissaient de reconnaître ainsi leurs fautes devant leurs concitoyens et leurs proches ; ils aimèrent mieux courir le monde, et s'exposer aux dangers et aux fatigues d'une belliqueuse expiation.

D'un autre côté, le tribunal de la pénitence ordonnait quelquefois aux fidèles, surtout aux guerriers, de s'ensevelir dans la retraite, et d'éviter avec scrupule la dissipation et les combats. Qu'on juge de la révolution qui dut s'opérer dans les esprits, lorsque l'Église elle-même sonna tout-à-coup la trompette, et qu'elle présenta, comme agréables à Dieu, l'amour des combats, la gloire de vaincre, l'ardeur des périls.

Ces nouvelles dispositions servirent merveilleusement à la guerre sainte, et augmentèrent sans cesse le nombre des pèlerins et des soldats de la croix.

D'ailleurs, le clergé fit mieux que de prêcher : il donna lui-même l'exemple. La plupart des évêques, qui portaient le titre de comte et de baron, et qui faisaient souvent la guerre pour soutenir les droits

---

[1] Voir l'*Inquisition*.

de leurs évêchés, crurent devoir prendre les armes pour la cause de Jérusalem perdue; et pour donner plus de poids à leurs prédications, ils prirent la croix.

Bien que des causes sans nombre eussent contribué à jeter la population de l'Europe sur l'Asie; à cette époque merveilleuse, cependant, il ne faut pas l'oublier, le premier et le principal mobile qui mettait le monde chrétien en mouvement, c'était l'enthousiasme religieux. A cette époque, la passion du pèlerinage était devenue une passion ardente et jalouse. On ne voyait plus les religieux que dans la guerre contre les Sarrasins; l'amour de la patrie, les liens de la famille, les plus tendres affections du cœur, furent sacrifiés aux idées et aux opinions qui entraînaient toute l'Europe.

La modération était une lâcheté, l'indifférence une trahison, l'opposition un attentat sacrilége.

Les artisans, les marchands, les laboureurs, abandonnaient leurs travaux et leur profession; les barons et les seigneurs renonçaient aux domaines acquis par la valeur et les exploits de leurs pères. Les terres, les villes, les châteaux, pour lesquels on s'était fait la guerre, perdirent tout à coup leur prix aux yeux de leurs possesseurs, et furent donnés pour des sommes modiques à ceux que la grâce n'avait point touchés, et qui n'étaient point appelés au bonheur de visiter les saints lieux et de conquérir l'Orient. Ces gens prudents purent faire, à peu de frais, de magnifiques fortunes, et, si l'on réfléchit qu'il y a toujours belle quantité de cœurs industriels qui préfèrent ceinture dorée à bonne renommée, on doit penser que la puissance de certaines grandes familles a eu pour origine ces transactions quelque peu ignobles.

Ceux que l'âge, ou la maladie retenait en Europe, faisaient des vœux ardents pour le succès des croisades. Les femmes, les enfants, les clercs, les vieillards, s'imprimaient des croix sur le front ou sur d'autres parties de leur corps, comme s'ils eussent pensé s'associer ainsi aux indulgences qu'allaient gagner ceux qui se *croisaient*.

Les moines désertaient les cloîtres dans lesquels ils avaient fait vœu de mourir, et se croyaient entraînés par une inspiration divine; les ermites et les solitaires sortaient des forêts et des déserts pour venir se mêler à la foule des *croisés*.

Les brigands, les voleurs, les assassins eux-mêmes, comme touchés par l'enthousiasme universel, quittaient leurs retraites inconnues, venaient confesser leurs péchés et leurs crimes, et réclamaient l'honneur d'aller expier leurs forfaits en Palestine.

L'abbé Guibert cite l'exemple d'un moine qui se fit une large incision au front en forme de croix, et l'entretint avec des sucs préparés. Il eut soin de dire qu'un ange lui avait fait cette incision; ce qui lui procura dans le voyage et pendant la guerre tous les secours qu'il pouvait désirer. Il devint plus tard archevêque de Césarée.

Il y a des *artistes* partout!

Foulcher de Chartres raconte encore qu'un vaisseau chargé de croisés ayant échoué sur la côte de Brindes, tous les corps des naufrayés parurent avec une espèce de croix empreinte sur la chair à l'endroit même où, pendant leur vie, ils l'avaient portée sur leurs habits.

Ce qui avait surtout appelé l'attention et la commisération de l'Europe sur la Palestine, c'étaient toutes ces honteuses persécutions dont les chrétiens étaient victimes; chaque jour, de nouvelles révélations étaient faites et répandaient l'horreur et l'indignation dans toute la chrétienté.

« Il est impossible, dit Guillaume de Tyr, de se faire une idée de toutes ces persécutions. »

Parmi les traits de barbarie, cités par les historiens, il en est un que nous croyons devoir rapporter :

« Un des ennemis les plus acharnés des chrétiens, pour irriter davantage la haine de leurs persécuteurs, jeta, pendant la nuit, un chien mort dans une des principales mosquées de la ville ; les premiers musulmans qui vinrent à la prière du matin furent saisis d'horreur à la vue de cette profanation. Bientôt des clameurs menaçantes circulent dans la ville sainte ; la foule s'assemble en tumulte autour de la mosquée ; on accuse les chretiens ; on jure de laver dans leur sang l'outrage fait à Mohammed.

« Le moment était critique ; tous les fidèles allaient être certainement immolés à la vengeance des musulmans, quand tout à coup un jeune homme, dont l'histoire n'a pas conservé le nom, fend les rangs interdits de la foule, et se précipite au-devant des musulmans, dont il brave la fureur, et qu'un instant il contient par son audace et son courage.

« Puis, il se retourne vers les chrétiens.

« Le plus grand malheur qui puisse arriver, leur dit-il, c'est que l'Église de Jérusalem périsse : l'exemple du Sauveur nous apprend qu'un seul doit s'immoler au salut de tous ; promettez-moi de bénir tous les ans ma mémoire, d'honorer toujours ma famille, et j'irai, avec l'aide de Dieu, détourner la mort qui menace tout le peuple chrétien.

« Les fidèles acceptèrent le sacrifice du généreux martyr, et jurèrent de bénir à jamais sa mémoire.

« Le jeune homme n'en attendit pas davantage, et alla aussitôt s'accuser lui-même auprès des juges musulmans.

« En récompense de cette action qui les avait sauvés, les chrétiens décidèrent que, pour honorer sa race, dans la procession solennelle qui se fait tous les ans aux fêtes de Pâques, chacun de ses parents porterait, parmi des rameaux de palmiers, l'olivier consacré à Jésus-Christ. »

Mais de bien autres malheurs attendaient encore les chrétiens de la Palestine ; toutes les cérémonies du culte furent interdites ; la plupart des églises converties en étables ; celle du saint Sépulcre fut renversée de fond en comble. Les chrétiens, chassés de Jérusalem, se dispersèrent dans toutes les contrées de l'Orient.

Les vieux historiens racontent que le monde partagea le deuil de la ville sainte, et fut saisi de trouble et d'effroi.

L'hiver, avec tous ses frimas, se montra dans ces régions où il était inconnu.

Le Bosphore et le Nil roulèrent des glaçons. Un tremblement de terre se fit sentir dans la Syrie et dans l'Asie-Mineure; et ces secousses, qui se répétèrent pendant deux mois, renversèrent plusieurs grandes villes.

Quand toutes ces calamités furent connues en Europe, que le bruit des persécutions y parvint répété par les milliers de pèlerins qui revenaient de Terre sainte, un long cri de douleur et d'indignation se fit entendre; puis, il y eut un homme courageux, ardent, énergique, un homme que le zèle religieux, que la *sainte folie de la foi* exaltaient, et cet homme prit un jour, en main, l'image éclatante du Christ, mort sur le calvaire, et se mit à parcourir le monde, entraînant partout, sur ses pas, la foule émue et attendrie, et soulevant à sa voix toute la chrétienté enthousiaste!

C'en était fait!

Dès ce moment, la croisade était décidée, et toute l'Europe chevaleresque allait, pendant quelques années, passer sur les rives de l'Asie!

CHAPITRE PREMIER.

L'armée chrétienne occupait une portion de la Syrie depuis quelques années déjà, et ce n'est que grâce à des combats incessants qu'elle était parvenue à s'y maintenir. Elle s'était successivement emparée d'Antioche et de la plupart des villes du littoral, mais c'est vers Jérusalem que se portaient naturellement tous les regards.

L'invasion n'avait, en effet, pas eu d'autre but, et si l'on n'entrait pas dans la ville sainte, si l'on ne délivrait pas le tombeau du Christ, la croisade était inutile, et pouvait être considérée comme non avenue.

Un jour, l'armée presque tout entière s'ébranla, et l'on se dirigea, enseignes déployées, vers Jérusalem.

Ce fut un grand et magnifique spectacle.

Les chroniques contemporaines mettent une emphase orgueilleuse à dépeindre l'ordre admirable qui régnait dans cette armée, si longtemps agitée par la discorde.

A la tête de la foule des pèlerins dont l'on était censé protéger le voyage, marchaient des porte-étendards aux diverses couleurs des alliés ; ensuite venaient les différents corps de l'armée, puis le clergé et la foule du peuple, sans armes, fermant la marche.

Les trompettes éclataient en joyeuses fanfares.

Les premiers rangs s'avançaient lentement, afin que les plus faibles pussent suivre les drapeaux. Chacun veillait à son tour pendant la nuit, et lorsqu'on avait sujet de craindre quelque surprise, toute l'armée se tenait prête à combattre.

Il régnait à toute heure un mouvement, un enthousiasme digne de la cause sainte que l'on servait : les chefs et les prêtres exhortaient tous les croisés à s'aider les uns les autres, à donner l'exemple des vertus évangéliques ; tous étaient braves, patients, sobres, charitables.

On comprend combien d'alertes devaient troubler, à de certains jours, l'ordre que l'on essayait de maintenir dans les rangs de cette étrange armée.

Ce pays que l'on traversait était inconnu à tous ; bien souvent les croisés avaient à traverser des torrents suspendus au-dessus d'abîmes sans fond.

Mais les musulmans craignaient au moins autant leur approche, qu'ils pouvaient craindre eux-mêmes les embûches des musulmans. Ils ne rencontrèrent point d'ennemis dans ces lieux où , d'après le récit d'un témoin oculaire, *cent guerriers sarrasins auraient suffi pour arrêter le genre humain tout entier.*

Descendus dans la plaine, ils traversèrent les terres historiques de Berithe, de Tyr et de Sidon. Les musulmans, effrayés et enfermés dans leurs murailles, envoyèrent aux pèlerins des provisions, les conjurant de respecter les jardins et les vergers.

Mais bientôt une autre crainte remplaça celle que leur avaient un instant inspirée les musulmans.

Comme ils séjournèrent trois jours près du fleuve Adouis, ils furent assaillis par des serpents et des insectes qu'on appelait *tarenta*, et dont la piqûre déterminait une enflûre subite, accompagnée de douleurs insupportables et bien souvent mortelles. La vue de ces reptiles qu'ils chassaient, soit en frappant des pierres les unes contre les autres, soit en faisant retentir leurs boucliers, remplit les pèlerins de surprise et de terreur.

Enfin ils quittèrent ce pays, et l'armée arriva bientôt sous les murs d'Accou, l'ancienne Ptolémaïs, aujourd'hui Saint-Jean-d'Acre.

L'émir qui commandait dans cette ville pour le kalife d'Égypte leur envoya des vivres, et leur promit de se rendre lorsqu'ils seraient maîtres de Jérusalem.

Comme les croisés n'avaient point l'intention de s'emparer de Ptolémaïs, ils reçurent avec joie la soumission et les promesses de l'émir égyptien, mais ils découvrirent bientôt que ces promesses n'étaient qu'un odieux mensonge et une embûche.

En effet, l'armée chrétienne venait de s'éloigner de Ptolémaïs, et campait près de l'étang de Césarée, lorsqu'une colombe échappée des serres d'un oiseau de proie vint tomber, sans vie, aux pieds des soldats chrétiens. L'évêque d'Apt, qui ramassa cet oiseau, trouva sous ses ailes une lettre écrite par l'émir de Ptolémaïs à celui de Césarée.

« La race maudite des chrétiens, disait l'émir, vient de traverser « mon territoire; elle va passer sur le vôtre; que tous les chefs

« des villes musulmanes soient avertis de sa marche, et qu'ils
« prennent des mesures pour écraser nos ennemis. »

Les croisés, selon le rapport de Raimond d'Agiles, dès qu'ils con-
nurent le contenu de cette lettre, firent éclater leur surprise et leur
joie, et ils ne doutèrent plus que Dieu ne protégeât leur entreprise,
puisqu'il leur envoyait les oiseaux du ciel pour leur révéler les secrets des infidèles.

Remplis d'enthousiasme, ils se remirent en marche avec une ardeur nouvelle, et s'avancèrent à travers les montagnes de la Judée.

Pendant que ces faits se passaient de ce côté, les musulmans qui
habitaient les deux rives du Jourdain, les frontières de l'Arabie et
les vallées de Sichem, accouraient dans la capitale de la Palestine,
les uns pour la défendre les armes à la main, les autres pour y chercher un asile avec leurs familles et leurs troupeaux. Sur leur passage, les chrétiens du pays étaient accablés d'outrages et chargés
de fers, les oratoires et les églises livrés au pillage et aux flammes.

Toutes les contrées voisines de Jérusalem présentaient le spectacle de la plus profonde désolation : les campagnes et les cités
retentissaient partout du tumulte et des menaces de la guerre, et
les populations épouvantées s'attendaient à quelque terrible catastrophe.

Une nuit, comme l'armée des francs d'Europe venait d'arriver à
Emmaüs, ville considérable au temps des Macchabées, et qui n'était
plus qu'une bourgade connue sous le nom de Nicoplis, quelques
chrétiens de Bethléem accoururent implorer leur secours. Touché
de leurs prières, l'héroïque Tancrède partit au milieu de la nuit avec
trois cents guerriers, et planta le drapeau des croisés sur les murs
de la ville, à l'heure même, dit-on, où Jésus-Christ avait pris naissance, et où il avait été annoncé aux bergers de la Judée.

Cependant l'armée tout entière était debout sous les armes; nul
n'avait tentation de se livrer au sommeil. Jérusalem était là, de-

vant eux, à quelques pas. Tous les regards se faisaient ardents, comme s'ils eussent voulu éclairer la ville ; mais l'ombre les envahissait de toutes parts, et ils ne pouvaient rien distinguer.

On dit même que plusieurs pèlerins, moins patients ou plus téméraires, ne purent attendre le jour, et, devançant les drapeaux, bravant tous les dangers, ils coururent aux portes de la ville sainte, et revinrent dire à leurs compagnons d'armes ce qu'ils avaient vu.

L'enthousiasme des croisés était déjà à son comble ; que fut-ce donc quand l'aube naissante, blanchissant à l'horizon, vint éclairer la ville de ses premiers rayons ?

Il est éblouissant, il est radieux le soleil de ces contrées. Il vous ravit au matin, alors qu'il commence sa course dans l'immensité des plaines azurées ; il vous ravit avant de darder sur votre tête le plomb brûlant de ses rayons du midi : avant d'écraser votre front comme une massue de fer, il vous enchante.

Un cri universel courut dans tous les rangs, les enseignes se déployèrent d'elles mêmes, les trompettes éclatèrent, l'armée s'ébranla rangée en bataille, et le nom vénéré de Jérusalem vola de bouche en bouche.

Alors toute cette foule pieuse et attendrie précipite sa marche ; les cavaliers descendent de cheval, et s'avancent les pieds nus ; les uns se jettent à genoux, et remercient le ciel ; les autres, prosternés dans la poussière, baisent avec transport une terre honorée par la présence du sauveur du monde.

« Quand nous approchâmes de la ville, dit l'un de ces héroïques chevaliers, le Seigneur nous montra Jérusalem : nous avions beaucoup souffert dans notre voyage, mais nous crûmes alors entrer dans le ciel ! »

Enfin, après tant d'obstacles, ils étaient arrivés au terme de leur voyage ; Dieu avait exaucé leurs vœux : ils allaient délivrer à jamais le tombeau sacré du Christ !

L'histoire fournit peu de documents positifs sur la fondation et l'origine de Jérusalem.

« L'opinion commune [1] est que Melchisédech, qui est appelé roi
« de *Salem* dans l'Écriture, y faisait sa résidence ; elle fut ensuite la
« capitale de Jébuséens, ce qui lui fit donner le nom de ville de Jébus.
« Il est probable que du nom de Jébus et de celui de Salem, qui
« signifie *vision* ou *séjour de la paix,* on aura formé le nom de Jé-
« rusalem, qu'elle porta sous les rois de Juda. »

Dès la plus haute antiquité, Jérusalem ne le cédait en magnificence à aucune des villes de l'Asie. Jérémie la nomme la *ville admirable :* David l'appelle la *plus glorieuse et la plus illustre des villes d'Orient.*

Au temps des croisades, comme encore aujourd'hui, Jérusalem formait un carré long d'une lieue environ de circuit.

Elle renfermait dans cette étendue quatre collines : à l'orient ; le *Moriah,* où la mosquée d'Omar avait été bâtie à la place du temple de Salomon ; au midi et au couchant, l'*Acra,* qui occupait toute la largeur de la ville ; au septentrion, le *Bezetha* ou la ville neuve ; au nord-ouest, le *Golgotha* ou le Calvaire, que les Grecs regardaient comme le centre du monde, et sur lequel s'élevait l'église de la Résurrection.

Dans l'état où se trouvait alors Jérusalem, elle avait beaucoup perdu de sa force et de son étendue. Le mont Sion n'était plus enfermé dans son enceinte, et dominait ses murailles entre le midi et l'occident. Les trois vallées qui environnaient ses remparts avaient été en plusieurs endroits comblées par Adrien, et l'accès de la place était beaucoup moins difficile, surtout du côté du nord.

Cependant, comme sous la domination des Sarrasins, Jérusalem excitait sans cesse l'ambition des conquérants, et que, chaque jour,

[1] *Histoire des Croisades*, par Michaud.

de nouveaux ennemis s'en disputaient la possession, on n'avait point négligé de la fortifier.

Les Égyptiens, qui venaient, en dernier lieu, de la conquérir sur les Turcs, se préparèrent donc à la défendre, non contre les guerriers qu'ils avaient vaincus, mais contre des ennemis que les remparts d'Antioche et d'innombrables armées n'avaient pu arrêter dans leur marche impétueuse.

Les vivres, les munitions nécessaires à un long siége avaient été transportées dans la place. Un grand nombre d'ouvriers s'occupaient jour et nuit de creuser les fossés, de réparer les tours et les remparts. La garnison s'élevait à peu près à quarante mille hommes; vingt mille habitants avaient pris les armes.

Les imans parcouraient les rues, exhortant le peuple à la défense de la ville; des sentinelles veillaient sans cesse sur les minarets et sur les hauteurs de Sion et du mont des Oliviers; enfin tout avait été préparé dans le but d'une résistance énergique et longue.

De leur côté, les chrétiens n'avaient rien négligé de ce qui pouvait faciliter le succès de leur entreprise. Ils formèrent le siége de la place selon les règles ordinaires de la stratégie, et se distribuèrent les postes.

Le duc de Normandie, le comte de Flandre, Tancrède campèrent vers le septentrion, depuis la porte d'Hérode jusqu'à la porte de Cedar. Près des Flamands, des Normands et des Italiens se placèrent les Anglais, commandés par Edgard Adeling, et les Bretons, conduits par leur duc Alain Fergent, le sire de Chateau-Giron et le vicomte de Dinan.

Godefroy, Eustache, Baudouin du Bourg établirent leurs quartiers entre l'occident et le nord, autour de l'enceinte du Calvaire, depuis la porte de Damas jusqu'à celle de Jaffa. Le comte de Toulouse plaça son camp à la droite de Godefroy, entre le midi et l'occident.

Par ces dispositions, les assiégeants laissèrent libres les côtés de la ville qui étaient défendus, au midi par la vallée de Siloë, et vers l'orient par la vallée de Josaphat.

Cependant l'ardeur des croisés était mal contenue par leurs chefs, et chaque jour quelques escarmouches avaient lieu sur toute la ligne du camp.

Chaque pas que faisaient les pèlerins leur rappelait un souvenir cher à la religion. Ce territoire révéré des chrétiens n'avait point de vallée, point de rocher qui n'eût un nom dans l'histoire sacrée. Tout ce qu'ils voyaient réveillait ou échauffait leur enthousiasme. Ils ne pouvaient surtout détacher leurs regards de la ville sainte, et gémissaient sur l'état d'abaissement où elle était tombée.

Cette cité, jadis si superbe, dit M. Michaud, semblait ensevelie sous ses propres ruines, et l'on pouvait alors, pour nous servir de l'expression de Josèphe, se demander dans Jérusalem même où était Jérusalem.

Avec ses maisons carrées, sans fenêtres, et surmontées d'une plate-forme, elle s'offrait aux regards étonnés des croisés comme une masse énorme de pierres entassées entre des rochers. On n'apercevait çà et là, dans son enceinte, que quelques cyprès et des bosquets d'aloès et de térébenthine, parmi lesquels s'élevaient des cloches dans le quartier des chrétiens, et des mosquées dans celui des infidèles.

Dans les campagnes et les vallées voisines de la ville, que la tradition représentait comme couvertes de jardins et d'ombrages, croissaient avec peine des oliviers épars et l'arbuste épineux du rhamnus.

L'aspect de ces campagnes stériles et des montagnes brûlées par un soleil ardent, présentait partout aux pèlerins des images de deuil, et mêlait une sombre tristesse à leurs sentiments religieux.

Ce qui enflamma surtout leur zèle, ce fut l'arrivée d'un grand nombre de chrétiens sortis de Jérusalem, et qui, privés de leurs biens, chassés de leurs maisons, venaient chercher des secours et un asile au milieu de leurs frères d'Occident. On les pressa de questions, et ils firent un triste tableau des persécutions que les musulmans faisaient éprouver à tous ceux qui adoraient Jésus-Christ.

« Les femmes, les enfants, les vieillards, disaient-ils avec des
« larmes, étaient retenus en ôtage ; les hommes en état de porter
« les armes se trouvaient condamnés à des travaux qui surpassaient
« leurs forces. Le chef du principal hospice des pèlerins avait été
« jeté dans les fers avec un grand nombre de chrétiens. On avait
« pillé les trésors des églises pour fournir à l'entretien des soldats
« musulmans. Le patriarche Siméon s'était rendu dans l'île de
« Chypre pour y implorer la charité des fidèles et sauver son trou-
« peau, menacé de la destruction, s'il ne payait pas le tribut énorme
« imposé par les oppresseurs de la ville sainte. Chaque jour enfin,
« les chrétiens de Jérusalem étaient accablés de nouveaux outrages,
« et plusieurs fois les infidèles avaient formé le projet de livrer aux
« flammes et de détruire de fond en comble le Saint-Sépulcre et
« l'église de la Résurrection. »

A ce récit, tous les croisés demandèrent l'assaut, et il ne fut bientôt plus possible de le refuser à leur ardeur impatiente.

Le signal fut donc donné, et l'armée chrétienne, guidée par les transfuges de la ville, s'avança vers les remparts.

Les uns, réunis en bataillons serrés, se couvraient de leurs boucliers, qui formaient sur leur tête une voûte impénétrable ; ils s'efforçaient d'ébranler les murailles à coups de piques et de marteaux, tandis que les autres, rangés en longues files, restaient à quelque distance, et se servaient de la fronde et de l'arbalète.

L'huile et la poix bouillante, de grosses pierres, d'énormes poutres tombaient sur les premiers rangs des chrétiens : rien ne pouvait arrêter l'audace des assaillants.

Le premier mur s'écroula bientôt sous leurs efforts, et les échelles furent aussitôt appliquées contre le second.

Alors il y eut un moment d'hésitation.

Les premiers qui graviraient ces échelles étaient certains de trouver la mort sur les remparts, et un mouvement d'indécision, mais non de lâcheté, se manifesta dans les rangs des chrétiens.

Enfin, un homme sortit de la foule, et, brandissant son épée, jeta d'un air inspiré son bouclier dans le fossé :

— *Dieu le veut! Dieu le veut!* s'écria-t-il en regardant le ciel, suivez-moi!...

Cet exemple suffit ; vingt braves s'élancèrent à sa suite, et, quelques secondes après, les remparts étaient couverts d'un bataillon de guerriers décidés à mourir plutôt que de revenir sur leurs pas.

Malheureusement les Sarrasins étaient beaucoup plus nombreux ; ils s'étaient précipités à l'envi sur le point menacé, et maintenant les chrétiens tombaient sous leurs cimeterres comme les épis sous la faux du moissonneur.

Un seul restait debout...

C'était celui qui avait donné le signal de l'assaut. On eût dit qu'une puissance divine le protégeait et parait les coups qui pleuvaient de toutes parts sur lui.

Cependant les Sarrasins formaient autour de lui un cercle qui allait se rétrécissant à chaque instant; il n'était plus déjà qu'à quelques pas de la limite extrême des remparts ; enfin, ses adversaires se ruèrent sur lui dans un dernier élan, et il alla rouler dans le fossé profond.

Toute l'armée chrétienne avait été témoin du courage déployé par ce héros ; un cri s'échappa à la fois de toutes les poitrines quand on le vit tomber, et mille guerriers se précipitèrent pour lui porter secours. Mais quand ils arrivèrent près de lui, ils s'arrêtèrent stupéfaits.

Son casque avait roulé près de lui ; il était légèrement blessé au front ; et ses cheveux, dont le sang avait rougi quelques mèches, tombaient longs et noirs sur son armure.

C'était un tout jeune homme ; il avait vingt ans à peine ; et il était si beau que quelques-uns le prirent pour une femme.

II.

On le transporta aussitôt, avec les plus grandes précautions, dans la tente la plus voisine, qui se trouvait être celle du comte Aimery ; on lui enleva ses vêtements, et on le déposa sur un lit magnifique, celui du comte lui-même. Puis, on le livra aux médecins qui prirent soin de sa blessure, laquelle n'était point mortelle.

Cependant, tout le camp parlait du guerrier mystérieux, de cet enfant héroïque qui avait un instant fait la victoire indécise, et chacun se demandait qui il était et d'où il venait.

Le comte Aimery fut le premier à reconnaître son hôte.

En effet, pendant qu'on enlevait au jeune homme les habits de pèlerin dont il était revêtu, comme il avait été lui-même témoin de ses exploits, et qu'il désirait, plus que tout autre peut-être, savoir de quel nom saluer ce guerrier courageux, il avait recommandé à ses serviteurs de lui rapporter tout ce qui pourrait mettre sur la trace de son origine.

Les serviteurs n'avaient pas tardé à lui apporter une sorte de charte de voyage, espèce de lettre de recommandation ou de passeport, comme on en délivrait habituellement, à cette époque, à tous ceux qui partaient d'Europe pour la Terre-sainte.

Cette lettre était ainsi conçue :

« A tous les saints, aux vénérables frères, aux rois, aux seigneurs, aux évêques, aux comtes, aux abbés, et au peuple chrétien, en général, tant des villes que des campagnes et des monastères.

« Au nom de Dieu, faisons savoir à votre Grandeur ou à votre Sainteté, que le porteur des présentes chartes, notre frère, Jacques de Maillé, nous a demandé la permission d'aller paisiblement en pèlerinage, afin de prier pour notre conservation, et d'aider à la délivrance du saint Sépulcre ; c'est pourquoi nous lui avons délivré ces présentes lettres, dans lesquelles, en vous présentant nos salutations, nous vous prions, pour l'amour de Dieu et de saint Pierre, de le recevoir comme votre hôte, et de lui être utile, soit en allant, soit en revenant, de manière qu'il retourne sain et sauf dans ses foyers ; et, comme c'est votre bonne coutume, faites-lui passer des jours heureux. Que le Dieu qui règne éternellement vous protège et vous garde dans son royaume.

« Nous vous saluons tous avec la plus grande cordialité. »

Au bas de cette lettre pendait le sceau de l'évêque qui l'avait délivrée.

C'était, en effet, Jacques de Maillé qui venait de s'illustrer, aux yeux de toute l'armée chrétienne, par des exploits dignes des plus grands héros.

Jacques avait vingt-cinq ans à ce moment ; il y avait deux ans qu'il avait quitté la France, poussé par cette ardente passion des aventures, qu'il n'avait pu trouver à satisfaire dans son pays.

Le jeune homme avait été élevé dans l'amour de la religion par un pieux abbé qui habitait les environs de Tours, et s'il n'était point entré dans les ordres, à cette époque, c'est que sa famille s'y était formellement opposée.

Devant ce refus obstiné, il n'avait pas hésité, il était parti ; il avait pris le chemin de Jérusalem, et, comme toute l'Europe d'alors se précipitait vers le tombeau du Christ, on n'avait point osé le retenir.

Mais à peine Jacques de Maillé eut-il mis le pied sur cette terre brûlante d'Asie, qu'il sentit se développer une passion effrénée pour les combats ; la religion, loin de tempérer son ardeur, l'exaltait encore ; et il ne demandait au ciel qu'une occasion de mourir avec éclat pour la cause sainte.

Cette occasion, il crut un moment l'avoir trouvée sous les murs de Jérusalem ; mais Dieu le réservait pour d'autres destinées, et ce fut par miracle qu'il put échapper à la fureur des Sarrasins.

Jacques de Maillé n'était pas seulement le plus valeureux et le plus jeune des guerriers de l'armée chrétienne, il en était encore le plus élégant et le plus beau.

Ses traits, quoique fièrement accusés, avaient cependant une exquise douceur et un charme particulier. Ses longs cheveux noirs tombaient en boucles abondantes le long de ses tempes ; ses moustaches, qui allaient naître, portaient déjà une ombre sur les tons plus pâles de ses joues ; enfin, ses yeux, d'un noir d'ébène, semblaient, par moments, lancer de vifs éclairs.

Les héros que le Tasse a chantés, dans son livre immortel, n'avaient ni plus de valeur, ni plus de beauté mâle, et quand le comte Aimery entra dans la chambre où il reposait, il s'arrêta comme ébloui.

Pour le vieux guerrier, cette nature délicate et forte était comme un mystère.

Il ne comprenait le courage que dans un corps robuste, et capable de porter une lourde armure de fer. Il regarda le jeune de Maillé avec une sorte d'admiration superstitieuse, et recommanda à tous ses serviteurs de le traiter comme un hôte de distinction.

Cependant, Jacques de Maillé resta quelques heures dans cet assoupissement qu'avait occasionné la fatigue du combat, et quand il rouvrit ses yeux, c'est à peine si ses paupières appesanties purent soutenir l'éclat du soleil qui pénétrait radieux sous la tente.

Il promena lentement son regard affaibli autour de lui, et le reporta enfin à ses côtés.

Mais alors une singulière apparition vint troubler son esprit, et jeter l'incertitude dans son cœur.

Au chevet de son lit, assise sur un escabeau en bois de senteur, il y avait une jeune fille...

Elle avait seize ans à peine; ses longs cheveux blonds tombaient en tresses dans des résilles de perles de chaque côté de ses tempes; une langueur mélancolique se lisait dans son beau regard bleu, et sur son front éclatait le signe radieux de la candeur et de l'innocence. C'était la fille du comte Aimery; la belle Edme de Poitiers que tant de trouvères ont chantée!

Jacques de Maillé éprouva une émotion inconnue, et il se demanda s'il était mort déjà, que les anges venaient le recevoir et s'asseoir à ses côtés...

Mais les objets qui l'entouraient le rappelaient trop bien au sentiment profond de la réalité pour qu'il pût douter plus longtemps, et, après avoir parcouru d'un regard étonné tous les recoins de la tente, il se retourna ému et timide vers la jeune fille.

— Où suis-je, dit-il d'une voix faible, en passant la main sur son front brûlant.

— Vous êtes chez le comte Aimery de Poitiers, répondit la jeune fille avec un céleste sourire.

— Mais vous, vous, madame, continua le jeune homme, qui donc êtes-vous?

— La fille du seigneur comte.

— Mais quel sentiment vous a donc inspiré cette sainte pensée, de venir près de moi? Qu'ai-je fait au ciel pour qu'il m'accorde une pareille grâce?

La jeune fille rougit et baissa les yeux. Jacques poursuivit:

— Oh! pardon, pardon! madame, dit-il, la fièvre égare ma raison et trouble mon esprit; je vous ai offensée peut-être par trop de hardiesse. Sans doute vous êtes ici, près de moi, comme vous seriez auprès de tout être souffrant, soldat ou capitaine, gentilhomme ou mendiant... Mais si vous saviez, c'est la première fois que je me sens heureux comme on doit l'être au ciel, et je me demande avec inquiétude si je ne rêve pas, et si le sommeil ne doit pas faire fuir bientôt cette création de ma nuit tourmentée.

La jeune fille secoua doucement la tête, et un bon sourire effleura ses lèvres.

— Vous ne rêvez pas, mon sire, répondit-elle, vous avez été blessé ce matin, à l'assaut de la ville, après avoir, sous les yeux de tous les chevaliers qui commandent l'armée, déployé un courage qui vous a conquis l'admiration de tous, et mon père a donné à toute sa maison des ordres sévères pour que les soins ne vous manquassent pas. Vous voyez qu'il a été obéi.

En parlant du fait d'armes accompli par Jacques, les yeux bleus de la belle Edme avaient brillé.

— Ce n'est pas d'aujourd'hui que je connais le renom du comte Aimery, reprit Jacques avec chaleur, c'est un rare modèle d'honneur et de courage chevaleresque, et je m'honore doublement d'être son hôte, et d'avoir pu lui inspirer quelque estime.

— Mon père vous aime, dit Edme, qui baissa les yeux.

— Eh bien! reprit Jacques, après quelques instants d'hésitation, je bénis l'heure où les Sarrasins m'ont rejeté sanglant dans le fossé qui entoure leurs remparts. Sans cette catastrophe, sans cette blessure, il ne m'aurait point été donné de vous voir, de vous entendre.

— Que dites-vous? fit la jeune fille.

— Oh! je ne sais!... poursuivit le jeune homme, en s'emparant doucement de la main d'Edme de Poitiers; mais il me semble que jusqu'à ce jour je n'ai pas vécu; j'ai vingt ans à peine, j'étais triste déjà, inquiet, agité; je cherchais vainement un noble but à ma vie, eh bien! ce but, je l'ai trouvé...

Edme feignit de ne point comprendre, parce qu'elle comprenait trop bien.

Jacques poursuivit :

— Je me précipitais au-devant des dangers avec un saint enthousiasme; mais dans le seul but d'être agréable à Dieu, et ne comptant recevoir la récompense de mes travaux que dans le ciel; maintenant, oh! maintenant, chaque fois que je reviendrai glorieux des combats, mon cœur tressaillera d'aise, la joie éclatera sur mon front et sur mes lèvres, je serai heureux, car je penserai que peut-être, au retour, quelqu'un applaudira à mes exploits, qu'un cœur battra avec le mien, qu'une femme, enfin, une femme me sourira de son plus doux sourire, quand la renommée lui aura dit ma gloire.

La jeune fille écoutait les paroles de Jacques de Maillé, et elle prenait une joie secrète à entendre cette voix jeune et fraîche parler d'amour et d'avenir glorieux; cependant, elle ne crut pas devoir laisser lire dans ses yeux tout ce qui se passait dans son cœur; elle retira la main que Jacques avait prise.

— Prenez garde, dit-elle, en mettant son index sur ses lèvres par un geste plein de grâce enfantine; prenez garde, car c'est maintenant surtout que vous rêvez!

Jacques inclina sa tête sur les coussins.

— Si je rêve, murmura-t-il, au réveil, je prie Dieu qu'il finisse ma vie!

Edme se recula, tant il y avait de passion ardente et vraie dans cette parole.

— Vous êtes faible, murmura-t-elle; ne parlez point tant, mon jeune sire.

Mais empêchez donc de parler un amoureux de vingt ans, qui, la veille, voulait se faire prêtre!

Jacques reprit :

— Y a-t-il longtemps que le comte vous a appelée près de lui?

— Je ne l'ai jamais quitté.

— Votre mère?

— Je l'ai perdue en naissant.

— Et alors vous resterez auprès de votre père?

— Tant que le ciel me le conservera! répondit la fille du comte.

Aimery de Poitiers entra à ce moment, et la jeune fille, après avoir embrassé son père, salua Jacques de Maillé, et se retira.

Jacques passa une nuit de fièvre; mille songes ailés voltigèrent incessamment autour de son lit; il rêva cent fois cette gracieuse et touchante image de la fille du comte, et cent fois le sang afflua avec abondance vers son cœur.

Edme était si belle; il y avait tant de pureté et de candeur sur son front, tant de naiveté et d'innocence charmantes dans ses regards, qu'il ne pouvait évoquer son souvenir sans trouble.

Il l'aimait déjà avec cette ardeur irréfléchie que la jeunesse apporte habituellement dans toutes ses passions.

Il rêvait à de nouveaux combats qui devaient l'illustrer; il venait de gagner noblement ses éperons de chevalier; si le comte de Poitiers était un grand seigneur et lui un pauvre gentilhomme, que n'acquiert-on pas à la pointe d'une bonne lame?

Il rêvait; il espérait, il voulait à force de gloire combler cette distance que la fortune avait mise entre lui et la jeune fille.

Que dire? L'amour ne raisonne pas: c'est une folie du cœur qui fait croire à la réalité au milieu des mondes de la chimère... Aucun obstacle ne pouvait s'élever entre eux, pensait le jeune homme, et il oubliait qu'il venait à peine d'échapper à une mort certaine!

Le lendemain, Jacques ne revit pas Edme, il en éprouva un chagrin profond, mortel. Était-elle indifférente à ce point qu'elle ne désirait même pas s'informer de l'état de sa blessure.

Il est vrai qu'il était tout à fait hors de danger; que les médecins l'avaient déclaré ; que la nouvelle s'en était répandue dans tout le camp, où chacun l'avait accueillie avec joie.

Mais les amoureux cherchent à plaisir tout ce qui peut mettre leur esprit et leur cœur à la torture.

Deux jours se passèrent encore de la sorte ; puis, comme Jacques se vit tout à coup rétabli, qu'il ne voulait pas paraître indiscret en restant davantage sous la tente de son hôte, il annonça que le lendemain même il retournerait à son poste.

Mais son cœur était plein de désespoir et de reproches; il ne pouvait pardonner à Edme de le laisser partir ainsi.

Que lui avait-elle promis, cependant?

La nuit vint.

Ce fut inutilement qu'il chercha le sommeil; le sommeil s'éloigna de lui.

Enfin, vers minuit, au moment où il allait s'assoupir, il crut entendre des pas légers glisser sur le sol ; il rouvrit les yeux... Edme était près de lui.

Edme, pâle et si belle, qu'elle semblait une céleste vision !

— Mais chut!... parlez bas...

— Edme ! Edme ! s'écria-t-il avec ivresse; est-ce bien vous?...

— C'est moi ! répondit la jeune fille.

— Je croyais que vous m'aviez oublié, déjà.

— Et si cela avait été ainsi, dit la jeune fille, avec une douce malice, qu'auriez-vous pensé, messire?

Jacques la regarda dans l'ombre, comme pour s'assurer qu'elle ne parlait pas sérieusement.

— J'aurais pensé, répondit-il, que je n'avais plus qu'à mourir.

— Pourquoi?

— Pourquoi ; vous me demandez pourquoi ! quand depuis deux jours, j'ai formé mille fois le projet de chercher la mort...

— Ah ! tenez, Edme, ne traitez pas légèrement ce sentiment pro-

fond que vous m'avez inspiré... je vous aime ; vous êtes la première
femme dont le regard m'ait ému ; ma vie s'est soudainement illu-
minée du jour où je vous ai vue... Edme, ce n'est pas à mon âge que
l'on trompe, je vous aime !... je vous aime, comme j'ai aimé Dieu ou
ma mère... Sans vous, désormais, la vie me sera triste et lourde à
porter ; j'irai à travers ce monde comme dans un désert, sans joie,
sans plaisir, sans bonheur ; avec vous, au contraire, soutenu par
votre regard, je suis capable des plus glorieux exploits. Mon nom
sera chanté comme celui de Godefroy, et je serai grand parmi les plus
grands guerriers. Edme ! Edme ! c'est la vie, c'est le bonheur que je
vous demande, aurez-vous la cruauté de me repousser ?

La jeune fille avait laissé Jacques parler, et quand il eut fini, elle
reprit à son tour, mais d'une voix où perçait une vague mélancolie :

— Non, dit-elle, non, Jacques, je ne veux point vous repousser, je
sens d'ailleurs que je ne le pourrais plus ; ce n'est pas à mon âge,
non plus, que l'on trompe, et je vous le dis sans détour, j'ai voulu,
pendant deux jours, étouffer ce germe d'amour qui était dans mon
cœur.

— Est-ce possible ? s'écria Jacques de Maillé.

— Est-ce de l'amour ? je n'en sais rien, poursuivit la jeune fille ; il
me semble que si j'avais un frère, je voudrais qu'il vous ressemblât ;
vous avez toutes les qualités que j'estime dans un homme, et je n'ai
jamais aimé personne comme je vous aime !

— Edme ! Edme ! interrompit Jacques avec transport ; vous voulez
me rendre fou de joie !

— J'ai été effrayée moi-même de la puissance avec laquelle ce
sentiment nouveau s'emparait de moi, et, dans mon épouvante,
reprit Edme avec une naïveté charmante, je n'ai rien trouvé de mieux
à faire que d'aller me jeter aux pieds de mon père.

— Votre père !... Et qu'a-t-il dit ?

V.   4

— Il m'a relevée avec bonté, m'a tenue longtemps serrée contre son cœur, puis il m'a embrassée.

— Après! après!

— Après, Jacques, il m'a dit que vous étiez digne de prétendre à la main de sa fille; mais que nous étions tous deux bien jeunes encore; que, d'ailleurs, il ne songeait point à retourner dans sa province, et que notre union ne se ferait qu'en France.

— Et il n'a pas repoussé cette union?

— Non, Jacques.

— Oh! Dieu me comble en ce jour, Edme, s'écria Jacques de Maillé; à la certitude de votre amour, il ajoute la certitude de notre bonheur!... Edme, nous serons heureux!

— Je n'ai pu résister au désir de vous apprendre cette nouvelle.

— Merci! merci! Edme; maintenant viennent les combats, les assauts, les périls!... Que les fidèles osent attaquer nos retranchements, ou soutenir le choc de notre valeur, l'amour, l'espoir, tous les sentiments qui font battre le cœur me soutiendront, et la victoire est assurée à nos drapeaux; Edme, je vous le répète, nous serons heureux!

— Adieu donc, dit la jeune fille en se retirant.

— Vous partez!

— Mon père ignore... A bientôt!

— Oui, oui, à bientôt! s'écria Jacques en couvrant sa belle main de baisers. Oh! que Dieu veille sur vos jours, et exauce mes vœux ardents.

La jeune fille se retira lentement et comme à regret, et bientôt tout rentra dans le silence.

Le lendemain, ainsi qu'il l'avait annoncé, Jacques remercia le comte Aimery de l'hospitalité qu'il lui avait accordée, et retourna reprendre sa place au milieu des pèlerins, où son arrivée fut fêtée avec enthousiasme.

III.

Malgré l'assurance que lui avait donnée la fille du comte Aimery, Jacques était sourdement inquiet.

Les dangers étaient si grands, si fréquents, qu'il ne pouvait penser, sans frémir, aux difficultés qu'il aurait à surmonter pour mener ses amours à un dénoûment heureux.

Il pensait toujours :

Le comte Aimery est un grand seigneur, et moi, je ne suis qu'un pauvre gentilhomme !

Toutefois, ses inquiétudes ne lui enlevaient rien de son ardeur habituelle, et dans les attaques, les alertes, les surprises qui avaient lieu, on était certain de le distinguer toujours au premier rang.

Les opérations du siége avançaient lentement, malgré l'activité incessante déployée par les chrétiens. Quinze jours s'étaient écoulés depuis le premier assaut qui avait été infructueux, et l'on n'avait point osé recommencer : on craignait de perdre des hommes sans profit pour la cause commune.

Durant cette inaction, Jacques allait et venait à travers le camp. On eût dit qu'il se reprochait son oisiveté comme un crime, et, si on l'eût laissé libre de ses mouvements, il eût volontiers monté seul sur les remparts ennemis.

Il n'avait point rencontré la fille d'Aimery depuis le jour où il avait quitté le comte ; deux fois seulement, il l'avait aperçue traversant les rangs respectueux des soldats pour se rendre à la prière.

Qu'il la trouvait belle ainsi, suspendue triste et rêveuse, au bras du vieux comte, son père ; un murmure d'adoration la suivait, et, longtemps après qu'elle avait disparu, les soldats exaltaient sa beauté et sa grâce !

Jacques, cependant, ne pouvait faire un pas ; il était là, debout sur son passage, n'osant avancer ni reculer, cherchant à contenir les cris de bonheur qui emplissaient sa poitrine.

Tout disparaissait pour lui quand Edme s'offrait à sa vue, et, en ce moment, il eût été incapable d'une volonté quelconque.

Quand Edme avait passé, que son regard ne pouvait plus la distinguer au milieu de la foule, il s'enfuyait loin du camp, traversait les plaines désertes, et allait s'asseoir dans la solitude pour rêver à la gracieuse image qu'il emportait dans son cœur.

Il fallait évidemment une fin à cette situation, et Jacques l'appelait de tous ses vœux.

Une nuit, un grand mouvement se manifesta dans le camp. Les fanfares retentissaient; on entendait la voix des chefs appeler les soldats aux armes; il régnait de toutes parts une confusion, une rumeur dont nul d'abord ne comprit nettement la cause.

Jacques s'était jeté rapidement à bas de son lit, avait couru à ses armes, et était allé se ranger sous les ordres du comte Aimery, dont les hommes étaient déjà prêts pour le combat.

C'était une alerte.

Les ennemis avaient cru pouvoir profiter du sommeil des assaillants pour opérer une sortie, pénétrer dans leur camp, et y mettre tout à feu et à sang.

La vigilance des sentinelles avait heureusement déjoué leurs projets, et l'on se préparait, en ce moment, à les repousser et à les poursuivre à leur tour.

Bientôt l'ordre se rétablit sur tous les points du camp assiégé; les chefs reconnurent leurs soldats, les soldats marchèrent vers leurs chefs, et toute l'armée s'ébranla.

Selon la coutume, Jacques avait demandé et obtenu l'honneur de marcher le premier, et déjà il allait s'élancer à la poursuite des ennemis, quand il se sentit tout à coup arrêté.

Il se retourna, et reconnut dans celui qui venait de s'approcher de lui un des serviteurs du comte Aimery.

— Qu'y a-t-il? que me voulez-vous? demanda-t-il à voix rapide et basse.

Le serviteur ne répondit pas, mais il lui glissa dans la main un parchemin que Jacques se hâta d'ouvrir, et de lire à la lueur des torches.

Il y avait sur ce parchemin ces seuls mots :

« Je pars! Adieu!...

« EDME. »

Jacques jeta un cri terrible à la lecture de ce billet, et chercha l'homme qui le lui avait apporté pour lui demander quelques explications.

Mais l'homme avait disparu, et Jacques était seul.

Alors une singulière terreur emplit sa poitrine, une inquiétude mortelle troubla son ame ; il voulut avoir, à tout prix, l'explication de cette fatale énigme, et pendant que ses compagnons s'élançaient, en chantant des versets de l'Écriture, à la poursuite des ennemis, il se précipita vers le comte Aimery, qui se préparait à monter à cheval.

Il l'arrêta brusquement.

— Edme! Edme! lui cria-t-il d'une voix haute et ferme; où est-elle? qu'est-elle devenue?

— Elle est partie! répondit le comte avec un soupir, et en levant les yeux au ciel.

— Partie!

— Depuis deux heures!

— Et qui donc a ordonné ce départ barbare?

— Le conseil des princes croisés.

— Et où la conduit-on?

— Les Sarrasins l'ont emmenée en ôtage à Césarée.

— Et vous avez consenti à vous séparer d'elle?

— C'est Dieu qui l'ordonne! répondit le vieux comte avec une douloureuse résignation; il nous a donné l'exemple d'un pareil sacrifice lorsque son divin fils a souffert sur la croix; je l'ai imité.

— Eh bien, moi, répondit Jacques hors de lui, fou de douleur et de désespoir; moi, monseigneur, je vous dis que si je ne meurs pas cette nuit, j'irai l'arracher des mains qui la retiennent!

Et sans attendre de réponse, le jeune de Maillé s'élance, l'épée à la main, vers l'endroit où la mêlée lui parut la plus sanglante!

Le combat qui suivit fut des plus acharnés; sur tous les points, les morts et les blessés jonchaient le sol; les Sarrasins, énergiquement attaqués, n'abandonnèrent le terrain que pied à pied, et, quand le jour parut, le camp n'offrit qu'un vaste monceau de cadavres appartenant à toutes les nations.

Cependant la valeur de l'armée chrétienne fut couronnée de succès, et les ennemis se virent enfin contraints de chercher un refuge derrière leurs murailles.

Le lendemain, quand chacun chercha ses morts et ses blessés, le comte Aimery releva Jacques de Maillé non loin des portes de la ville; il était couvert de blessures, mais il respirait encore...

On le transporta, pour la seconde fois, dans la tente du comte, où tous les soins lui furent prodigués. Le comte ne le quitta pas d'un instant; il l'aimait déjà comme son fils, maintenant surtout que sa fille était partie, qu'il était seul au monde!

Il lui semblait que Jacques était destiné à remplacer, pour lui, tout ce qu'il avait aimé.

Pendant trois nuits consécutives, il resta à son chevet, attendant avec une grande perplexité qu'il revînt à la vie, et ce fut pour lui une joie sans seconde quand il le vit rouvrir, pour la première fois, les yeux à la lumière.

Cependant le jeune de Maillé n'avait pas encore tout à fait repris ses sens; il ne se rappelait que confusément ce qui s'était passé; il avait comme un vague souvenir, mais il lui eût été impossible de rien préciser. Peu à peu, toutefois, la fièvre diminua; il commença à distinguer les objets qui l'entouraient, et, enfin, il se rappela!...

La crise fut violente; on crut qu'il ne pourrait la supporter dans l'état de faiblesse où il se trouvait; il repoussait avec énergie le vieux comte qui cherchait en vain à apaiser sa colère; il demandait Edme à tous ceux qui s'approchaient; il retomba accablé, anéanti sur son lit, et l'on craignit un moment pour ses jours.

Mais il était jeune, la nature reprit son empire; et, grâce aux soins dont on l'entoura, il ne tarda pas à entrer en pleine convalescence.

Cependant la gaieté ne lui revint pas avec la santé. On le rencontrait toujours seul et sombre; il ne parlait plus, cherchait les endroits les plus déserts pour y pleurer, à son aise, la femme qu'il avait perdue, et qu'il n'espérait plus revoir.

Souvent, il allait loin du camp sur la route qui mène à Césarée; là, il s'asseyait sur quelque rocher élevé, et les regards tournés vers la ville où Edme avait été conduite, il restait des heures entières l'ame agitée, le cœur plein de douleurs.

Le sultan de Césarée avait exigé des ôtages pour ne point attaquer les derrières des chrétiens durant le siége. Mais qui pouvait se fier à la promesse de ce musulman maudit, et quel était le sort réservé à la pauvre Edme?

Vingt fois Jacques avait formé le projet de s'éloigner, d'abandonner l'armée chrétienne, de courir s'offrir lui-même en ôtage au sultan de Césarée, afin de pouvoir veiller sur la fille du comte Aimery et la protéger, s'il en était besoin!

Mais il n'osait point encore mettre son projet à exécution.

D'ailleurs, on le surveillait; le comte le faisait suivre sans qu'il s'en doutât; et puis, il eût regardé comme un crime de s'éloigner de l'armée avant d'avoir concouru à la prise de la ville sainte. Aussi, pressait-il de toute son influence, parmi les pèlerins, le jour où l'attaque devait être ordonnée.

Enfin, le grand conseil se réunit, et le jour fut arrêté irrévocablement.

Comme les Sarrasins avaient élevé un nombre énorme de machines vers les côtés de la ville qui paraissaient les plus menacés par les chrétiens, on arrêta qu'on changerait les dispositions du siége, et que la principale attaque serait dirigée vers les points où l'ennemi n'avait pas fait de préparatifs de défense.

Pendant la nuit, Godefroy fit placer ses quartiers à l'Orient, vers la porte de Cédar, « et non loin de la vallée où Titus avait campé lorsque les soldats pénétrèrent dans les galeries du Temple. »

La tour roulante et les autres machines de guerre, que le duc de Lorraine avait fait construire, furent transportées avec d'incroyables efforts en face des murailles qu'il voulait attaquer.

Tancrède et les deux Robert dressèrent leurs machines entre la porte de Damas et la tour anglaise qui fut dans la suite appelée la *Tour de Tancrède*.

Au lever du jour, les Sarrasins, en voyant ces dispositions nouvelles, furent saisis d'étonnement et d'effroi. Les croisés auraient pu profiter avec avantage des alarmes que ce changement inspirait à leurs ennemis; mais, sur un terrain escarpé, il leur était difficile de faire avancer les tours jusqu'au pied des murailles.

Raymond, surtout, qui était chargé de l'attaque méridionale, se trouvait séparé du rempart par un ravin qu'il fallait combler. Il fit publier, par un héraut, qu'il payerait un denier à chaque personne qui y jetterait trois pierres. Aussitôt une foule de peuple accourut pour seconder les efforts de ses soldats. Une grêle de traits et de flèches, lancés du haut des remparts, ne put ralentir l'ardeur des travailleurs. Enfin, au bout du troisième jour, tout fut achevé, et les chefs donnèrent le signal d'une attaque générale.

« Le jeudi 14 juillet 1099, dès que le jour parut, dit l'auteur que
nous avons déjà cité (Michaud), les clairons retentirent dans le camp
des chrétiens ; tous les croisés volèrent aux armes, toutes les machines s'ébranlèrent à la fois ; des pierriers et des mangonneaux
vomissaient contre l'ennemi une grêle de cailloux, tandis qu'à l'aide
des tortues et des galeries couvertes les béliers s'approchaient du
pied des murailles.

« Les archers et les arbalétriers dirigeaient leurs traits contre les
Sarrasins, qui gardaient les murs et les tours ; des guerriers intrépides, couverts de leurs boucliers, plantaient des échelles dans les
lieux où la place paraissait offrir le moins de résistance.

« Au midi, à l'orient et au nord de la ville, les tours roulantes
s'avançaient vers le rempart, au milieu du tumulte et des cris des
ouvriers et des soldats.

« Godefroy paraissait sur la plus haute plate-forme de la forteresse, accompagné de son frère Eustache et de Baudouin de Boury.
Il animait les siens par son exemple.

« Tous les javelots qu'il lançait, disent les historiens du temps,
portaient la mort parmi les Sarrasins. Raymond, Tancrède, le duc
de Normandie, le comte de Flandre, combattaient au milieu de leurs
soldats ; les chevaliers et les hommes d'armes, animés de la même
ardeur, se pressaient dans la mêlée, et couraient de toutes parts au-
devant du péril.

« Le premier choc fut impétueux et terrible.

« Les chrétiens, indignés, combattaient avec fureur.

« Les assiégés se défendaient avec désespoir.

« On entendait de tous côtés siffler les javelots ; les pierres, les
poutres, lancées par les chrétiens et les infidèles, s'entrechoquaient
dans l'air avec un bruit formidable, et retombaient sur les assaillants. Du haut de leurs tours, les musulmans ne cessaient de lancer
des torches enflammées et des pots à feu. Les forteresses de bois des

chrétiens s'approchaient des murailles, au milieu d'un incendie qui s'allumait de toutes parts.

« Les infidèles s'attachaient surtout à la tour de Godefroy, sur laquelle brillait une grande croix d'or, dont l'aspect provoquait leur fureur et leurs outrages.

« Le duc de Lorraine avait vu tomber à ses côtés un de ses écuyers et plusieurs de ses soldats. En butte lui-même à tous les traits des ennemis, il combattait au milieu des morts et des blessés, et ne cessait d'exhorter ses compagnons à redoubler de courage et d'ardeur.

« Le comte de Toulouse, qui attaquait la ville au midi, opposait toutes ses machines à celles des musulmans ; il avait à combattre l'émir de Jérusalem, qui animait les siens par ses discours, et se montrait sur les murailles, entouré de l'élite des soldats égyptiens.

« Vers le nord, Tancrède et les deux Robert paraissaient à la tête de leurs bataillons. Immobiles sur leur forteresse roulante, ils se montraient impatients de se servir de la lance et de l'épée. Déjà leurs béliers avaient, sur plusieurs points, ébranlé les murailles derrière lesquelles les Sarrasins pressaient leurs rangs, et s'offraient comme un dernier rempart à l'attaque des croisés.

« Cependant, malgré le courage et l'ardeur de ces derniers, l'attaque avançait lentement, et il était à craindre que la journée ne se passât encore cette fois sans résultat.

« Toutes leurs machines étaient en feu ; ils manquaient d'eau, et surtout de vinaigre, *qui seul pouvait éteindre l'espèce de feu* [1] *lancé var les assiégés*. En vain les plus braves s'exposaient aux plus grands dangers, pour prévenir la ruine des tours de bois et des béliers, ils tombaient ensevelis sous des débris, et la flamme consumait jusqu'à leurs boucliers et leurs armures.

« Plusieurs des guerriers les plus intrépides avaient trouvé la

[1] Le feu grégeois.

mort au pied des remparts; un grand nombre de ceux qui étaient montés sur les tours avaient été mis hors de combat ; les autres, couverts de poussière, accablés sous le poids des armes et de la chaleur, commençaient à perdre courage.

« Tout à coup, les croisés, presque découragés, virent apparaître à l'intérieur, sur le mont des Oliviers, un cavalier agitant un bouclier et donnant à l'armée chrétienne le signal pour entrer dans la ville. Godefroy et Raymond qui l'aperçoivent des premiers et en même temps, s'écrient que saint Georges lui-même vient au secours des chrétiens. Le tumulte du combat n'admet ni réflexion ni examen, et la vue du cavalier céleste embrase les assiégeants d'une nouvelle ardeur.

« Ils reviennent à la charge.

« Les femmes mêmes, les enfants, les malades, accourent dans la mêlée, apportant de l'eau, des vivres, des armes, réunissant leurs efforts à ceux des soldats pour approcher des remparts les tours roulantes, effroi des ennemis. Enfin, des ponts-levis sont jetés sur les murailles, des milliers de combattants pénètrent dans la ville.

« Dès-lors ce ne fut plus qu'un immense carnage au milieu d'un immense incendie.

« Les Sarrasins, cherchent en vain à repousser les assaillants, ils sont contraints de fuir ; mais, cernés de toutes parts, ils tombent sous les coups de ceux qui les pressent. »

Ville gagnée ! ville gagnée !

Les historiens ont remarqué que les Croisés avaient pénétré dans Jérusalem un vendredi, à trois heures du soir. C'était le jour et l'heure où Jésus-Christ expira pour le salut des hommes !

CHAPITRE II.

I.

Quand l'enthousiasme qui s'empara de tous les esprits après la prise de Jérusalem se fut un peu calmé, et que l'ordre eut commencé à se rétablir parmi ces troupes un peu indisciplinées, que l'amour de la religion n'avait peut-être pas seul arrachées à la vie d'Europe, le comte Aimery chercha, de toutes parts, le jeune Jacques de Maillé, et s'inquiéta bientôt de ne point l'avoir rencontré dans les lieux saints où chacun s'empressait d'aller faire ses dévotions.

Était-il tombé au milieu de la mêlée? ce n'était guère probable. On connaissait déjà le nombre des principales victimes, et le nom de Jacques n'avait point été prononcé dans cette triste nomenclature.

Le vieux comte fit faire d'actives recherches ; mais tout ce qu'il tenta pour le retrouver fut inutile, et le bruit se répandit bientôt dans toute l'armée que le jeune guerrier s'était laissé emporter par son ardeur à poursuivre les ennemis, et qu'il avait été fait prisonnier.

Cette nouvelle fut accueillie avec un regret universel, et Godefroy de Bouillon témoigna l'intention formelle de ne pas laisser longtemps entre les mains des ennemis un guerrier dont la valeur avait déjà si fort contribué à leur défaite.

Car chacun savait maintenant que ce guerrier mystérieux, qui était apparu à l'armée découragée sur le mont des Oliviers, et qui avait décidé la victoire, c'était Jacques de Maillé.

Saint Georges n'était point descendu du ciel. Jacques de Maillé était aussi vaillant que saint Georges.

Pendant qu'on déplorait ainsi son sort, Jacques était déjà loin de Jérusalem, mais libre, et sans avoir été atteint par la moindre blessure.

Une fois Jérusalem prise, il s'était empressé d'aller s'agenouiller aux portes du saint temple du Christ, avait demandé la protection du ciel pour l'entreprise qu'il projetait, et, s'étant revêtu de nouvelles armes, il avait pris à un ennemi mort un excellent cheval arabe, et était parti dans la direction de Césarée.

C'était là que se trouvait Edme ; c'est là qu'il voulait aller.

Le but de son voyage était d'ailleurs rempli, puisqu'il avait assisté à la délivrance de Jérusalem ; il n'avait plus maintenant qu'à songer à retirer sa fiancée, la seule femme qu'il eût aimée encore, des mains qui la retenaient.

Peu lui importait, à lui, que le vieux comte eût engagé sa parole ; qu'Edme fût considérée comme un ôtage inviolable ; il n'avait, lui, prêté aucun serment ; il n'était lié par aucune promesse, et il souffrait trop de savoir la jeune fille, dont il voulait faire sa femme, exposée aux vengeances d'un peuple qui ne connaissait pas le *droit des gens*.

Il partit.

C'était le soir ; le soleil descendait à l'horizon, laissant flotter derrière lui comme un dernier reflet de son manteau de pourpre ; l'air était parfumé, la nuit s'annonçait calme et silencieuse ; il n'entendait, de temps à autre, que les chants de victoire des soldats chrétiens, qui allaient et venaient à travers les rues ensanglantées de la ville sainte, et s'enivraient de leur propre triomphe.

Jacques était triste, et ne songeait pas à partager l'allégresse universelle.

Ce voyage, qu'il entreprenait, lui semblait incertain ; le succès lui en paraissait douteux ; cependant, il se disait qu'il valait mieux encore mourir en essayant de délivrer la fille du comte Aimery que d'attendre, au milieu de mille tortures, l'instant d'une catastrophe dont la seule pensée faisait bouillir son sang et bondir son cœur.

La route qu'il suivait était monotone ; quelquefois, un petit ruisseau torrentiel précipitait ses ondes tourmentées à ses pieds ; quelquefois, à de longues distances, c'était un petit bois d'aloès ou de térébinthes, gracieux bouquets qui penchaient languissamment leurs têtes courbées par la chaleur du jour. Le plus souvent, c'était un sol aride, âpre, un vent chaud et lourd.

Jacques se laissait aller au pas tranquille de sa monture, et son âme roulait tout un monde de pensées amères. Il avait comme un vague regret de s'éloigner de Jérusalem, et cependant, il eût déjà voulu être près de Césarée.

Son esprit était plein d'irrésolution, et il ne pensait pas, sans de profondes inquiétudes, aux difficultés qui l'attendaient au bout du chemin.

La nuit le surprit au moment où il allait gravir un côteau boisé qui s'étendait à sa gauche, longeant les plaines de la Palestine, jusqu'à la mer.

A travers les premiers voiles transparents du soir, Jacques remarqua cette forêt de Saron ; elle était située sur une côte fort élevée, et, un moment, elle lui offrit un aspect pittoresque, qui lui rappela les sites des plus belles contrées de la France.

Son cœur se serra.

La France!...

Combien de fois n'avait-il pas fait le rêve de retourner, avec Edme, vers cette patrie tant aimée; et là, de finir sa vie d'aventures au milieu des doux épanchements d'un amour partagé !

Mais le sort en avait décidé autrement; il lui fallait maintenant sortir, à tout prix, de cette impasse dans laquelle son ardeur l'avait jeté; il fallait sauver Edme avant de songer à revoir ces sites, dont le souvenir seul suffisait à l'impressionner si fort.

Il secoua ces préoccupations pénibles, et reprit courageusement sa route.

Il commença à entrer dans la forêt de Saron, et à monter le côteau; mais, dès ce moment, les difficultés devinrent presque insurmontables : ce n'était, de tous côtés, que des sables, des rochers, des buissons, des ravins, des côtes escarpées; des branches d'arbres, des troncs entiers renversés de vieillesse ou par accident; des roches énormes barraient la route à chaque pas, et ce n'est qu'avec des peines inouies qu'il parvint à se frayer un passage à travers tous ces obstacles.

Cependant la lune venait de se lever, et elle jetait à travers les branches d'arbres ses rayons pâles.

Dans la situation où se trouvait Jacques, tout était danger; il ne connaissait pas les lieux qu'il traversait; il pouvait rencontrer inopinément sous ses pas quelque ravin profond, quelque précipice; il n'osait avancer ni reculer, ou, s'il se décidait à faire un pas en avant ou en arrière, ce n'était qu'après une prudente hésitation.

Enfin, à un moment où la lune venait de se voiler, et où le chemin tracé avait tout à coup disparu à ses regards, il vit poindre, à une petite distance, une faible lumière qui semblait trembler dans l'ombre.

Jacques remercia le ciel de ce secours qu'il lui envoyait, et descendit aussitôt de son cheval.

Puis, l'ayant attaché solidement à un tronc d'arbre, il tira son épée du fourreau, et marcha résolument vers la lumière.

Quelques minutes après, il arrivait auprès d'une mauvaise cabane faite de branchages et de terre, et dont l'accès n'était défendu que par une mauvaise porte aux ais mal joints.

Jacques écouta un moment, et comme il n'entendit aucun bruit qui pût lui inspirer quelque crainte, il frappa sur la porte avec le pommeau de son épée.

— Qui va là? répondit une voix forte et sonore.

Jacques était déjà rassuré par la langue dans laquelle ces paroles étaient prononcées.

— Un voyageur égaré dans cette forêt, répondit-il, qui vient vous prier de lui indiquer sa route.

La réponse obtint le succès que le jeune homme en attendait, car la porte s'ouvrit presqu'aussitôt, et Jacques vit paraître un beau et majestueux vieillard qui portait le costume classique des anachorètes de ce pays.

— Un croisé! s'écria le vieillard avec enthousiasme.

— Oui, mon père, dit Jacques en s'inclinant respectueusement devant le pieux cénobite.

— Ah! béni soit Dieu! qui vous envoie vers moi; entrez, entrez, mon fils!...

Jacques de Maillé entra dans la cabane du solitaire, et lui raconta, en peu de mots, comment et pourquoi il se trouvait à cette heure égaré dans cet endroit de la forêt.

Ce fut, certes, un moment digne d'être raconté que celui où l'anachorète apprit la délivrance de Jérusalem.

Il était français, aussi, lui; il était parti armé d'Europe, et avait fait le voyage avec les premiers pèlerins; mais la misère, les maladies, avaient décimé la pieuse caravane; les années étaient venues; il avait perdu peu à peu ce qui lui restait de force et de courage; il avait longtemps erré à travers ce pays inhospitalier, en butte aux cruautés des ennemis du Christ, et il avait fini par trouver un refuge assuré contre leurs poursuites dans ce bois peu fréquenté, où tout le monde ignorait son existence.

Mais Dieu avait eu pitié de son serviteur; Jérusalem était délivrée de la présence des infidèles; il pouvait retourner vers la ville sainte, s'agenouiller sur les marches sacrées du Temple du fils de Dieu; un jour peut-être, il reverrait la patrie qu'il avait tant pleurée; une joie immense inonda son ame, et des larmes d'attendrissement coulèrent le long de ses joues amaigries par le jeûne.

— Cette nuit me sera douce, mon fils, dit-il en prenant dans ses mains les mains du jeune guerrier; la main de Dieu est dans tout ceci; vous réussirez dans votre entreprise; demain, je vous conduirai moi-même à l'extrémité de cette forêt impénétrable.

Mais le voyage a dû vous causer bien des fatigues, ajouta-t-il d'une voix pleine d'intérêt; voilà mon lit; quittez votre armure et prenez le repos qui doit réparer vos forces.

Jacques se sentait, en effet, très-fatigué; il suivit le conseil du vieillard, et se jeta sur le lit qui lui était offert. Le lit n'engageait certainement pas au sommeil; mais, à cet âge, on dormirait sur un volcan; Jacques ne se réveilla que lorsque l'aube naissante pénétra dans la cabane en rayons d'or.

Le vieillard était déjà en prières quand il se leva.

— Ne perdons pas de temps, mon fils, lui dit ce dernier; j'ai hâte d'aller à Jérusalem me joindre aux soldats chrétiens; vous avez hâte vous-même d'arriver à Césarée; faisons donc diligence, et que le soleil ne se couche pas avant que nous soyons parvenus l'un et l'autre au terme de nos désirs.

Et comme l'anachorète se levait, Jacques l'arrêta.

— Mon père, lui dit-il, ne voulez-vous pas, avant que je vous quitte, bénir les armes dont je vais faire usage?

— Voilà une sainte pensée, mon fils, répondit le vieillard, et que Dieu exauce les prières que nous allons prononcer; à genoux donc, et prions-le ensemble!

Jacques s'agenouilla pieusement, et croisa les mains, tandis que le cénobite prenait son épée et l'élevait vers le ciel :

« Notre secours est dans le Seigneur, dit-il alors à voix haute et ferme; que le Seigneur soit avec vous et avec votre esprit!

« Nous vous prions, Seigneur, de daigner bénir cette épée et votre serviteur qui, par votre inspiration, désire la prendre; qu'il soit sous votre garde et préservé de blessure. Par le Christ, notre Seigneur.

« — Ainsi soit-il, » répondit Jacques de Maillé.

Le vieillard fit aussitôt une aspersion sur l'épée, et la remit gravement au jeune homme :

« Recevez cette épée, poursuivit-il, au nom du Père, et du Fils, et du Saint-Esprit, et servez-vous-en pour votre défense et pour celle de la sainte Église de Dieu, et à la confusion des ennemis de la croix et de la foi chrétienne. Autant que la fragilité humaine le permettra, ne blessez personne injustement avec cette épée. Ce que daigne vous accorder celui qui vit et règne avec le Père et le Saint-Esprit dans le siècle des siècles?

« — Ainsi soit-il, » répondit encore une fois Jacques de Maillé, qui se releva et reprit son épée des mains du vieillard.

Cette cérémonie une fois accomplie, les deux hommes se mirent en route, et le cénobite conduisit son hôte, à travers les détours de la forêt, jusqu'à la route qui mène de Jérusalem à Césarée.

Cette forêt, fort connue dans les annales des croisades, est uniquement composée de chênes de l'espèce que les anciens désignaient sous le nom de *quercus cerris*. Peut-être le lecteur aura-t-il pour intéressant d'en trouver ici une peinture succincte, mais fidèle?

Les feuilles de ces arbres sont plus lisses et mieux dentelées que celles de nos chênes communs; la capsule des glands est d'une très-grande dimension; on en a trouvé plusieurs qui portaient de dix à douze lignes de diamètre à leur ouverture, et qui avaient contenu des glands de cette grosseur; les écailles qui recouvrent cette capsule n'étaient pas arrondies et appliquées l'une sur l'autre comme à celles des chênes de Bourgogne, mais elles étaient terminées en pointe et recourbées en dehors en forme de volute ou de petits crochets, qui ont fait donner à cette espèce de chêne le nom de *quercus crimi'a;* les feuilles étaient chargées de ces tubercules désignés dans le commerce sous le nom de *noix de galle.*

Ces chênes ne paraissent pas susceptibles d'atteindre une grosseur un peu considérable; la plupart, quoiqu'annonçant un âge très-reculé, peuvent être embrassés par un seul homme, et présentent, tout au plus, une équarri de sept à huit pouces.

Leur tige est noueuse et d'une venue peu droite, et atteignant au plus vingt-cinq à trente pieds de hauteur; leur cime affecte une forme orbiculaire plutôt que pyramidale, telle que celle des pommiers et des châtaigniers d'Europe.

Leur écorce est cependant plus lisse et moins rugueuse; le bois en est fort dur et de très-bonne qualité; mais, comme il est noueux, contourné et de peu de grosseur, il ne peut servir pour la charpente. Aussi, Salomon, pour bâtir son temple fameux, fut-il obligé de tirer ses bois du Liban, tandis que la forêt dont nous parlons était aux portes de Jérusalem.

Nos premiers croisés, lors du siége de la vi'le sainte, obligés d'y prendre les bois pour la construction de leurs machines et de leurs tours d'attaques, se plaignirent que cette forêt ne pouvait leur fournir que des pièces de petite dimension; ce qui rendit leurs travaux de charpente longs et difficiles.

Selon Guillaume de Tyr, ce fut un Syrien qui l'indiqua au duc de Normandie et au comte de Flandre, quand il s'agit de construire des tours d'attaques pour le siége. Cet historien la place à six ou sept milles de distance de Jérusalem, et fait remarquer que les arbres de cette forêt ayant peu de grosseur, et ne pouvant fournir les fortes pièces dont on avait besoin, la difficulté de s'en procurer fit que l'on fut obligé de former ces mêmes machines de pièces d'assemblage; ce qui demanda beaucoup de temps et de travail.

La forêt de Saron a fourni au Tasse un des plus riches épisodes de la *Jérusalem délivrée*.

Cependant, Jacques de Maillé et son compagnon étaient arrivés à l'extrémité du bois, et maintenant la route de Césarée s'étendait blanche et unie devant eux.

Ils s'arrêtèrent.

— Nous voici parvenus, dit le vieillard, à l'endroit où nous devons nous séparer; j'aurais voulu, mon fils, avoir vingt ans encore, comme vous; pouvoir porter une épée, au lieu de cette croix sainte, et une armure de fer, au lieu de ce cilice de bure, je serais parti avec vous, je vous aurais aidé à délivrer des mains infidèles la fille du comte Aimery; mais l'âge a glacé mon ardeur; je ne puis que prier Dieu pour le succès de votre entreprise.

— Mon père, priez pour elle et pour moi, répondit Jacques en serrant les mains du bon vieillard.

— Je prierai pour vous, mon enfant, et si le ciel exauce mes vœux, vous retournez heureux dans le pays de vos pères!...

— Adieu donc! dit encore Jacques attendri.

— Adieu ! Adieu !...

Et ils se séparèrent, en prenant chacun une direction contraire ; le pieux anachorète s'éloignant en toute hâte vers Jérusalem, Jacques de Maillé s'avançant avec confiance vers la ville de Césarée.

II.

Le jeune guerrier était plein d'ardeur et d'impatience ; il avait enfoncé ses éperons dans les flancs de son cheval, et le noble animal, se redressant à cet attouchement inattendu, avait bondi en avant comme un cerf.

Les sites passaient en courant à leurs côtés ; les bois d'aloès et de térébinthes fuyaient à droite ou à gauche, et la forêt allait derrière en s'amoindrissant à chaque instant davantage.

Ce ne fut plus bientôt qu'un point noir à l'horizon.

Mais la ville de Césarée était encore loin, et malgré l'ardeur de cette course aventureuse, c'est à peine si Jacques pouvait espérer d'y arriver avant la nuit. D'ailleurs le pays était fréquenté, depuis peu surtout, par les fuyards de la ville de Jérusalem ; les Sarrasins, débandés, inondaient la campagne ; à chaque pas, ou pouvait craindre quelque embûche, il fallait user de prudence pour ne point tomber inopinément entre leurs mains, et Jacques de Maillé fut contraint, par sa position même, de chercher des détours, chaque fois qu'il voyait poindre à l'horizon quelque troupe qu'il pouvait prendre pour des ennemis.

Souvent, cependant, sa fierté chevaleresque se révoltait de cette obligation qui lui était imposée ; il regardait sa prudence comme une lâcheté, et il lui fallait bien du courage pour ne pas se présenter seul devant ces ennemis contre lesquels sa valeur ne demandait qu'à se mesurer.

Mais alors la pensée de la fille du comte Aimery se présentait à son esprit ; il se disait qu'il s'était imposé la sainte mission de la sauver, qu'il ne devait pas compromettre son entreprise par des fanfaronnades inutiles, et, bien qu'à regret, il s'enfonçait dans des chemins de traverse où nul danger, nulle surprise n'étaient à craindre.

La moitié de la journée se passa ainsi.

Enfin, vers la chute du jour, comme il apercevait au loin les pointes moutonneuses des vagues de la mer, il rentra dans la route connue et fréquentée, bien décidé à suivre son chemin sans éviter l'approche d'un ennemi.

Il formait, à la fois, mille projets plus inexécutables les uns que les autres ; il apprenait de son mieux le rôle qu'il devait jouer une fois arrivé à Césarée, et ne craignait qu'une chose entre toutes, c'était de ne pas réussir.

Il devait se présenter, dès son entrée, au sultan de la ville ; lui annoncer la prise de Jérusalem, l'enthousiasme des croisés, la consternation des assiégés en fuite ; il devait ajouter que Godefroy, sur la prière du comte Aimery, l'avait dépêché vers le sultan de Césarée pour obtenir de lui la restitution d'Edme, et, dans le cas où le sultan paraîtrait hésiter, il devait proposer de se constituer lui-même comme ôtage.

Il avait fait des plans fort beaux sur le papier ; aucun obstacle ne devait s'opposer à l'accomplissement régulier de sa mission ; mais malheureusement les circonstances allaient en décider autrement.

Le paysage qu'il avait à cette heure devant lui ne manquait pas de grandeur, et il avait ralenti un moment le pas de son cheval pour jouir plus à son aise du spectacle qui s'offrait à sa vue.

A droite et à gauche, c'étaient des plaines immenses, au milieu desquelles les ravins ou les précipices formaient comme des plis profonds ; au loin, la ville de Césarée, avec ses maisons carrées et blanches ; enfin, en face de lui, la mer !

Ce n'était pas la première fois, sans doute, qu'un pareil tableau se présentait à ses regards, mais jamais encore il n'en avait retiré une impression semblable.

Dans cette ville qu'il voyait au loin, découpant ses formes vagues et blanches sur le ciel bleu, était retenue une femme qu'il aimait, et pour la délivrance de laquelle il eût donné jusqu'à la dernière goutte de son sang!

Edme! son premier rêve! son premier, son seul amour!

Dans quelques heures, peut-être, il allait la voir; dans quelques heures il allait l'arracher aux mains odieuses qui l'avaient ravie à son amour.

La mer était à quelque distance seulement; la mer calme, sans tempête, apaisée, prête à bercer ce dépôt précieux; il pourrait fuir avec Edme, la conduire en France, leur patrie commune; quoiqu'il pût arriver, il aurait, du moins, la suprême consolation de la voir retourner près de son père, dans un camp ami, où elle était toujours sûre de trouver une protection énergique.

Comme Jacques rêvait ainsi, il vit poindre à l'extrémité de la route qu'il parcourait un homme qui venait à lui, dans tout l'éclat d'un costume oriental, monté sur un magnifique cheval de race arabe.

Jacques regarda avec étonnement, et sentit son cœur tressaillir.

Puis, par un retour de prudence, qui était un dernier sacrifice à son amour pour Edme, il jeta autour de lui des yeux incertains, et parut chercher un chemin détourné dans lequel il lui fût possible d'éviter la rencontre de ce personnage; mais il n'y avait aucune issue possible à la position dans laquelle il se trouvait, et ce fut avec une sorte de satisfaction pleine de fierté qu'il s'aperçut que, cette fois du moins, la rencontre ne pouvait être évitée.

Alors, comme si cette certitude lui eût rendu toute sa résolution, il s'affermit sur ses étriers, toucha de la main son épée pour s'assurer qu'elle reposait bien dans son fourreau, et laissa son cheval pour-suivre tranquillement sa route.

Cependant, l'ennemi l'avait aperçu, et, sans perdre de temps, il avait enfoncé ses éperons dans le ventre de sa monture, et, ayant tiré son cimeterre, il s'était précipité à la rencontre de Jacques.

Ce dernier n'avait pas été longtemps sans remarquer ce mouve-ment hostile; dès que le combat lui était offert d'une façon aussi directe, il y aurait eu lâcheté de sa part à le refuser; il tira à son tour son épée du fourreau, et attendit de pied ferme que le cavalier vînt à sa portée.

Entre deux adversaires qui paraissent aussi bien disposés au combat, l'affaire ne devait pas être longue à vider. La distance qui les séparait fut donc bientôt franchie, et quelques secondes après s'être aperçus, leurs épées se croisaient avec bruit.

Le cavalier ennemi était plus âgé et paraissait plus robuste que Jacques; il pouvait avoir une quarantaine d'années environ, était grand, portait une barbe épaisse et noire qui encadrait son visage que le soleil avait brûlé; il appartenait à Césarée, et se nommait Ahmed.

Nous saurons plus loin quel rang il occupait dans cette ville; pour le moment, il nous suffit de dire que, dès les premières passes, Jacques vit bien qu'il avait affaire à un homme depuis longtemps habitué à ces sortes de luttes, et qu'il n'aurait pas bon marché de lui.

Toutefois, le désir d'arriver sain et sauf au terme de son voyage, la crainte de perdre tout le fruit de son dévouement, ranima et doubla son courage; et il soutint le premier choc avec une ardeur telle qu'Ahmed s'arrêta tout étonné, et comme s'il se fût demandé quel était le cavalier redoutable dont son premier coup de cimeterre n'avait pas fait un cadavre ou un prisonnier!

Il le regarda, et sa surprise augmenta quand il s'aperçut que son

LA RENCONTRE DE JACQUES DE MAILLÉ

adversaire était tout jeune encore, presque un enfant, et ce ne fut qu'avec une sorte de regret qu'il se reprit à combattre.

Toutefois, le soin de sa propre conservation le rappela bientôt à la réalité de la situation, et il songea à terminer cette lutte au plus tôt.

Mais Jacques ne comptait pas se laisser vaincre ainsi, et tous les deux se disposèrent à se disputer énergiquement le terrain.

Le soleil couchant éclairait le combat, les deux adversaires étaient seuls au milieu du chemin, et pendant près d'une heure chacun chercha avec ardeur à se frayer une route jusqu'à la poitrine de son ennemi ; mais ils étaient tous deux aussi habiles, aussi courageux, et au bout d'une heure ils n'étaient pas plus avancés qu'en commençant.

Ils s'arrêtèrent.

Puis, comme si Ahmed eût pensé que son âge l'obligeait à faire les premières avances dans une pareille circonstance, il s'approcha, l'arme basse, de son jeune adversaire, et lui tendit la main avec un geste amical.

Jacques, que ce geste surprit, crut y voir d'abord une trahison ; il recula de quelques pas et présenta la pointe de son épée à son adversaire.

Ce dernier haussa les épaules et sourit :

— Rassurez-vous, jeune homme, lui dit-il, je ne combats mes adversaires qu'avec des armes loyales, et vous n'avez rien à craindre de moi jusqu'au moment où nous reprendrons notre combat. Mais il m'a semblé que nous pouvions suspendre cette lutte un instant, et le courage, l'adresse que vous avez déployés jusqu'ici, m'ont inspiré le vif désir de connaître à quel adversaire j'avais à faire.

— Pareille pensée m'est venue en même temps, repartit Jacques, car depuis que je suis dans ce pays, j'ai rarement trouvé un ennemi aussi exercé, et, je dirai maintenant, aussi courtois ; ne puis-je savoir votre nom ?...

V   7

— Mon nom est Ahmed, répondit le Césaréen, et le vôtre?

— On m'appelle Jacques de Maillé.

— Vous appartenez, sans doute, à l'armée des soldats chrétiens?

— En effet !

— Et vous l'avez quittée?

— Depuis hier.

— Mais ne saviez-vous pas qu'en voyageant ainsi seul, dans un pays qui a la haine des vôtres, vous vous exposiez à mille dangers?

— Je le savais.

— Et cela ne vous a pas arrêté?

— Vous le voyez.

— Il faut, alors, que le motif qui vous a fait entreprendre un tel voyage soit puissant.

— Vous avez raison.

— Et je doute que vous puissiez l'accomplir sans qu'il vous arrive malheur.

— Oh! rassurez-vous, repartit Jacques, le but de mon voyage n'est pas éloigné, et j'espère l'atteindre avant la fin du jour.

— Où allez-vous donc? demanda Ahmed avec intérêt.

— A Césarée.

Il y eut un silence pendant lequel Ahmed ne quitta pas son adversaire des yeux; il ne pouvait se lasser de le regarder, et l'étonnement, l'admiration que lui avaient inspirés son audace et sa valeur ne s'étaient point encore affaiblis.

Jacques reprit presqu'aussitôt :

— Voyons, seigneur Ahmed, dit-il d'une voix pleine de résolution, maintenant vous savez qu'un motif puissant m'appelle à Césarée; vous savez, de plus, que je désire y entrer avant la fin du jour; ne perdons pas donc un temps précieux en paroles inutiles, et reprenons notre combat où nous l'avons laissé.

— Si vous le voulez, je le veux bien, répondit Ahmed en tirant une seconde fois son cimeterre du fourreau.

— Je ne le veux qu'autant que cela peut vous être agréable, repartit Jacques. Ce n'est pas moi qui ai attaqué.

— C'est juste.

— Je ne demandais qu'à arriver sain et sauf à Césarée.

— Vous avez raison.

— C'est donc vous qui avez fait naître ce combat, et qui pouvez désirer le continuer.

Ahmed secoua la tête et s'inclina.

— Seigneur étranger, dit-il, votre jeunesse et votre courage m'intéressent au dernier point; je me sens une vive amitié pour vous, et, si vous le voulez, je vous accompagnerai à Césarée où ma maison sera la vôtre. Acceptez-vous?

— Avec reconnaissance, s'écria Jacques.

— Ainsi, c'est convenu?

— C'est dit.

— Et nous partons?...

— A l'instant même!

Les épées rentrèrent aussitôt au fourreau d'un commun accord, et les deux cavaliers s'acheminèrent vers Césarée.

Ils étaient désormais les meilleurs amis du monde.

III.

En arrivant à Césarée, Ahmed conduisit son compagnon à la demeure qu'il habitait, laquelle se trouvait située à l'extrémité de la ville, au milieu d'un jardin de la plus grande beauté.

La nuit commençait à tomber; ils furent reçus par des esclaves portant des torches, et introduits dans un salon où l'on avait ras-

semblé tout ce que le luxe asiatique a de plus riche et de plus éclatant ; des femmes de Joppé les débarrassèrent de leurs vêtements de
voyage ; des habits sains et frais leur furent apportés ; enfin, on leur
servit une collation, et les mets les plus succulents apaisèrent leur
faim.

Le repas une fois terminé, comme la nuit était déjà fort avancée,
Ahmed se leva de table, et serrant cordialement la main de son hôte :

— Mon jeune seigneur, lui dit-il, le plaisir que j'éprouve dans
votre compagnie ne me fera pas oublier les devoirs de l'hospitalité ;
allez prendre un repos dont vous avez besoin ; un appartement a été
disposé pour vous ; dormez sans crainte sous ce toit où je vous ai
introduit moi même ; demain, après la première prière du jour, je
vous attendrai, près de ma sœur, et nous concerterons ensemble les
meilleurs moyens d'assurer le succès de votre entreprise.

Jacques salua Ahmed, le remercia avec effusion de ses bons soins,
et suivit les femmes qui se disposaient à lui montrer le chemin de son
appartement.

C'était un kiosque situé à l'extrémité du jardin, entouré d'arbres en
feuillage épais. Durant le trajet, il vit bien, à plusieurs reprises, le
regard des femmes, qui le précédaient, se tourner vers lui, ardemment allumé, mais son cœur et son esprit étaient pleins du souvenir
d'Edme, et il n'y prit garde.

Quand il arriva dans le kiosque, plusieurs des femmes restèrent
attendant silencieusement ses ordres, suivant les mœurs de la contrée ; mais il leur fit signe qu'il désirait être seul, et elles se retirèrent
aussitôt.

Ces femmes d'Orient font un métier encore plus misérable que
celui de nos bas-bleus. Mais elles se révolteront quelque jour, si
elles trouvent beaucoup d'hommes comme Jacques, et on verra des
clubs de syriennes et de circassiennes d'un bout à l'autre de l'Asie.

Quelques mauvaises têtes de sérail songent déjà à se procurer des harems masculins, où elles puissent tyranniser les barbes et faire pleurer les hommes coquets.

Qui sait l'avenir des peuples! qui sait l'avenir des dames! Un savant, qui est le berger d'un troupeau de poissons, parlait l'autre jour, au sein d'une académie illustre, de la mission des eunuques.

Ainsi que l'avait dit Ahmed, Jacques avait besoin de repos; la journée avait été pleine de fatigues; ce combat, qui avait duré plus d'une heure avait brisé ses membres. Ce fut avec un sentiment de bien être qu'il se laissa tomber sur son lit.

Le sommeil ne se fit pas longtemps attendre, et il ferma les yeux en songeant à la fille du comte Aimery, dont il voyait encore le blanc fantôme voltiger autour de lui.

Le lendemain, quand il se réveilla, il entendit une musique douce et pleine d'harmonie.

Il se leva, et courut à la fenêtre.

Mais il n'y avait d'autres musiciens que des milliers d'oiseaux, aux plumages variés, lesquels se berçaient, au vent pur et frais du matin, sur les branches touffues des arbres.

Il revint, émerveillé, s'occuper de sa toilette : Akmed devait l'attendre auprès de sa sœur.

Auprès de sa sœur!... Une femme!... Sans savoir pourquoi, il se sentit pénétrer d'une émotion inconnue à ce nom.

Il pensa à Edme, et se dit que, sans doute, la sœur d'Ahmed comprendrait mieux que son frère, mieux qu'un homme, cette douleur qu'il éprouvait d'être à jamais séparé de celle qu'il aimait.

Son cœur s'emplit d'espoir, et, en peu de minutes, il se trouva prêt à se rendre à l'invitation que son hôte lui avait faite la veille.

Mais au moment où il allait s'éloigner, un esclave vint l'avertir que son maître, le seigneur Ahmed, avait été le matin même mandé près du sultan; que l'on venait d'apprendre la prise de Jérusalem, que toute la ville était consternée, et qu'il y avait lieu de craindre que le seigneur Ahmed ne reçût une mission qui l'éloignât pour longtemps de Césarée.

Du reste, l'esclave ajouta qu'il avait bien recommandé, avant de partir, d'avoir le plus grand soin du seigneur qu'il avait amené la veille, et que ses ordres seraient fidèlement exécutés.

Ce contre-temps attrista vivement Jacques de Maillé; toutefois, il espéra que les craintes d'Ahmed ne se réaliseraient pas, et il attendit.

Comme il en était à se désoler de cette aventure, sa porte s'ouvrit une seconde fois, et il vit entrer, l'œil vif et mutin, une des esclaves qu'il avait renvoyées la veille au moment de prendre du repos.

La jeune fille sourit avec malice en voyant le jeune chevalier, et s'étant inclinée avec une sorte de respect où perçait un peu de moquerie bienveillante :

— Mon jeune seigneur, dit-elle d'une voix fraîche et claire, le visir Ahmed, notre maître, a quitté, ce matin, cette demeure; mais il a chargé sa sœur Fatmé de le remplacer auprès de vous, et c'est elle qui m'envoie vous chercher... Monseigneur veut-il me suivre?

Jacques ne pouvait pas refuser, et déjà il s'apprêtait à franchir le seuil de la porte, quand l'esclave le retint.

— Que voulez-vous? demanda le jeune homme en la regardant fixement.

— Vous donner un conseil, monseigneur, répondit l'esclave.

— Un conseil! fit Jacques.

— Que je vous engage à ne pas négliger.

— Un conseil d'une aussi jolie personne ne peut être qu'excellent : quel est-il?

Vous voyez que la bonne nuit avait rendu à Jacques de Maillé un peu de savoir-vivre.

— Vous allez parler à la sœur de notre maître, monseigneur, reprit l'esclave avec une vive rougeur; son concours peut vous être utile pour votre entreprise, quelle qu'elle soit... Soyez donc avec elle plus aimable que vous ne l'avez été avec nous!

Et sans attendre de réponse à cet étrange avis, la jeune fille s'éloigna, et atteignit le principal corps de logis avant que Jacques de Maillé eût pu la rejoindre.

La veille, c'est à peine si Jacques avait distingué les objets qui s'étaient offerts à ses yeux ; la nuit était presque venue quand il avait posé le pied sur le seuil de cette demeure. Ahmed l'avait introduit presqu'aussitôt dans les appartements où la collation avait été servie. Il resta comme stupéfait, ravi, enchanté, en voyant les splendeurs de ce divin séjour.

Ce n'était partout que de charmants bosquets où le laurier et le myrte, le palmier et le cèdre, l'oranger avec ses fruits et ses fleurs, formaient de leurs feuillages épais un impénétrable abri contre les brûlantes ardeurs du soleil d'été ; des ruisseaux, aux eaux claires, au gracieux et doux murmure, circulaient à travers leurs rives parfumées, et y entretenaient une fraîcheur éternelle ; des fontaines d'albâtre, des grottes tapissées d'un lierre toujours frais.

Enfin, au milieu d'un épais bouquet d'aloès se montrait une sorte de lac artificiel, creusé dans un bassin de marbre blanc, et dans les ondes duquel s'ébattaient en riant de jeunes et folâtres esclaves. Car, en ces pays impudiques, au lieu de cygnes, on met dans les bassins des esclaves peu vêtues. Et les populations s'assemblent pour lorgner leurs ébats anacréontiques comme s'assemblent nos bourgeois, chargés d'enfants et de parapluies, autour du jet d'eau des Tuileries.

Jacques de Maillé s'arrêta un moment, et une rougeur modeste colora son front ; il ne savait s'il devait avancer ou reculer.

Les gracieuses esclaves semblaient l'appeler du sourire et du geste ; enfin, il recouvra tout son empire sur lui-même, s'arracha à ce spectacle dont ses sens étaient émus, et marcha à pas rapides vers la maison où l'attendait la sœur d'Ahmed.

Cependant, un reste d'émotion vibrait encore dans son cœur quand il en atteignit le seuil, et ce fut avec une sorte d'éblouissement qu'il entra dans la partie habitée par la jeune femme qui l'avait fait appeler.

La sœur d'Ahmed l'attendait dans une salle basse somptueusement décorée; elle était entourée de ses femmes qui lui prêtaient leur aide pour sa toilette du matin.

Ces femmes étaient aussi légèrement accoutrées que les femmes-cygnes du bassin de marbre.

Mais respectons toujours les mœurs et coutumes des pays étrangers.

Aux quatre coins de la chambre, quatre fontaines d'eau vive tombaient avec un bruit harmonieux dans des bassins d'or; un divan circulaire faisait le tour de l'appartement, des tentures de soie bleue cachaient les murs, et dans le fond, précisément en face de la porte, s'élevait un splendide lit de repos, qui appuyait sa base sur quatre dragons de bronze.

Fatmé avait seize ans à peine; ses longs cheveux noirs tombaient en flots abondants sur ses épaules blanches comme le marbre; son regard était ardent et vif, ses dents avaient l'éclat éblouissant de l'ivoire qui n'a jamais servi aux usages domestiques.

Dès qu'elle aperçut Jacques arrêté plein d'étonnement et d'admiration sur le seuil de la porte, elle lui sourit avec une grâce provoquante, et lui fit signe de la main d'avancer; les esclaves qui l'entouraient s'éloignèrent aussitôt, et ils restèrent seuls.

Cette jeune Fatmé, sœur d'Ahmed, le visir, était, à l'âge de seize ans, remarquable déjà par la franchise de son tempérament.

Plus tard, elle devint encore plus robuste.

A vrai dire, Jacques était fort embarrassé, et ne savait quelle contenance garder.

Fatmé était plus belle que les houris de Perse; jamais encore une pareille beauté ne s'était offerte à son regard, et il y avait dans l'attitude de la jeune fille tant de mollesse, dans ses yeux tant d'invitations aimables, sur ses lèvres, enfin, un sourire si gracieux et si tendre, qu'il se sentit un moment troublé jusqu'au plus profond de son cœur.

De son côté, Fatmé ne paraissait guère moins émue ; Jacques était le plus beau des hommes qu'elle eût encore vus !... Il sortait à peine de l'adolescence ; son front resplendissait d'une fierté pleine de noblesse ; son attitude était altière, quoiqu'embarrassée ; les mille sentiments qui se disputaient ses pensées se réflétaient avec une naïveté charmante sur son visage.

Fatmé ne put le voir sans l'aimer. C'était assez dans ses habitudes de prendre feu ainsi, comme devaient s'embraser plus tard les allumettes chimiques allemandes. Jusqu'alors son cœur n'avait connu aucune contrainte ; elle ne savait point l'art inutile de cacher son émotion, et de voiler l'enchantement qui s'emparait d'elle.

Elle indiqua de la main un siége à Jacques, et ce dernier s'y laissa tomber plutôt qu'il ne s'y assit.

Il était bien embarrassé !

— Que la sœur de mon hôte me pardonne, dit-il enfin d'une voix tremblante, si j'ai osé pénétrer jusqu'ici sans la prévenir de mon arrivée. La jeune esclave qui est venue me prendre dans l'appartement qui m'était destiné s'est enfuie au moment où je la suivais, et je ne savais, quand je suis entré, vers quel lieu me portaient mes pas ; si j'ai commis quelqu'indiscrétion, elle est tout à fait involontaire, et je ne demande qu'à la réparer.

Fatmé sourit :

— Mon cher seigneur, répondit-elle, vous n'avez point commis d'indiscrétion en pénétrant dans cet appartement ; je vous attendais, et je n'ai point à me plaindre de vous y voir.

Jacques s'inclina, mais, malgré lui, il éprouvait une gêne singulière, et n'osait lever son regard sur la jeune fille : il était de plus en plus embarrassé.

Au moment où il était entré, Fatmé n'avait pas, en effet, complètement achevé sa toilette ; ses cheveux tombaient encore sur ses épaules demi-nues ; un voile léger cachait à peine son sein ; elle était ravissante ainsi ; et quand, par hasard, le jeune guerrier s'oubliait à la regarder, une vive rougeur montait à ses joues et à son front, et il sentait son cœur battre avec une précipitation étrange. On ne saurait trop le répéter : il était bien embarrassé !

Fatmé s'aperçut bien de son trouble, mais elle ne parut pas y prendre garde.

Elle poursuivit :

— Ainsi, lui dit-elle, le motif qui vous amène à Césarée est bien puissant ?

— Bien puissant, en effet, répondit Jacques, à qui le souvenir d'Edme rendit un peu de son assurance, et rappela un moment à toute la réalité de sa position.

— Mon frère Ahmed, qui est le visir du sultan de Césarée, m'a dit quelle impatience vous lui aviez témoignée d'arriver dans cette ville ; et il m'a priée, en son absence, de faire tout ce qu'il me serait possible pour assurer le succès de votre entreprise.

— Ah ! je bénis le ciel qui m'a fait rencontrer Ahmed, s'écria Jacques de Maillé ; sans lui, je serais arrivé dans cette ville, isolé, sans appui, certain de ne rencontrer partout que des ennemis ; grâce à lui, au contraire, toutes les difficultés vont s'aplanir, et avant quelques heures, peut-être, j'aurai atteint le but que je me suis proposé.

— Et quel est donc ce but ? demanda nonchalamment Fatmé. Nous croyons pouvoir dire qu'elle choisit cet instant pour allumer sa pipe, et boire un demi-verre de sorbet de cerises.

— Il y a un mois environ, répondit Jacques avec chaleur, que les Francs ont envoyé au sultan de Césarée, comme otages, quelques personnes dont l'une surtout m'est attachée par les liens les plus chers...

— Une femme? fit vivement Fatmé, avec une singulière intonation.

— Une femme! répliqua Jacques.

— Votre sœur sans doute?

Et, en ajoutant ces mots, la voix de la jeune fille sembla s'altérer, et elle lança à Jacques un regard qui brilla comme un éclair.

En même temps, sa pipe s'éteignit, une pipe très riche et même élégante, qui était un cadeau de l'amitié.

On y voyait représentées différentes scènes dont la description n'aurait aucun intérêt pour le lecteur.

Jacques observa la jeune fille avec stupéfaction, et il se troubla; puis, comme s'il eût deviné vaguement ce qui se passait dans le cœur de Fatmé, et qu'il eût compris tout à coup le rôle de prudence qui lui était imposé par cet incident, dont il ne mesurait pas bien encore toute la portée, il essaya un pâle sourire, et remua tristement la tête.

Cela ne l'empêchait pas d'être bien embarrassé.

— C'est ma sœur, en effet, répondit-il après quelque hésitation; une bonne et douce jeune fille, qui a votre âge et votre beauté, Fatmé; un enfant pour qui la séparation aura été bien douloureuse, et qui mourra ici, si elle ne retrouve pas bientôt le frère et le père qu'elle a perdus! N'aurez-vous point pitié du triste sort qui lui est fait, et ne consentirez-vous pas à m'aider à la rendre à la liberté?

Fatmé ne répondait pas; son sein se soulevait avec précipitation; elle semblait écouter Jacques, mais elle ne l'entendait pas.

Une femme, se disait-elle, une femme; ce n'est pas sa sœur; sans doute, il me trompe. Et pourquoi me trompe-t-il? Il l'aime donc, et il craint de l'avouer!

Et ses joues se coloraient, et son petit pied froissait avec impatience le tapis moelleux qui couvrait le sol.

Enfin, elle parut prendre un parti décisif; elle releva tout à coup la tête, et regarda le jeune étranger avec vivacité :

— Et comment s'appelle cette sœur que vous êtes venu chercher si loin? demanda-t-elle d'une voix douce.

— Elle se nomme Edme.

— Et vous ignorez à quel personnage de la cour du sultan la garde en a été confiée?

— Je l'ignore!

— C'est bien, dit Fatmé; demain, je saurai s'il est possible d'espérer une délivrance prochaine, et j'aurai soin de vous le faire savoir.

Jacques ne put retenir l'expression de sa joie à cette promesse; il jeta un cri, et saisit les mains de la jeune fille qu'il baisa avec transport.

— Ah! vous êtes bonne, Fatmé, dit-il d'un ton attendri, et si vous m'aidez dans cette entreprise, si vous en assurez le succès, mon cœur n'aura pas assez de reconnaissance et de dévouement pour payer un pareil service. Et tenez, mettez-moi à l'épreuve; demandez-moi mon sang, ma vie, s'il le faut, je suis prêt... Fatmé, Fatmé, vous serez notre ange, et je bénirai votre nom, et je vous aimerai...

Cet élan dissipa pour un moment le sombre voile qui avait un moment attristé son front; la gaieté reparut dans ses yeux, le sourire sur ses lèvres, et elle ne songea pas à retirer les mains que Jacques retenait dans les siennes et couvrait de baisers.

— Allons, dit-elle, en appelant plusieurs esclaves pour rallumer sa pipe, on ne saurait rien refuser à un beau chevalier comme vous; mais il est temps que nous nous séparions; tout à l'heure, je me rendrai à la prière; j'irai ensuite chez quelques dames de la cour du sultan, et, quand je reviendrai ce soir, j'aurai peut-être quelque bonne nouvelle à vous apprendre.

Jacques, quoiqu'il fût encore un peu embarrassé, se retira sur cette promesse, et laissa la jeune fille aux mains de ses femmes qui achevèrent sa toilette.

Il descendit dans les jardins, et se perdit bientôt sous les ombrages épais.

Jacques ne se rendait pas un compte bien net de ce qu'il éprouvait; il se sentait ému, troublé; tout son sang refluait avec une abondance terrible vers son cœur; une fatigue molle lui ôtait pour ainsi dire la liberté de ses mouvements; tout ce qu'il voyait parlait à ses sens et l'énervait.

Pendant une heure, il se promena ainsi à travers les bosquets ombreux du jardin, s'arrêtant de temps à autre pour écouter le murmure des fontaines d'eau vive, ou le chant des oiseaux; quelquefois, il voyait passer à quelque distance, entre les branches des arbustes fleuris, quelque gracieuse silhouette de femme aux formes jeunes et opulentes; plus souvent, il entendait une musique céleste, sans qu'il pût découvrir dans quelle retraite mystérieuse se cachaient les musiciens.

Enfin, harassé de fatigue, l'esprit obsédé de mille désirs qui brûlaient sa poitrine, il s'assit au plus épais d'un bouquet d'arbres touffus, et se laissa aller à fermer les yeux et à suivre les rêves enchantés qui berçaient son imagination.

C'est là une imprudence pour un chevalier novice et déjà bien embarrassé.

Jacques sentait bien qu'il se défendait en vain contre cette langueur voluptueuse qui l'accablait; il était trop jeune et trop plein de feu pour résister à cet envahissement; bientôt il s'y abandonna tout entier, et n'essaya même plus de lutter. Loin de chasser les songes enivrants qui voltigeaient autour de lui, il les appela. On peut dire que c'était un jeune chevalier perdu.

Combien de temps resta-t-il ainsi? Il ne le sut pas lui-même; toujours est-il que, lorsqu'il se réveilla, il aperçut près de lui la charmante Fatmé, qui, assise à ses côtés, semblait le contempler dans son repos.

D'abord, Jacques crut rêver encore; il pensa que l'émotion de son sommeil l'avait suivi jusque dans la réalité; il passa à plusieurs reprises sa main sur son front et sur ses yeux, et entoura de son bras tremblant la taille souple de la jeune fille.

Fatmé ne se défendit pas, et elle se laissa attirer souriante sur la poitrine du chrétien.

— Est-ce bien vous? dit enfin le jeune homme; où suis-je donc, et que s'est-il passé?

Fatmé jouit un peu de sa surprise, et lui montrant enfin, au loin, la maison blanche de son frère Ahmed :

— Vous êtes à Césarée, monseigneur, lui répondit-elle, près de la sœur de votre hôte, qui vient de s'occuper de vous et qui vous apporte de bonnes nouvelles.

— Vous avez vu Edme? fit Jacques avec un cri d'espoir.

— Je ne l'ai pas vue, répliqua la jeune fille, mais je sais où elle est.

— Et où est-elle?

— A Césarée même.

— Et vous croyez?

— Je crois que nous pourrons réussir dans notre entreprise.

— Ah! Fatmé, je vous devrai plus que la vie!

Le beau visage de Fatmé se rembrunit.

— Je serai heureuse de vous avoir rendu ce service, monseigneur, dit-elle, bien qu'il doive nous priver de votre compagnie.

— Ah! je ne vous oublierai jamais, s'écria Jacques avec chaleur.

Fatmé le regarda en face et prononça lentement ces seuls mots :

— Dites-vous vrai?

— Et pourquoi vous tromperais-je, Fatmé; vous êtes la sœur de mon hôte; c'est à lui que je dois d'espérer;... vous avez entendu la plainte de mon cœur, et vous vous êtes généreusement prêtée à me rendre la femme que Dieu m'a donnée pour sœur. Fatmé, je vous aime, et, quelque destinée que l'avenir me réserve, votre charmant souvenir ne me quittera plus, je vous le jure.

Fatmé ne répondait pas; suspendue aux lèvres du jeune homme, elle l'écoutait avec un ravissement qui éclatait dans son regard.

Elle était heureuse, et le laissait voir !

Les paroles de Jacques endormaient ses soupçons et ses craintes; elle se laissait bercer par cette douce harmonie qui monte du cœur satisfait; et on eût dit, tant il y avait de contentement dans ses yeux et de rayonnement sur son front, qu'elle naissait à la vie.

Bien que Jacques n'eût pas deviné précisément l'amour de la jeune fille, cependant, par une sorte d'instinct, il avait continué son amoureux mensonge; il n'osait pas lui dire qu'Edme était la fille du comte Aimery et non sa sœur; qu'elle était sa fiancée, et qu'il l'aimait de toutes les forces de son ame; il lui semblait, sans qu'il pût s'expliquer pourquoi, que Fatmé ne se fût que médiocrement intéressée à sa fiancée; il soupçonnait vaguement que le succès de son entreprise tenait tout entier à ce mensonge.

Nos jeunes Français qui sont de l'âge de Jacques, nos beaux danseurs des bals polkatoriens et shotlishiques; nos seigneurs de l'aune ou du mètre, ou de la plume derrière l'oreille ; nos brillants pharmaciens, nos éblouissants espoirs du commerce, notre jeunesse aimable et aimée; les mâles de nos lorrettes et de nos étudiantes, ne comprendraient plus guère cette ignorance du pauvre Jacques de Maillé.

Le fait est que ce héros était un peu niais.

Mais il savait vivre et mourir noblement, tandis que nos droguistes endimanchés, nos clercs déguisés en don Juan et nos gentilshommes d'arrière-boutique, ne savent ni mourir, ni vivre.

Ils n'en sont pas moins idiots pour cela.

IV.

Le soir, Jacques et Fatmé se trouvaient réunis tous deux seuls, dans une petite habitation, située au milieu du parc, éloignée des bruits de la ville, entourée de tous côtés par des arbres touffus, où la brise d'été se jouait harmonieusement, et par de petits ruisseaux qui y répandaient, à toute heure, une fraîcheur odorante.

Une collation leur avait été servie, et des esclaves, demi-nues, allaient et venaient autour de la table, leur servant les vins les plus exquis du pays, leur présentant tour à tour ces mets savamment apprêtés, et dont la vue seule suffît à éveiller l'appétit.

En Orient, on ne sait point causer sans boire un peu de vin défendu et manger des confitures. L'amour y est gourmand, comme un enfant mal élevé.

Les bougies étincelaient, se réflétant dans les glaces qui ornaient les murs, les vins exquis pétillaient dans la coupe de cristal; Jacques avait presque oublié la fille du comte Aimery, et son regard allumé cherchait avec une ardeur franche le regard de Fatmé.

Il faisait son éducation, vous voyez.

Peu à peu, les esclaves disparurent, les bougies s'éteignirent une à une, et il ne resta bientôt plus dans la chambre que les deux jeunes gens, dont les regards semblaient se chercher à travers la vaporeuse lumière qu'une seule lampe d'albâtre jetait autour d'eux encore.

Jacques s'était laissé tomber sur un sopha où venait de s'asseoir Fatmé, et la jeune fille, tenant à la main un luth grec, préludait doucement.

On n'entendait aucun bruit dehors, si ce n'est le doux murmure des ruisseaux, ou la brise qui apportait de temps à autre, à travers les fenêtres ouvertes, les senteurs embaumées des fleurs du jardin.

Nous ne voulons point cacher au lecteur que Jacques, malgré l'échevelé de la situation, était toujours bien embarrassé.

Tout à coup, Fatmé chanta : Elle raconta dans cette langue divine de la poésie orientale, les longues batailles, les luttes héroïques des Sarrasins et des Francs ; elle dit l'arrivée des barbares d'Europe sur la terre de Mohammed, les difficultés de la route, les pénibles travaux qu'ils avaient dû entreprendre ; elle fit un récit pompeux de la défense organisée par leurs ennemis ; les lenteurs du siège d'Antioche, la valeur des soldats des deux camps, et finit, enfin, en déplorant la perte de Jérusalem.

En ce temps-là, les artistes, heureusement plus rares, n'avaient pas dégoûté de la musique les populations ahuries : on ne connaissait pas encore la peste noire des concerts. Jacques écoutait avec avidité ; jamais encore, peut-être, il n'avait été aussi profondément ému.

La voix de Fatmé était large et belle ; elle avait surtout certaines notes sympathiques qui remuaient le cœur ; et puis, la jeune fille était belle ainsi, pressant son luth contre sa poitrine, et levant ses beaux yeux inspirés vers le ciel : on eût dit une magnifique statue de la poésie qu'un sculpteur divin venait d'animer !

Jacques ne fut pas maître d'un premier mouvement ; il passa convulsivement la main sur son front et dans ses cheveux, s'arracha de la place qu'il occupait, et vint tomber aux genoux de la sœur d'Ahmed.

Voilà ce que fit Jacques dans ce pays où Renaud se laissa escroquer son cœur par Armide !

Chevaliers, n'allez pas, n'allez pas dans cette forêt noire !

— Fatmé ! Fatmé ! dit-il d'une voix tremblante, quel talisman avez-vous donc employé pour m'émouvoir ainsi ! Ma tête est en délire, ma poitrine est en feu ; Fatmé, dites-moi quel céleste enthousiasme je sens en moi ; pourquoi je tremble, pourquoi mon âme tout

V.   9

entière frisonne d'un bonheur et d'un désir inconnus! Oh! répondez! répondez! Fatmé.

Mais la jeune fille se contenta de lui sourire; puis, jetant loin d'elle son luth muet, elle entoura son amant dans ses deux bras pleins d'amour. Quoique lancé ainsi sans soin, le luth de Fatmé ne fut que très-légèrement endommagé. C'était un très-bon luth, de la fabrique de Mustapha-Ben-Sibiruth, et Fatmé l'avait eu à la vente après décès de Roxelane, jeune veuve de la ville d'Antioche, qui était morte d'un rhume de cerveau.

— Qu'avez-vous donc, Jacques? lui dit-elle en le regardant longuement, et que voulez-vous de moi? Voyez, voici que l'heure s'avance où nous devrons nous séparer; déjà, mes esclaves se sont retirées; les lampes s'éteignent dans leur enveloppe d'albâtre... Jacques, il faut nous quitter.

— Oh! reste! reste! s'écria Jacques, en nouant ses bras autour de la taille de Fatmé.

— Et pourquoi rester?

— Je t'aime, prononça languissamment le jeune chevalier.

— Aujourd'hui, vous m'aimez, Jacques, je vous crois; mais demain...

— Toujours! toujours! répondit le jeune homme qui s'enivrait de sa propre fièvre.

— Vous dites toujours, et vous ne songez pas que votre religion vous défend de m'aimer.

Jacques ne répondit pas, mais il attira Fatmé sur sa poitrine, et, un moment, leurs lèvres se rencontrèrent.

Edme était oubliée, Jacques allait être parjure; un incident terrible pouvait seul l'arracher à cette situation.

Vous ne pouvez pas douter une seule minute que cet incident eut lieu.

Dans le même instant, une sourde rumeur s'éleva tout à coup au dehors; rumeur confuse, mais qui grossit bientôt, et devint formidable en peu de temps.

Jacques se releva avec anxiété et écouta.

Puis, comme les sons n'arrivaient que confusément à son oreille, il courut vers la fenêtre, et se pencha avidement au dehors.

Écoutée ainsi au milieu de la nuit, cette clameur avait quelque chose de sinistre. A travers les mille cris dont elle était formée, un mot, un seul mot ressortait distinctement, et venait frapper l'oreille et troubler l'esprit de Jacques; ce mot était *Vengeance !*

Fatmé écoutait avec la même avidité que lui; elle l'avait suivi à la fenêtre, et, penchée comme lui, elle cherchait à saisir quelques mots dans cette immense clameur.

Vengeance! vengeance!

Qu'est-ce que cela signifiait? quelle vengeance voulait-on satisfaire? à qui s'adressait une pareille menace?

Cependant, la rumeur allait s'enflant toujours; elle approchait d'instant en instant; elle passa un moment éclatante et sonore près de l'habitation d'Ahmed.

Tout le sang de Fatmé se glaça dans ses veines, mais elle était douée d'une singulière énergie, et elle trouva dans son cœur assez de force pour appeler à elle les quelques esclaves qui veillaient à côté du kiosque.

Un homme accourut.

Il était pâle, effaré, et jeta des regards épouvantés sur Jacques de Maillé dès qu'il l'aperçut.

— Que se passe-t-il? demanda aussitôt la jeune fille à voix rapide; que signifient ces cris et ces menaces? quels sont ces hommes qui viennent de passer près de la demeure du visir?

— Ces hommes, répondit l'esclave, sont les vaincus de Jérusalem.

— Et que viennent-ils faire à Césarée?

— Je ne sais.

— Parle! Je te l'ordonne!

— Eh bien! ces hommes ont quitté Jérusalem, le désespoir dans le cœur, et ont juré de se venger d'une façon terrible des Francs d'Europe, partout où ils les trouveront... Ils ont déjà parcouru les environs, et ont massacré, sur leur passage, tout ce qui servait le Dieu des chrétiens.

— Mais il n'y a pas de chrétiens à Césarée, dit Fatmé avec un frisson glacé.

— Il y a à Césarée les otages, répondit l'esclave en baissant la tête.

Jacques de Maillé poussa un cri terrible à cette réponse, et s'élança au-dehors du kiosque. Il fut suivi par l'esclave et Fatmé, qui l'arrêta.

— Où allez-vous? lui dit-elle d'une voix suppliante.

— Ah! laissez-moi! laissez-moi! répondit Jacques; il est déjà trop tard peut-être, mais n'importe; et, s'il est trop tard, moi aussi, j'aurai une vengeance éclatante à satisfaire.

— Que prétendez-vous faire?

— Sauver Edme!

— Votre sœur?

— Il faut que je l'arrache au sort dont on la menace.

— Et où la trouverez-vous?

Jacques s'arrêta à cette simple question, et fit un geste violent de désespoir.

— Oui! oui! dit-il avec accablement, vous avez raison, Fatmé; j'ignore où est ma sœur, et peut-être qu'à cette heure, cependant, elle implore Dieu et m'appelle.

Fatmé lui saisit la main avec énergie.

— Écoutez, Jacques, lui dit-elle vivement, vous ignorez où trouver votre sœur; je le sais, moi.

— Eh bien!

— Eh bien! je vais vous accompagner; l'esclave qui nous écoute va préparer les deux meilleurs chevaux de mon frère; vous prendrez des armes; j'en prendrai moi-même, s'il le faut; et nous la sauverons, s'il plaît à Allah!

— Ah! que Dieu vous récompense, s'écria Jacques, renaissant à l'espoir; ne perdons pas de temps, partons! partons!

Quelques minutes après, Jacques et Fatmé, montés sur deux magnifiques chevaux, parcouraient avec précaution les rues de Césarée; à quelque distance derrière eux marchaient les esclaves du grand visir.

Césarée avait l'air d'une ville conquise; il y régnait un désordre, une stupeur qui glaçait le sang dans les veines; quelquefois, c'étaient des cris de détresse; des malheureux, courbés sous le cimeterre sanglant des Sarrasins, qui appelaient au secours, et tombaient bientôt sans vie aux pieds de leurs ennemis.

Jacques sentait bondir son cœur, et ses cheveux se dresser d'horreur sur son front à ce spectacle; il eût voulu prendre part à ces luttes sanglantes, donner sa vie pour sauver celle de ses malheureux frères, mais un mot de Fatmé le retenait.

Quand elle le voyait ainsi, hésitant et incertain, chercher d'une main crispée son épée impatiente, elle se penchait doucement à son oreille, et posait sa petite main sur son épaule:

— Jacques, lui disait-elle alors, songez à votre sœur.

Cette parole suffisait; Jacques revenait aussitôt, et comme par enchantement, à lui-même, et il reprenait sa route.

Enfin, ils arrivèrent.

La rue dans laquelle ils venaient d'entrer était sombre et déserte; il n'y avait nulle trace de désordre et de violence; on n'entendait aucun bruit; on eût pu croire que les vaincus de Jérusalem n'avaient point encore pénétré jusque là!...

Jacques respira.

Dieu avait eu pitié de lui ; il n'avait pas voulu qu'il eût à déplorer un pareil malheur : Edme était là, pure, effrayée peut-être, mais priant Dieu et espérant en lui.

Et le jeune homme songeait déjà au bonheur qu'il aurait à la sauver, à la joie qu'elle éprouverait en le voyant paraitre à cette heure fatale.

La maison devant laquelle ils venaient de s'arrêter était vaste, un grand luxe de lumières brillait à l'intérieur ; les deux portes qui y donnaient accès étaient ouvertes.

Jacques regarda Fatmé en souriant, et remarqua qu'elle était affreusement pâle.

Il tressaillit.

— Qu'avez-vous, Fatmé ? lui demanda-t-il avec un cri d'effroi. Fatmé secoua tristement la tête.

— C'est là que devait être votre sœur, répondit-elle.

— Eh bien !

— Eh bien ! regardez ; les portes sont ouvertes, les lustres resplendissent, et vous ne voyez passer aucun serviteur dans les salles et dans les jardins déserts.

— Qu'est-ce que cela signifie ?

— Tout le monde a fui...

— Mais Edme, elle est sauvée !...

— C'est ce que nous allons savoir !

Ils descendirent alors de leurs chevaux, et, après en avoir remis la bride aux esclaves qui les suivaient, ils pénétrèrent dans la maison.

Mais, dès les premiers pas, Jacques sentit comme un poids lourd tomber sur sa poitrine.

Les jardins étaient déserts ; le péristyle désert aussi ; ils ne rencontrèrent, enfin, aucun hôte dans cette demeure splendide. Toutefois, jusqu'alors, il n'y avait pas lieu de s'épouvanter outre mesure ; Edme avait pu fuir aussi ; les hôtes, à la garde desquels elle avait été confiée, avaient pu l'emmener pour la soustraire aux violences terribles des vaincus; Jacques voulait espérer jusqu'au dernier moment.

Mais Fatmé ne pouvait partager sa confiance.

Elle le prit par la main, et l'entraîna, en dernier lieu, vers une partie des bâtiments où elle savait que la fille du comte Aimery se tenait habituellement.

Là, en effet, le spectacle changea tout à coup.

De tous côtés gisaient des tronçons d'épées, des débris de meubles, tout ce qui annonce une lutte énergique et désespérée : les escaliers étaient tachés de sang; les premières chambres qu'ils traversèrent étaient plongées dans une obscurité profonde.

Enfin, ils s'arrêtèrent sur le seuil d'une dernière chambre; Jacques était pâle et n'osait avancer; Fatmé avait croisé ses deux bras sur sa poitrine!

C'est qu'en effet, un atroce tableau venait de s'offrir à leurs regards.

Cette chambre était, comme les autres, jonchée de meubles brisés; un désordre affreux régnait de tous côtés, et une lampe fumeuse, placée près du lit, et jetant sur ce tableau les derniers rayons de sa flamme vacillante, éclairait faiblement, derrière les rideaux entr'ouverts, le cadavre honteusement souillé de la fille du comte Aimery.

A ce spectacle inattendu, une douleur profonde frappa tout à coup Jacques de Maillé, et ouvrit dans son cœur une source abondante de larmes!...

Puis, comme s'il eût perdu le sentiment de la force et du courage qui l'avaient soutenu jusqu'à ce moment, comme si les pensées qui l'avaient agité l'eussent abandonné pour le laisser tout entier au malheur qui le frappait, il se traîna péniblement jusqu'au lit funèbre où était étendue la noble victime, et, tombant à genoux, il saisit les mains froides d'Edme, et les porta pieusement à ses lèvres.

— Edme! Edme! s'écria-t-il en fondant en larmes, est-ce donc là le retour que Dieu m'avait réservé!... Ah! quels que soient vos assassins, je jure que je leur ferai sentir ce que pèse la vengeance de Jacques de Maillé!

Puis, il se releva, et parcourut la chambre avec un sombre désespoir.

Partout, il rencontrait des traces de violences; tout avait été bouleversé, fouillé, pillé : enfin, il parut prendre un parti décisif, et releva le front.

— Fatmé, dit-il à la jeune fille qui pleurait aux pieds du lit d'Edme, Fatmé, le malheur qui me frappe m'impose des devoirs nouveaux; il faut que je parte.

— Partir! dit Fatmé avec un accent douloureux.

— Mais je ne partirai pas seul, poursuivit le jeune homme, dont l'exaltation croissait à chaque instant.

— Je ne puis laisser la fille du comte Aimery entre les mains de mes ennemis; je veux la ramener à son père, et la faire, au moins, inhumer en terre chrétienne.

— La fille du comte Aimery, répéta lentement la jeune musulmane; son père...

Jacques ne prit pas garde au soupçon qui se trahissait dans ces paroles; il enleva le corps inanimé d'Edme dans ses bras, et descendit rapidement le jardin jusqu'à la rue; puis, il déposa son précieux fardeau sur la croupe de son cheval.

— Fatmé, dit-il alors, en tendant la main à la jeune fille, adieu, je pars... Peut-être, un jour, me sera-t-il permis de vous rendre ce que je vous dois; je n'oublierai jamais les heureux instants que j'ai passés près de vous; mais mon devoir, ma religion m'éloignent de ces lieux ; dès ce moment, commence la vengeance : Dieu me la fasse éclatante et complète !... Adieu.

— Adieu, dit Fatmé en pleurant... et que le ciel vous fasse heureux !

Jacques de Maillé monta résolument sur son cheval, prit Edme dans ses bras, et partit bientôt au galop, après avoir mis l'épée à la main.

Fatmé le regarda le plus longtemps possible, puis, quand elle l'eut vu disparaître, et qu'elle n'entendit plus le bruit des sabots de son cheval sur le sol, elle tomba sans force et presque sans vie aux bras de ses serviteurs, en murmurant :

« La fille du comte Aimery !... Elle n'était pas sa sœur !... Il l'aimait !... »

Elle était jalouse de la morte !

Cependant Jacques de Maillé s'était éloigné, et, grâce à la rapidité de sa course, déjà Césarée avait fui derrière lui, et il brûlait maintenant la route qui menait à Jérusalem.

Une exaltation fièvreuse s'était emparée de son esprit ; à chaque instant, il enfonçait ses éperons sanglants dans les flancs de son cheval, et la noble bête repartait, mordant son frein, avec une violence désordonnée.

Le reste de la nuit et le jour suivant se passèrent de la sorte : Jacques ne voyait rien, n'écoutait rien ; il n'avait point encore osé baisser les yeux sur le fardeau qu'il tenait dans ses bras.

Enfin, les murs de la ville sainte se dessinèrent à l'horizon ; et, vers le soir du second jour, Jacques toucha le seuil de la porte, harassé de fatigue, couvert de poussière, se demandant, avec égarement, si tout ce qui lui était arrivé depuis la veille n'était point un rêve épouvantable.

La douleur que répandirent, chez les croisés, la nouvelle qu'il apportait, et la vue du cadavre de la fille du comte Aimery, lui fit comprendre alors seulement toute l'horreur de la réalité.

Ce n'était point un rêve ; il avait bien assisté au massacre de ses frères ; Edme, sa fiancée, était bien morte ; il ne rêvait pas, il vivait !

La certitude de son malheur lui arracha des sanglots ; il pleura, voulut même attenter à ses jours, mais ses amis, le père de la jeune fille qu'il avait aimée, l'entourèrent avec empressement, et on veilla sur ses actions.

A partir de ce moment, Jacques fut pris d'une sombre humeur. On ne le vit plus dans les réunions publiques ; il évita avec soin la compagnie des hommes, et chercha seulement, avec ardeur, les occasions où il pouvait trouver à satisfaire le besoin de vengeance qui était en lui.

Un jour, il partit.

Il s'était fait accompagner par quelques hommes résolus comme lui, et il se mit à battre les environs, tuant et massacrant tous les ennemis armés qu'il rencontrait.

Sa troupe s'augmenta bientôt de tous ceux que l'espoir d'un riche butin attirait à lui, et il put, en peu de temps, rendre de réels services à l'armée européenne. Peu à peu, cette petite armée s'organisa ; elle prit pour ainsi dire racine dans le pays, et s'y installa.

C'était une nouvelle patrie que Jacques voulait se faire ; le tombeau d'Edme était à Jérusalem ; il ne voulait pas retourner en Europe ; et enfin, quand l'armée fut contrainte de s'éloigner de Jérusalem, il obtint de quelques-uns de ses soldats et amis qu'ils resteraient en Terre sainte.

Les compagnons de Jacques de Maillé furent les premiers Templiers.

.

CHAPITRE III.

C'est vers l'année 1118, que l'ordre des Templiers fut fondé par
neuf chevaliers français qui s'étaient établis en Palestine. Des causes
politiques d'un ordre élevé contribuèrent puissamment à son déve-
loppement.

Dès le début des croisades on avait senti la nécessité de fonder, sur
les lieux même où la guerre allait s'établir, un ordre tout à la fois
militaire et religieux, destiné à conserver et à transmettre à ceux qui
arrivaient, les traditions du passé, afin que ces traditions pussent se
perpétuer jusque dans l'avenir le plus reculé.

L'ordre du Temple, c'était la guerre sainte devenue permanente, protégeant les pieux pèlerinages des Européens, défendant la croix du Christ contre les terribles invasions des barbares infidèles; le couvent du Temple c'était un immense caravenserai où les pèlerins venaient se reposer en toute sécurité, des fatigues d'un voyage long et hérissé de dangers.

A cette époque de foi ardente et de dévouements passionnés, l'ordre du Temple semble être la personnification complète des besoins qui tourmentaient tous les esprits; il avait été fondé sous un ciel brûlant; il accomplissait journellement ce que les rois d'Europe eux-mêmes n'exécutaient peut-être qu'une seule fois dans toute leur vie, et il avait pour mission, la plus grande, la plus noble, la plus sublime de toutes les missions : la garde du saint Sépulcre.

En peu de temps l'ordre prit une extension considérable, et compta parmi ses membres, les plus illustres chevaliers de la chrétienté.

Les chevaliers de Saint-Jean de Jérusalem existaient déjà, et les deux ordres furent longtemps dirigés par le même mobile qui avait fait naître les croisades, la réunion de l'esprit militaire et de l'esprit religieux.

« Retirés du monde, dit M. Michaud, dans son histoire des croisades, ils n'avaient plus d'autre patrie que Jérusalem, d'autre famille que celle de Jésus-Christ. Les biens, les maux, les dangers, tout était commun entre eux; une seule volonté, un seul esprit dirigeait toutes leurs actions et toutes leurs pensées; tous étaient réunis dans une même maison, et cette maison semblait habitée par un seul homme. Ils vivaient dans une grande austérité, et plus leur discipline était sévère, plus ils avaient de liens pour enchaîner leurs cœurs !... »

Dès l'année 1128, le concile de Troyes crut devoir leur accorder des encouragements, et saint Bernard écrivit pour eux la règle qu'ils ont suivie depuis. Dès le début, du reste, ils sont distingués de la plupart des ordres religieux ou militaires.

« Ils vivent dit saint Bernard, sans avoir rien en propre, pas même leur volonté ; vêtus simplement, couverts de poussière, ils ont le visage brûlé des ardeurs du soleil, le regard fier et sévère ; à l'approche du combat, ils s'arment de foi au dedans, et de fer au dehors. Leurs armes sont leur unique parure ; ils s'en servent avec courage dans les plus grands périls, sans craindre ni le nombre, ni la force des barbares. Toute leur confiance est dans le Dieu des armées, et en combattant pour sa cause, ils cherchent une victoire certaine, ou une mort sainte et honorable. *Cheveux tondus, poils hérissés, souillé de poussière, voilà le Templier ; noir de fer, noir de hâle et de soleil. Ils aiment les chevaux ardents et rapides, mais non parés, bigarrés, caparaçonnés.* Heureux genre de vie, ajoute le vénérable abbé de Cîteaux, dans lequel on peut attendre la mort sans crainte, la désirer avec joie, et la recevoir avec assurance ! »

La règle que saint Bernard écrivit pour les Templiers était sévère.

Ils devaient entendre les offices divins de jour et de nuit, reciter treize *Pater* à matines, sept à chacune des *petites heures*, neuf à vêpres. Il leur était ordonné de faire maigre quatre jours par semaine.

Quand un Templier mourait, chaque membre de l'ordre devait dire cent *Pater* par jour, pendant sept jours.

Il était enjoint, en outre, de distribuer la portion du défunt aux pauvres, pendant l'espace de quarante jours.

Le plaisir de la chasse leur était expressément interdit.

Les chevaliers de l'ordre du Temple menaient une vie extraordinairement active et sobre. Ils évitaient toute superfluité dans leur nourriture et dans leurs vêtements. Ils vivaient en commun, sans femmes ni enfants.

Lorsqu'une trêve quelconque leur laissait des instants de loisir et de repos, on ne les voyait point se répandre au dehors pour satisfaire un vain sentiment de curiosité ; on les trouvait presque constamment dans cette demeure que le roi de Jérusalem leur avait concédée près du Temple. Leur plus chère occupation était de fourbir leurs armes, ou de mettre leur vêtement en état. La moindre parole violente, le moindre murmure même étaient punis sévèrement.

Ils ne connaissaient ni les échecs, ni les dés, fuyaient avec horreur les bouffons et les charlatans, et n'aimaient rien tant que de combattre les infidèles, et protéger les pèlerins de la Terre sainte.

C'était au milieu de la mêlée surtout qu'il fallait les voir. Ils se préparaient à l'action avec toutes sortes de soins et de prévoyance ; mais quand le moment était venu, et que le signal avait été donné, ils se précipitaient courageusement en avant, sans compter le nombre de leurs ennemis, remettant à Dieu seul le sort de la bataille. Ils alliaient ainsi la douceur du moine à la valeur du soldat.

Les principales dignités étaient celles de grand maître qui avait rang de prince chez les rois;

Précepteurs ou grands prieurs.

Visiteurs.

Commandeurs.

Quand il s'agissait de recevoir un nouveau chevalier, le chapitre s'assemblait : la cérémonie avait lieu ordinairement pendant la nuit, et dans l'église.

Toutes les portes du Temple étaient fermées; chaque dignitaire occupait la place que lui désignait son rang, revêtu de son costume d'apparat.

Le récipiendaire attendait au dehors.

Le chef, qui présidait le chapitre, députait, à trois reprises différentes, deux frères qui demandaient au futur chevalier, s'il voulait être admis dans la milice du Temple, et d'après sa réponse, il était introduit.

[1] Raynouard.

Il sollicitait alors *trois fois* à genoux, le pain et l'eau, et son admission dans l'ordre.

Le chef du chapitre lui disait :

Vous allez prendre de grands engagements, vous serez exposé à beaucoup de peines et de dangers. Il faudra veiller, quand vous voudriez dormir ; supporter la fatigue, quand vous voudriez vous reposer ; souffrir la faim et la soif, quand vous voudriez boire et manger ; passer dans un pays, quand vous voudriez rester dans un autre.

Ensuite il lui adressait ces questions :

Etes-vous chevalier ? [1]

Etes-vous sain de corps?

N'êtes-vous point marié, ou fiancé?

N'appartenez-vous pas déjà à un autre ordre?

N'avez-vous pas de dettes que vous ne puissiez acquitter par vous-même ou par vos amis?

Quand le récipiendaire avait répondu d'une manière satisfaisante à ces questions, il prononçait les *trois* vœux de pauvreté, chasteté, obéissance. Il se consacrait par serments, à la défense de la Terre sainte, et recevait le manteau de l'ordre ; et les chevaliers présents lui donnaient le baiser de fraternité.

Voici quelle était la formule du serment.

« Je jure de consacrer mes discours, mes forces et ma vie, à défendre la croyance de l'unité de Dieu et des mystères de la foi : je promets d'être soumis et obéissant au grand maître de l'ordre... Toutes les fois qu'il en sera besoin, je passerai les mers pour aller combattre ; je donnerai secours contre les rois et les princes infidèles, et en présence de trois ennemis, je ne fuirai point, mais seul je les combattrai, si ce sont des infidèles. »

---

[1] On ne faisait point cette question aux récipiendaires prêtres, ni à ceux qui devaient être *servants.*

Le nombre *trois* était certainement un nombre cabalistique pour les Templiers : on le retrouve à chaque page de leur règle.

Les chevaliers observaient *trois* grands jeûnes.

Ils communiaient *trois* fois l'an.

On interrogeait *trois* fois le récipiendaire avant de l'introduire dans le chapitre.

Il demandait *trois* fois le pain et l'eau, et la société de l'ordre.

Il faisait *trois* vœux.

L'aumône se faisait dans toutes les maisons de l'ordre *trois* fois la semaine.

Chacun des chevaliers devait avoir *trois* chevaux.

On leur disait la messe *trois* fois la semaine.

Ils mangeaient de la viande *trois* jours de la semaine seulement.

Dans les jours d'abstinence, on pouvait leur servir *trois* mets différents.

Ils adoraient la croix solennellement à *trois* époques de l'année.

Ils juraient de ne pas fuir en présence de *trois* ennemis.

On flagellait par *trois* fois, en plein chapitre, ceux qui avaient mérité cette correction, etc.

« Je ne présenterais pas cette remarque, ajoute M. Raynouard, si je n'avais lieu de présumer qu'elle avait été faite avant les malheurs de l'ordre, et que les accusateurs des Templiers regardaient eux-mêmes ce nombre comme consacré, puisqu'on leur reprocha de renier *trois* fois, de cracher *trois* fois sur la croix. »

Quoiqu'il en soit des accusations dont cet ordre a été l'objet, il n'en reste pas moins incontestable, qu'au début, ce fut une milice singulièrement courageuse et hospitalière.

C'était pour le pèlerin perdu dans les déserts de l'Asie une immense joie de voir tout à coup apparaître au loin la croix rouge et le manteau blanc des chevaliers.

Quand il s'agissait de marcher au combat, les chevaliers du

Temple et les chevaliers hospitaliers de Saint-Jean-de-Jérusalem
alternaient pour fournir l'avant-garde et l'arrière-garde. On plaçait
entre ces deux corps de troupes habituées aux guerres d'Asie ceux
qui, nouvellement arrivés d'Europe, n'avaient point encore eu le
temps de s'acclimater : « Nous les protégions, dit un Templier,
comme une mère protège son enfant. »

Aussi, les services éminents qu'ils rendaient chaque jour avaient
été récompensés par les priviléges les plus étendus. Ils ne payaient
ni droits, ni tribut, ne pouvaient être jugés que par le pape, et on
leur défendait d'accorder aucune de leurs commanderies à la solli-
citation des grands ou des rois.

Quand les croisades devinrent moins fréquentes, que les pèlerinages isolés se firent plus rarement, il fut d'usage, en Europe, pour
se dispenser du voyage de la Terre sainte, de payer certaines sommes
au Temple.

Quelques-uns allèrent jusqu'à offrir tous leurs biens et même leur
personne.

Avec de tels moyens de s'enrichir et de si magnifiques priviléges,
le déréglement s'introduisit vraisemblablement dans l'ordre.

La chronique de Flandre assure qu'ils possédèrent dix mille cinq
cents manoirs; le prieuré de Saint-Gilles avait, à lui seul, cinquante-
quatre commanderies.

Dans le royaume de Valence, en Espagne, les Templiers étaient
maîtres de dix-sept places fortes. Dans la sénéchaussée de Beaucaire,
l'ordre avait acheté, en quarante six ans, dix mille livres de rente.

Une ancienne chronique manuscrite[1] parle de leurs richesses et
de leur ambition :

> Li frere, li mestre du Temple
> Qu'estaient rempli et ample
> D'or et d'argent et de richesse
> Et qui menoient tel noblesse,

[1] Chronique à la suite du roman de Favel.

Où sont-t-il ? que sont devenu ?
Que tant ont de plait maintenu,
Que nul a elz s'ozoit prendre.
Tozjors achetoient sans vendre,
Nul riche a elz n'était de prise
Tant va pot a eue qu'il brise

Une fois que la calomnie eut attaqué cet ordre, elle ne s'arrêta pas; d'ailleurs, il y avait de hauts personnages intéressés à sa destruction, et on ne ménagea pas les injures.

Le chroniqueur cité plus haut ajoute :

Si fesoient le monde pestre
Que il sembloient par *dehors estre*
. *Roux*, mais or n'est pas queliqui luist.
Chapitre tenoient de nuit etc.

Enfin, l'auteur de la satire intitulée *la Bible Guiot*, nomme les Templiers, et parle d'eux en ces termes :

Molt sont prodomme li Templier.
Là se rendent li chevaliez
Qui ont le siècle asavoré
Et ont tot veu et tot tasté.

Il est bien certain que la corruption dut s'introduire dans l'ordre, dès que les Templiers se virent riches et puissants, mais on ne saurait dire qu'ils aient mérité toutes les injures dont on les accabla, toutes les violences qu'on leur a fait subir.

Richard Cœur de Lion, avait dit en mourant :

« Je laisse mon avarice aux moines de Citeaux, ma luxure aux moines gris, ma superbe aux Templiers. »

Mais cette parole était autant une calomnie contre les moines que contre les Templiers.

Et Richard Cœur de Lion, était un anglais pur sang; ce qui est tout dire.

Il était impossible que ces derniers ne puissassent pas dans la conscience de leur force, de leur richesse, de leur influence, un grand orgueil et un grand dédain.

Ils avaient osé dire au roi d'Angleterre, Henri III :

« Vous serez roi tant que vous serez juste. »

Était-ce donc là un si grand crime?

En Castille, ils étaient protégés contre le roi par un traité de garantie.

Mais tous les princes de la chrétienté rendaient ouvertement les meilleurs témoignages de leur courage et de leur dévouement à la foi chrétienne.

Le roi d'Angleterre, lui-même, avait donné en leur faveur un témoignage encore plus honorable en invitant les rois de Portugal, de Castille, de Sicile et d'Aragon, à ne pas ajouter foi aux calomnies qu'on répandait contre l'ordre.

Il avait écrit au pape :

« Comme le grand maître et ses chevaliers, fidèles à la pureté de la foi catholique, sont en très-grande considération et devant nous et devant ceux de notre royaume, tant par leur conduite que par leurs mœurs, je ne puis ajouter foi à des accusations aussi suspectes jusqu'à ce que j'en obtienne une entière certitude. »

Il existe encore en leur faveur un titre, aussi solennel qu'honorable, émané de Philippe le Bel lui-même ; ce titre ne peut laisser aucun doute sur les droits que l'ordre et les chevaliers avaient à l'estime du monarque et de la nation.

En octobre 1304, trois ans seulement avant leur proscription, Philippe le Bel, dans un acte qui contient de nombreux priviléges en faveur des Templiers, explique en ces termes les motifs de ses magnificences :

« Les œuvres de piété et de miséricorde, la libéralité magnifique qu'exerce dans le monde entier, et en tout temps, le saint ordre du Temple, divinement institué depuis longues années, son courage qui mérite d'être excité à veiller plus attentivement et plus assidûment encore à la périlleuse défense de la Terre sainte, nous déterminent justement à répandre notre libéralité royale sur l'ordre et ses chevaliers, en quelques lieux de notre royaume qu'ils se trouvent, et à donner des marques d'une faveur spéciale à l'ordre et aux chevaliers pour lesquels nous avons une sincère prédilection. »

M. Michelet qui aime de passion à résoudre de beaux petits problèmes imaginaires et à donner d'éloquents coups de pieds dans des portes ouvertes, M. Michelet a prétendu que si les Templiers s'étaient unis aux Hospitaliers, aucun roi du monde n'eût pu leur résister ; qu'ils tenaient à toutes les familles nobles, et se trouvaient aguerris, au milieu du peuple qui ne l'était plus, qu'enfin tout cela avait pu donner à penser à Philippe le Bel.

Le fait pur et simple dément cette assertion aussi romanesque qu'innocente.

D'abord, les Templiers avaient refusé péremptoirement de se réunir aux Hospitaliers.

Le grand maître de l'ordre avait, à ce sujet, adressé à la cour de Rome, un mémoire dans lequel il disait que la discorde ne tarderait pas à s'introduire parmi les frères réunis. — De ce côté il n'y avait donc rien à craindre.

Les Templiers tenaient, il est vrai, à presque toutes les familles nobles, mais il en était de même des chevaliers de Saint-Jean, et l'ordre se composait à peine de quinze mille chevaliers.

Quelque aguerris qu'ils fussent, répandus de tous côtés, en Asie, en Angleterre, en France, en Espagne, ils ne devaient inspirer que fort peu de crainte aux rois de ces différents pays.

C'eût été de la part de Philippe le Bel une étrange aberration d'esprit, de penser que les Templiers eussent voulu se révolter contre son autorité, quand ils ne pouvaient conserver leur propre royaume de Chypre.

Les causes qui amenèrent les spoliations de l'ordre sont ailleurs.

II.

Philippe le Bel régnait en France. Il était monté sur le trône à l'âge de dix sept ans, et dès son jeune âge il avait lu les enseignements du célèbre Gilles Colonna, depuis archevêque de Bourges, primat d'Aquitaine, et qui mérita le surnom de *docteur très fondé.*

Ce maître habile composa pour son auguste élève, un traité de *l'éducation du prince,* et y répandit quelques maximes remarquables pour l'époque, et dont la pratique a commencé en quelque sorte une ère nouvelle.

Jésus-Christ disait le célèbre archevêque, *n'a point donné de domaine temporel à son église, et le roi de France ne tient son autorité que de Dieu.*

Philippe le Bel prit ces instructions au pied de la lettre, et l'on reconnut bientôt en lui la volonté ferme d'ajouter constamment quelques droits nouveaux à sa puissance et à son autorité.

C'est le premier roi dit M. Raynouard, qui ait employé les formules : *par la plénitude* de la *puissance royale,* et comme nous le verrons, il ne se borna pas à faire de cette formule une vaine décoration de ses diplômes.

Philippe est une figure originale dans l'histoire ; les obstacles se réunissent autour de lui, et contre lui, mille catastrophes semblent le menacer à chaque instant ; rien ne l'arrête, rien ne l'interdit, rien ne l'effraie. Avec son conseil secret de légistes, Pierre Flotte, Plusian, Nogaret, il passe au milieu des obstacles, prévient les événements, détourne les catastrophes ; il poursuit son but et l'atteint.

C'est un homme froid, égoïste, profond, même avec cruauté ; mais c'est un roi énergique, courageux, jaloux de son autorité, soigneux de son honneur, et dont le caractère souvent étroit, quelquefois généreux, a paru à tous une énigme inexplicable.

Philippe le Bel aimait l'argent; il en demandait à tous et à tout.

Cette soif insatiable le dévorait, et c'est à elle qu'il faut rapporter les principaux événements de son règne.

Saint Louis avait été le premier à accorder sa confiance aux légistes, et depuis il s'était formé en France une société d'hommes nouveaux, à laquelle on doit la création de cette armée judiciaire et administrative, qui s'est perpétuée jusqu'à nos jours, pour être emportée un beau matin par le diable.

Philippe le Bel continua le système, et trouva commode de gouverner au moyen des tribunaux et des officiers de justice.

« Ces hommes, dit M. Sismonde de Sismondi, fiers de leur savoir, et indifférents aux principes d'honneur et de morale, sont dévoués corps et âme à l'autorité royale. Ce sont eux qui ont répandu dans les provinces cette foule de sénéchaux et de prévôts, de procureurs du roi et de tabellions. Toutes ces institutions provinciales sont autant de bras qu'une seule et même volonté fait agir. Cette volonté est à Paris, au parlement.

« Les légistes sont nés avec une haine profonde pour tout ce qui n'est pas eux, pour tout ce qui vit en dehors d'eux. Ils sont bourgeois, ils haïssent les nobles; ils sont laïques, ils haïssent les prêtres. Le seul homme dont ils respectent l'autorité, le seul qu'ils paraissent aimer, le seul qu'ils veuillent servir, c'est Philippe le Bel.

« Philippe le Bel, c'est leur véritable roi. Il semble qu'ils l'aient fait, ils le protègent, ils le défendent, ils vont même jusqu'à se faire tuer pour lui — de la part d'un légiste, c'est un noble dévouement — en revanche aussi, Philippe le Bel les laisse s'approprier une large part dans le gouvernement; aucune mesure importante n'est prise sans qu'ils l'aient approuvée, et Pierre Flotte, Le Portier,

Enguerrand de Marigni, Plusian et Nogaret, sont presque aussi puissants que Philippe le Bel lui-même. »

Tous ces légistes qu'on avait jetés sur la France, puisaient à belles mains dans le trésor public, et le mettaient à sec; le trésor public une fois vide, il fallait le remplir.

C'était la préoccupation incessante du roi.

Il avait employé mille moyens; il avait été même jusqu'à altérer les monnaies d'or et d'argent; mais le trésor était semblable au tonneau des Danaïdes, il ne gardait rien des richesses qu'on lui jetait.

C'est alors que survint entre Philippe le Bel, et le pape Boniface VIII; cette grande querelle qui se termina si misérablement.

Voici en peu de mots à quelle occasion :

« Le roi de France, dit Pierre Zaccone, historien considérable que nous voudrions citer à chaque page[1], avait fait arrêter l'évêque de Pamiers. Boniface VIII crut devoir le défendre, et écrivit à Philippe le Bel de le laisser partir immédiatement, afin qu'il pût se rendre à Rome, où lui, le pape, se chargeait de le juger. Il l'invitait, en même temps, à lui faire restituer tous ses biens, meubles et immeubles, ou ceux qui appartenaient à son église. (Philippe-le-Bel les avait déjà confisqués!) Il le priait, en outre, de ne plus étendre, à l'avenir, ses mains sur des choses semblables, et d'éviter d'offenser la majesté divine ou la dignité du Saint-Siége apostolique.   ·

« — Car, il faut que tu saches, disait Boniface en terminant, qu'à moins que tu ne puisses alléguer quelque excuse raisonnable et fondée en vérité, nous ne voyons pas comment tu éviteras la sentence des cinq canons pour avoir porté des mains téméraires sur cet évêque. »

Philippe se voyait ainsi menacé de l'excommunication, mais il en prit peu de souci; et, pendant que le pape convoquait les prélats à Rome, il convoquait lui-même les États-Généraux à Paris.

[1] Histoire des sociétés secrètes.

Ces États-Généraux sont les premiers que l'on voit paraître au moyen âge ; ils étaient composés des trois ordres : clergé, noblesse et bourgeoisie ; c'est-à-dire, non-seulement des pairs du royaume, des prélats et des gentilshommes, mais encore des députés des bonnes villes.

La lecture de la bulle du pape produisit, surtout, un effet prodigieux.

Pierre Flotte crut alors le moment favorable, et donna connaissance au public d'une lettre que Philippe avait, disait-il, écrite à Boniface en réponse à la bulle.

Cette lettre est trop curieuse, et donne trop bien la mesure de ce que les légistes osaient déjà à cette époque pour ne pas la mettre sous les yeux du lecteur. La voici :

« Philippe, par la grâce de Dieu, roi des Français, à Boniface
« qui se donne pour pape, peu ou point de salut :

« Que ta grande fatuité sache que nous ne sommes soumis à per-
« sonne pour le temporel ; que la collation des églises et des pré-
« bendes vacantes nous appartient par le droit royal ; que les fruits
« en sont à nous ; que les collations faites et à faire par nous sont
« valides au passé et à l'avenir ; que nous maintiendrons leurs pos-
« sesseurs de tout notre pouvoir, et que nous tenons pour fous et
« insensés ceux qui croiront autrement. »

Cette lettre, si elle est authentique, ne fut point écrite par un roi de France, mais bien par un rat de procédure, espèce insolente et malpropre qui met du venin à tout ce qu'elle touche.

Notre opinion est que cette lettre ne fut jamais écrite.

Mais l'histoire est pleine de ces affreux canards ; j'entends l'histoire grave.

L'histoire qu'on lit pour s'instruire.

Pendant que la querelle s'envenimait ainsi de part et d'autre, avait lieu cette funeste bataille de Courtray, connue dans les fastes de l'histoire sous le nom de *Journée des Éperons.*

Une grande partie de la noblesse française y avait trouvé la mort.

Philippe, privé de ses barons par les Flamands, de ses évêques par le pape, restait seul avec ses légistes.

Triste et maigre ordinaire!

Pierre Flotte venait de périr à Courtray; il fut remplacé dans le conseil du roi par Nogaret.

Ce dernier était né dans le diocèse de Toulouse; il avait été professeur de droit et juge mage dans la sénéchaussée de Beaucaire. C'était un homme hardi, entreprenant, vif, au cœur sec, à l'esprit éminemment délié.

Comme Pierre Flotte, il concevait rapidement; l'audace ne lui manquait pas, non plus qu'à son prédécesseur, quand venait le moment de l'exécution.

Nogaret n'hésite pas un seul instant, dans cette situation extrême, sur le parti à prendre; il lance aussitôt un virulent manifeste contre Boniface.

Il l'accuse d'hérésie; il dit que Boniface n'est pas entré par la porte dans le bercail du Seigneur, ni comme pasteur et ouvrier, mais par la fenêtre, et plutôt comme voleur et brigand.

Il dit que dans la chaire du bienheureux Pierre, siége un maître de mensonges qui, quoique *malfaisant* de toutes manières, se fait cependant appeler *Boniface.*

Puis, comme les affaires ne semblaient marcher assez vite, selon ses désirs, il y eut au Louvre une assemblée de barons, dans laquelle il fut prononcé un réquisitoire contre Boniface et un appel au prochain concile.

Le roi et les quelques barons qui lui restaient consentirent à l'appel, et Nogaret se hâta de partir pour l'Italie.

Le pape se trouvait alors à Anagni; il ignorait ce qui venait de se passer au Louvre, mais il craignait quelque tentative secrète, et, à tout hasard, il avait cru devoir se réfugier dans sa ville natale, près de ses parents et de ses amis, au milieu d'un peuple qui l'aimait autant qu'il haïssait la France.

En s'éloignant de France, Nogaret était allé s'établir sur la route de Florence, à Sienne, au château de Staggia. Il emportait avec lui des sommes considérables, et à sa suite deux de ses agents les plus adroits.

Dès son arrivée, ces deux agents se mirent en campagne, sur l'ordre de leur maître, et tentèrent d'exécuter le mieux qu'ils purent les instructions qui leur furent données.

Une nuit, Nogaret était seul au château de Staggia; la chambre dans laquelle il se trouvait dominait toute une vallée, dont la lune éclairait en ce moment les plis profonds.

Nogaret était auprès de la fenêtre ouverte quand un homme entra.

Le légiste se retourna vivement, et une satisfaction non équivoque se répandit sur ses traits quand il aperçut l'homme qui venait d'entrer.

Cet homme s'appelait Sciarra Colonna; il était frère de deux cardinaux gibelins que Boniface avait déposés.

Nogaret alla à lui.

— Eh bien! lui dit-il, seigneur Colonna, je ne m'attendais pas à vous voir cette nuit; mais vous êtes de ces hôtes qui sont toujours certains d'être bien accueillis à quelle heure et dans quel moment qu'ils arrivent!... Qu'y a-t-il de nouveau?

Sciarra était un cavalier d'une haute stature, aux épaules larges et robustes, et qui ne savait marcher que revêtu d'une lourde armure de fer.

Il fit un signe de tête à Nogaret, et son regard parcourut tous les recoins de la chambre.

— Nous sommes seuls? demanda-t-il soupçonneusement.

— Absolument seuls, répondit Nogaret.

— Alors, on peut causer?

— A votre aise.

— Eh bien! bonnes nouvelles, monsieur le légiste, dit Sciarra en s'asseyant dans un fauteuil qu'il fit crier sous son poids; demain, j'aurai à ma disposition trois cents cavaliers et un grand nombre de gens de pied.

Nogaret se leva à cette nouvelle, et alla frapper familièrement sur l'épaule de Colonna.

— C'est à faire à vous, monseigneur, lui dit-il avec gaieté, et je vois que c'est à vous que je devrai le succès de mon entreprise.

— Avez-vous tenté quelque chose de votre côté, dit Sciarra.

— Tout est fait!

— Qu'avez-vous vu?

— Arnolphe d'abord, le capitaine de justice, qui est en même temps le chef de la police, et de la milice d'Anagni.

— A merveille..., qu'a-t-il dit?

— Il consent à nous aider, et à l'heure qui lui sera indiquée, il livrera les portes de la ville.

— Fort bien, après?

— Après, un de mes agents s'est introduit auprès de Réginald de Lupin, seigneur de Fiorentin, homme qui, vous me l'avez dit vous-même, jouit d'un grand crédit dans les campagnes de Rome.

— C'est vrai..., eh bien!

— Eh bien le seigneur Reginald consent à s'unir à nous, et demain s'il le faut, ses hommes seront prêts...

— C'est un coup de maître, s'écria Colonna.

— Qui m'a coûté cher, repartit Nogaret avec un soupir.

— Bah! pourvu que nous réussissions...

— C'est ce que j'ai pensé...

— Convenons donc bien de tout, afin que rien ne manque, au

moment d'agir, reprit Sciarra ; demain vers minuit, je me trouverai avec nos hommes de pied et nos cavaliers, non loin des portes d'Anagni, je vous y attendrai.

— Vous ne m'y attendrez pas longtemps.

— Si le seigneur Arnolphe n'est point en foi mentie, demain le pape sera entre nos mains, et nous en ferons ce que bon nous semblera.

Après avoir ainsi arrêté tout ce qu'ils devaient faire, les deux hommes se séparèrent, et le lendemain vers l'heure dite, Nogaret partit secrètement de Staggia, et alla rejoindre Sciarra Colonna qui l'attendait avec le nombre d'hommes promis.

La troupe de Colonna se mit aussitôt en marche, et s'avança vers la ville dont Arnolphe, suivant ses promesses, leur ouvrit les portes.

Le plus difficile était fait.

Le légiste et le Gibelin laissèrent leurs compagnons se livrer au pillage, dévaster les maisons des cardinaux et voler leurs trésors ; pendant cela , ils se dirigèrent vers le palais pontifical, accompagnés seulement d'une poignée d'hommes résolus et dévoués.

Le peuple aimait bien le pape, mais il aimait encore mieux le pillage de la maison des cardinaux — il ne songea même pas à défendre Boniface.

Ce dernier était seul dans son palais abandonné ; il n'avait auprès de lui, qu'un vieux serviteur, âgé d'au moins quatre-vingts ans ; ses autres serviteurs et ses gardes avaient fui.

Nogaret et Colonna arrivèrent sans difficulté jusqu'à lui ; et ils ne craignirent point de l'outrager odieusement.

Boniface avait quatre-vingt six ans ; quand il se vit à la merci de ces deux bandits avides et insatiables, et en butte à leur railleries insultantes, et à leurs indignes violences, le malheureux vieillard se prit à pleurer comme un enfant, et à demander grâce. Mais les bourreaux furent impitoyables jusqu'à la lâcheté.

— Abdique! lui cria le féroce Gibelin, en le frappant au visage, de son gantelet de fer.

— Abdique, répéta Nogaret l'avocat, en lui présentant un parchemin où pendaient les sceaux de la chancellerie de France.

Mais le noble vieillard retrouva un moment de suprême énergie ; il jeta un regard de mépris à ses insulteurs, et releva le front avec calme.

— Trahi comme Jésus, répondit-il fièrement, je mourrai, mais je mourrai pape.

Alors avec une fermeté qui en imposa un moment à ses bourreaux, il se fit jeter sur les épaules le manteau de Saint-Pierre, mit sur son front la couronne de Constantin, prit dans ses mains glacées et tremblantes les clefs et la crosse, et revêtu des marques de la puissance pontificale, il attendit la mort avec résignation.

Colonna n'aurait pas demandé mieux que de tuer Boniface, mais Nogaret eut peur et l'en empêcha. Ils se contentèrent donc de le retenir prisonnier pendant quelques jours, mais cette hésitation leur devint fatale.

Au bout du troisième jour, en effet, les remords commencèrent à tourmenter les bourgeois d'Anagni, qui coururent tout à coup aux armes, reprirent sans peine le palais pontifical, et rendirent la liberté au malheureux Boniface.

Ce dernier ne voulut pas rester plus longtemps dans une ville, où il avait été si indignement outragé, et dès que la liberté lui eut été rendue, il reprit le chemin de Rome.

Cependant les derniers événements avaient épuisé ce qui lui restait de forces ; à son arrivée dans la ville éternelle, il tomba dangereusement malade, et mourut un mois après avoir été tiré de sa captivité.

Benoît IX succéda à Boniface VIII, et ne parut pas mieux disposé envers Philippe le Bel, que son prédécesseur. Les événements se compliquaient d'une foule de difficultés nouvelles, une bulle d'excommunication fut lancée dans laquelle on désignait indirectement Nogaret et Plusian, et la cour de France se trouva un moment fort embarrassée pour faire face à ces nouvelles complications.

Les choses en étaient là, quand un soir, une femme voilée, et qui se dit être religieuse convertie de Sainte-Pétrouille, se présenta au guichet du Louvre, et demanda à être introduite près de maître Nogaret et de maître Plusian.

Les deux légistes s'attendaient vraisemblablement à cette visite, car la femme fut aussitôt introduite.

Elle resta une heure environ au Louvre, et quand elle sortit, elle monta, dit-on, aussitôt en litière et partit, prenant la direction de l'Italie.

Le pape Boniface VIII avait un goût que tout le monde connaissait bien : — il aimait les figues.

Il était alors à Pérouse, et chaque soir, d'après les recommandations faites par son maître d'hôtel, on lui servait un plat de figues, avant l'heure de son repos.

Une nuit, vers deux heures, il y eut grande rumeur dans le palais : les valets effarés allaient et venaient, le maître d'hôtel ne savait plus à quel saint se vouer, la consternation était répandue dans la ville, — le plat de figues préparé pour Boniface, avait disparu dans la soirée, et sa Sainteté était menacée de se passer de son mets favori, ce jour-là.

Tout à coup une femme voilée se présente ; elle porte un objet dont on ne peut déterminer la forme, sous le voile qui la couvre ; elle demande à parler au pape.

On veut d'abord la repousser ; elle insiste, puis, quand elle s'aperçoit que les gardes vont l'éloigner, elle se décide à montrer l'objet qu'elle apporte !...

C'était un plat de figues !

Mais un plat de figues comme jamais encore le pape n'en avait mangé.

La joie succède à la consternation, le maître d'hôtel pleure d'attendrissement, et il veut conduire lui-même la sœur converse près du Saint Père.

Boniface prit les figues, et les mangea avec avidité... Seulement peu de jours après, il tomba malade, et mourut au milieu de douleurs atroces.

« Les auteurs contemporains, dit M. Simonde de Sismondi, accusent de cet empoisonnement, Nogaret, les Colonna, Jean Muschietto, Frauzesi, et le cardinal Napoléon Orsini.

« Un seul d'entre eux, Ferretus de Vicence a osé nommer Philippe le Bel.

« L'église se tut, le sacré consistoire trembla, et on n'intenta aucunes poursuites. »

III.

La situation des affaires devenait chaque jour plus mauvaise en France ; la mort de Benoît IX offrait une chance de les relever, mais il fallait savoir profiter de cette chance.

Dès qu'il s'agit de donner un successeur au pape décédé, les cardinaux formés en conclave à Pérouse, se divisèrent naturellement en deux camps ; les uns étaient hostiles à la France, les autres lui étaient favorables.

Chaque parti élevait des prétentions également injustes, et pendant neuf mois, l'église demeura sans chef.

On convint enfin d'un moyen terme, et l'on décida que l'un des deux partis présenterait trois candidats, parmi lesquels l'autre parti choisirait un pape. Le parti français eut à choisir, et il proclama Bertrand de Gott, archevêque de Bordeaux.

L'élection de Bertrand de Gott, était d'un haut intérêt pour Philippe le Bel; il fut instruit à temps par ses créatures, de tout ce qui se passait au conclave, et se hâta de donner au futur élu un rendez-vous dans une forêt près de Saint-Jean-d'Angely.

Voici comment Vilain, historien contemporain, rend compte de cette entrevue :

« Ils entendirent ensemble la messe, et se jurèrent le secret. Alors, le roi commença à parlementer en belles paroles pour le reconcilier avec Charles de Valois.

« Ensuite, il lui dit :

« — Vois, archevêque, j'ai en mon pouvoir de te faire pape si je veux ; c'est pour cela que je suis venu vers toi; car, si tu me promets de me faire les grâces que je te demanderai, je t'assurerai cette dignité, et voici qui te prouvera que j'en ai le pouvoir. »

« Alors, il lui montra les lettres et délégations de l'un et l'autre collège.

« Le Gascon, plein de convoitise, voyant ainsi tout à coup qu'il dépendait entièrement du roi de le faire pape, se jeta comme éperdu aux pieds de Philippe, et dit :

« — Monseigneur, c'est à présent que je vois que tu m'aimes plus qu'homme qui vive, et que tu veux me rendre le bien pour le mal. Tu dois commander, moi obéir, et j'y serai toujours disposé. »

« Le roi le releva, le baisa à la bouche, et lui dit :

« — Les six grâces spéciales que je te demande sont les suivantes : la première, que tu me réconcilies parfaitement avec l'Église, et me fasses pardonner le méfait que j'ai commis en arrêtant le pape Boniface ; la seconde, que tu rendes la communion à moi et à tous les miens; la troisième, que tu m'accordes les décimes du clergé

dans mon royaume pour cinq ans ; la quatrième, que tu détruises
et annules la mémoire du pape Boniface ; la cinquième, que tu
rendes la dignité de cardinal à messire Jacobo et messire Piero de la
Colonna ; que tu les remettes en leur état, et qu'avec eux tu fasses
cardinaux certains miens amis. Pour *la sixième grâce et promesse,*
je me réserve d'en parler en temps et lieu, car *c'est chose grande et
secrète.* »

L'archevêque promit tout sur le CORPUS DOMINI, et de plus,
il donna pour ôtages ses frères et deux de ses neveux. Le roi,
de son côté, promit et jura qu'il le ferait élire pape.

Bertrand de Gott fut donc élu pape, et, pendant quelque temps, le
roi le laissa jouir paisiblement de sa nouvelle dignité. Mais une
circonstance imprévue vint tout à coup précipiter les événements.

Jusque-là, le peuple avait supporté patiemment, du moins en
apparence, les exactions des agents du fisc, et les successives alté-
rations des monnaies. Philippe le Bel et Nogaret espéraient que le
peuple s'endormirait, et n'oserait jamais exalter son mécontentement jusqu'à la révolte.

Ils ne prirent bientôt plus de ménagement, et promulguèrent une
nouvelle ordonnance par laquelle ils déclaraient que la monnaie
qu'on allait battre aurait seule cours dans tout le royaume au même
titre qu'elle avait eu sous saint Louis, et que celle qui avait été
frappée auparavant ne serait plus reçue que pour le tiers de sa
valeur nominale.

C'était une sorte de coup d'état, une véritable banqueroute qui
devait frapper à la fois sur tous les habitants du territoire.

Chacun comprit alors qu'il était menacé, et la nécessité d'une
résistance énergique fut aussitôt proclamée par tous.

La populace, qui n'était guère intéressée dans la question, la
populace que les écus révoltés surent toujours mettre en mouvement, se porta en masse vers la demeure de Philippe le Bel, qui

fut obligé, pour échapper à sa fureur, de se réfugier dans le palais du Temple.

Les Templiers le défendirent avec un courage au-dessus de tout éloge, et pour le soustraire même à un coup de main, que tout concourait à rendre imminent, ils n'hésitèrent pas à le cacher dans la chambre secrète où étaient enfouies les immenses richesses de l'ordre.

Ce ne fut qu'un instant, mais cet instant suffit.

Le roi devint amoureux fou de la cassette des bons chevaliers.

Quand la colère du peuple se fut apaisée, et que Philippe le Bel sortit du Temple, les Templiers étaient jugés et condamnés!

Philippe le Bel ne pouvait pas, en effet, se faire plus longtemps illusion sur l'impression que produisaient l'altération continuelle des monnaies, et les moyens impolitiques qu'il employait pour venir en aide à son trésor épuisé. Il était temps de laisser respirer le peuple, et de regagner peu à peu sa faveur.

Philippe le Bel y songea sérieusement, et c'est alors qu'il crut que le moment était venu de réclamer de Bertrand de Gott, devenu Clément V, *cette grande et secrète chose,* qui tourmentait si fort l'esprit du pape gascon.

Il n'hésita pas longtemps, Dieu merci, car tous ces porte-plumes qu'il avait autour de lui, noirs et impurs démons de l'intrigue, passaient leur vie à endormir sa conscience.

CHAPITRE IV.

Vers le commencement du mois de juillet de l'année 1305, un
jeune cavalier, d'une trentaine d'années environ, venait d'entrer à
Jérusalem par la porte du *Bien Aimé, Bab-el-Kzabil*, et se dirigeait,
seul et pensif, vers la partie de la ville où se trouve situé le Temple.

La nuit était venue depuis quelques heures, et déjà la lune, qui se
levait à l'horizon, jetait ses rayons obliques dans les rues désertes.

Ce cavalier portait le costume distinctif des chevaliers du Temple,
c'est-à-dire, le manteau blanc et la croix rouge ; il arrivait vraisemblablement de Béthléem et pressait le pas, car il était en retard.

Georges de Nevers était, ainsi que nous l'avons dit, un homme qui pouvait avoir alors une trentaine d'années environ ; il était grand, bien pris dans sa taille, portait la barbe longue, épaisse et noire, et les cheveux coupés ras sur le front. Une grande élégance se manifestait dans toute sa personne, et l'on pouvait remarquer dans sa physionomie plus de noblesse distinguée que l'on n'en rencontre d'habitude dans les hommes adonnés au métier de la guerre.

Il y avait deux ans à peine que Georges était à Jérusalem, et qu'il avait demandé à être admis au nombre des membres de l'ordre.

Cette résolution, qu'il avait prise, tenait à des causes particulières que nous devons relater ici pour que le lecteur comprenne bien ce qui va suivre.

Georges de Nevers était né en Bourgogne, et avait fait ses premières armes en France, avec les membres les plus illustres de la famille des sires de Longvic et de Raon.

Il était fils unique, et n'avait qu'un seul amour dans le cœur ; celui d'une mère qui, restée veuve fort jeune, avait reporté sur la tête de son enfant tout ce qu'il y avait en elle de sainte affection et de pur dévouement.

Georges aimait sa mère, comme on aime Dieu ; c'était pour lui l'univers entier ; sa seule ambition était le sourire et le baiser de sa mère.

Pendant longtemps l'existence du jeune soldat ne fut troublée par aucun souci ; et quand, au retour d'une campagne longue et périlleuse, il se retrouvait au château de ses pères, assis près de sa mère, lui racontant ses exploits et ceux de ses compagnons d'armes, il semblait défier le malheur.

Un jour, cependant, au milieu de ce calme heureux, qu'un incident trancha tout à coup, Georges revenait d'accompagner le roi de France avec toute sa noblesse ; il l'avait laissé rentrant glorieux dans Paris, et s'était hâté de regagner le toit maternel.

Un secret pressentiment était dans son cœur; il avançait lentement; malgré lui, il sentait une terreur indicible l'envahir; il eût
voulu allonger ce voyage, et cependant son cœur battait à se rompre
chaque fois qu'il songeait à la joie du retour.

Quand il vit poindre à l'horizon les tourelles gothiques de son
manoir, il n'y tint plus, il enfonça résolument ses éperons dans les
flancs de son cheval, et, en moins de quelques minutes, il arriva au
but.

Mais la porte était fermée, un silence solennel régnait à l'intérieur,
nulle sentinelle ne veillait au haut des tourelles, Georges eut froid
dans tous les membres. — Que s'était-il passé? pourquoi sa mère ne
venait-elle pas à sa rencontre? que voulaient dire ce silence et ce
peu d'empressement?

Georges frappa à la porte — et ce fut un visage étranger qui se
présenta.

Quand il eut dit son nom, l'introducteur jeta un cri, et l'introduisit
sans mot dire, dans les appartements dont le jeune chevalier connaissait bien les détours, mais qu'il n'osait maintenant franchir d'un
pas empressé, comme naguère!

Enfin il arriva à une dernière chambre, celle de sa mère, et là il
s'arrêta sur le seuil, et posa la main sur l'épaule de son introducteur.

— Or çà, lui dit-il, que se passe-t-il donc, et pourquoi les salles
que nous venons de traverser sont-elles désertes.., où sont les serviteurs du château; où est ma mère?

L'homme baissa les yeux, mais n'eut pas la force de répondre.

— Parle! parle! fit Georges avec impatience.

— Madame la comtesse, dit-il enfin en balbutiant.

— Eh bien!

— Venez, monsieur le comte, venez recevoir son dernier soupir.

Georges repoussa rudement l'étranger, à cette nouvelle si inattendue, et levant les mains au ciel, avec un désespoir violent, il se pré-

cipita dans la chambre où sa mère l'attendait, en effet, pour lui dire un éternel adieu, et le bénir.

Pour Georges, cette séparation fut accablante; il n'avait connu, il n'avait aimé que sa mère au monde; sa mère une fois morte, il n'y avait plus rien, et ce fut avec joie d'abord, qu'il songea au suicide.

Toutefois, il avait reçu de bonne heure les enseignements de la religion, et au moment d'attenter à ses jours, il s'arrêta.

La vie lui était à charge, il voulait se débarrasser de ce fardeau; mais il pensa que puisqu'il était décidé à mourir, il fallait au moins que sa mort pût être utile à quelque chose, et comme les occasions de dangers étaient rares; comme d'ailleurs, à cette époque, tous les regards se tournaient avidement, et avec une sorte de respect religieux vers l'Asie, il partit pour Jérusalem.

Il avait trouvé le moyen de se faire tuer comme un chrétien.

Grâce aux soins de Longvic et de Raon, il fut particulièrement recommandé à Jacques de Molai, alors grand maître des Templiers, et en peu de temps, il conquit la faveur de son chef, tant à cause de son caractère franc et dévoué, que de la valeur qu'il déploya dans les premiers combats auxquels il prit part.

Toutefois, malgré l'ardeur imprudente qu'il ne cessa de montrer dans toutes les occasions, il ne put trouver la mort qu'il cherchait, et qu'il appelait de tous ses vœux, et nous le retrouvons après deux années de luttes, de combats, de batailles, traversant, sain et sauf, les rues de Jérusalem, et se rendant au Temple, que les chevaliers de son ordre s'étaient imposé pour mission de garder.

Georges était plus triste encore ce soir-là, que d'habitude; il y avait trois ans, jour pour jour, que sa mère était morte, et jamais ce souvenir ne s'était montré plus douloureux à son esprit.

Il hâtait le pas, car il voulait passer toute cette nuit en prières, et il lui semblait que chaque moment qu'il perdait lui serait compté dans le ciel.

Tout à coup, et comme il allait tourner l'angle de la rue des Juifs *Harat-el-Youd,* des cris perçants arrivèrent jusqu'à lui, et le firent tressaillir.

Il écouta.

On entendait à quelques centaines de pas, le bruit très-distinct de coups d'épée, auquel venaient se mêler, et donner un caractère sinistre, les cris de deux femmes qui appelaient au secours.

Georges n'écouta que son courage, il tira résolument son épée du fourreau, et se dirigea en courant, vers l'endroit d'où partaient les cris.

Quand il déboucha dans la rue voisine, il aperçut, en effet, deux femmes pressées contre le mur, attaquées par cinq malheureux, et défendues, mais faiblement par deux vieux serviteurs, qui à chaque instant, rompaient de quelques pas !

Georges n'hésita pas un moment, et bien que les deux femmes portassent le costume d'une nation abhorrée, il vola à leur défense.

Les cinq musulmans parurent hésiter quelques secondes, en voyant ce renfort arriver à leurs adversaires, mais ils ne voulurent pas abandonner ainsi la partie, sans tenter encore de la gagner, et ils recommencèrent bientôt l'attaque avec plus d'acharnement.

Georges était de taille à combattre cinq adversaires, et il le leur fit bien voir.

En moins de quelques minutes, trois de ses adversaires blessés, ou tués, mordaient les dalles, et les deux autres prenaient la fuite.

Cependant Georges avait vaincu sans savoir encore pour qui il avait ainsi exposé ses jours ; quand le combat fut donc fini, et que les coquins à turban eurent pris la fuite, ou furent étendus à ses pieds, il se tourna vers les deux femmes muettes d'admiration et de reconnaissance, et leur montrant les cadavres de leurs agresseurs :

— Dames leur dit-il, en s'inclinant respectueusement, vous voici maintenant délivrées de vos ennemis, j'espère que vous pourrez reprendre sans crainte le chemin de votre demeure.

Et en parlant ainsi, il remit tranquillement son épée au fourreau; mais l'une des deux femmes se jeta à ses genoux, et lui embrassa les mains.

— Monseigneur, monseigneur, lui dit l'une d'elles qui avait une soixantaine d'années, ne laissez pas votre ouvrage imparfait, notre demeure est encore à quelque distance d'ici; daignez nous accompagner jusque-là...

Georges fit une grimace.

Bien qu'il n'y eût eu de sa part aucune arrière-pensée au moment où il s'était précipité sur le lieu du combat, cependant, à son insu, il s'était fait des deux femmes qu'il venait sauver une image gracieuse et jolie.

Ainsi sont bâtis les jeunes gentilshommes de Bourgogne. Dijon et Mâcon, villes aussi galantes que militaires, vous produisîtes toujours le vin bourgeois, la moutarde gaillarde et les hommes sanguins!

Châlons, Châtillon, Auxerre et Sémur, vous n'êtes pas moins agréables que Mâcon, pas moins aimables que Dijon. Mais Beaune! qui chantera Beaune?... Et Nevers, suzerain de Clamecy où tant de Dupin naquirent!

Ce livre historique n'eût pas été complet, si nous n'avions adressé aux différentes cités de la Bourgogne cette courte allocution, qui part du fond de notre cœur.

La voix de la vieille inspira un léger dépit à Georges, et ce fut d'un ton indifférent qu'il répondit :

— Pardon! madame, en dégageant ses mains de l'étreinte de la vieille, —mais j'appartiens à un ordre dont les prescriptions doivent être rigoureusement exécutées, et je ne puis y manquer, même pour le plus légitime motif. D'ailleurs, j'espère, je le répète, que vos ennemis s'abstiendront de revenir à la charge dans la crainte d'une nouvelle correction.

En disant ces mots, Georges acheva de mettre son épée au fourreau, et parut se disposer à s'éloigner.

Mais au moment où il allait disparaître, la seconde femme se précipita sur ses pas :

— Oh! monseigneur, dit-elle d'une voix suppliante, et en pressant ses mains dans les siennes, ne soyez pas généreux à demi; les hommes qui nous en veulent sont capables de tout; ils nous attaqueront encore, et nous périrons, monseigneur, ou nous serons déshonorées.

Georges s'arrêta à ces paroles, et son cœur se troubla.

Cette voix était si jeune, si fraîche; elle avait un éclat si sonore et si sympathique, que ses regards se portèrent avec un vif intérêt sur la personne qui venait de l'arrêter.

Saint-Dieu! les vrais chevaliers défendaient les vieilles femmes comme les jeunes, et ce Georges, s'il ne se conduit pas mieux à l'avenir, passera auprès de nous pour un hypocrite pleurnicheur! — Nous verrons bien !

Cependant l'inconnue était voilée, et il était impossible à Georges, de distinguer ses traits. Il fit quelques pas sans mot dire, et l'accompagna jusqu'au détour de la rue.

— Qu'il soit donc fait comme vous le désirez, dit-il alors, d'une voix où perçait un certain accent de tristesse, — je vous accompagnerai jusqu'à l'endroit que vous me désignerez, et je serai trop heureux, si ma présence peut vous être encore utile.

— Eh bien partons, dit la jeune fille en se mettant en route; et merci, monseigneur!

La jeune fille donna le bras à la duègne; Georges marcha à sa droite, les serviteurs suivirent derrière.

Pendant les premiers instants, aucune parole ne fut échangée, et

V.   14

il était évident que la jeune fille pressait le pas, pour abréger la durée du voyage. Toutefois, comme la demeure vers laquelle elle se dirigeait, était encore fort éloignée, elle se tourna bientôt vers son cavalier, et le regarda à travers son voile.

— Je suis confuse, monseigneur, lui dit-elle alors, — d'abuser ainsi de votre générosité ; mais vous appartenez à une nation qui ne recule jamais devant un danger à courir, et je n'avais pas trop espéré de votre courage, puisque vous avez consenti à m'accompagner pour me protéger.

— J'accomplis un devoir, répondit Georges, et dussé-je périr en vous défendant, aucune considération ne pourrait m'arrêter maintenant.

— Tout à l'heure, dit la jeune fille, — vous hésitiez cependant...

— Tout à l'heure, c'est vrai.

— Et pourquoi avez-vous changé si subitement de résolution ?

— C'est que tout à l'heure, je ne vous avais pas entendue encore...

Il y eut un silence : si la jeune fille faisait des questions un peu naïves, Georges y répondait assez bourguignonnement. — Il était ému ; son cœur battait avec force.

— Au surplus, reprit bientôt après la jeune fille, les scrupules que vous manifestiez il y a quelques instants, seront faciles à lever ; mon père est puissant à Jérusalem, et je ne doute pas qu'il ne s'empresse demain d'aller trouver le grand maître de votre ordre, et ne lui explique le motif du retard que vous aurez éprouvé.

Georges ne répondit pas tout d'abord : depuis un instant, une idée lui était venue qui le préoccupait.

— Pardon, dit-il enfin, à la jeune fille, — pardon, madame, si mes questions vous semblent indiscrètes, mais vous avez dit que votre père était puissant à Jérusalem, je désirerais savoir si vous ne connaissez pas les hommes qui vous ont attaquée ce soir.

— Pourquoi cela ?

— C'est que si vous les connaissiez, il serait facile de les punir.

— Ces hommes ne méritent que le mépris.

— Mais ils recommenceront!...

— Je ne le pense pas...

— Cependant vos craintes de tout à l'heure...

— J'ai une raison toute simple pour ne plus craindre.

— Laquelle?

— Je pars demain.

— Vous partez!... fit Georges avec un cri, et en portant les mains à son cœur.

— Oh! mais pour peu de temps, répondit la jeune fille, d'une voix enjouée, et j'espère que d'ici là, les hommes qui m'attaquent n'auront plus les mêmes motifs de me haïr.

— C'est une énigme, alors.

— Peut-être.

— Et vous ne voulez pas l'expliquer?

— Une autre fois.

— Je vous reverrai donc!

La jeune fille s'arrêta sur ces mots, et indiqua une maison de somptueuse apparence, vers le seuil de laquelle elle marcha.

— Voici la demeure de mon père, monseigneur, lui dit elle, d'une voix qui parut devenir tout à coup grave ; — demain je pars, je ne pourrai donc vous présenter à mon père, comme mon libérateur, mais à mon retour, j'espère bien que le chevalier Georges de Nevers nous fera l'honneur de venir nous visiter.

Georges demeura interdit d'entendre son nom, il marcha rapidement vers la jeune fille, et saisit sa main au moment où elle se disposait déjà à franchir le seuil de la porte.

— Madame, lui dit il, tout ce qui m'arrive aujourd'hui me semble un rêve, et je ne sais à quelle résolution m'arrêter ; vous allez parúr, dites-vous, eh bien, si je vous ai rendu un service cette nuit, si vous êtes disposée à avoir pour moi quelque bonté et quelque reconnaissance, par grâce, madame, ne partez pas sans me laisser au moins votre nom.

— On m'appelle Dehlie, répondit la jeune fille.

— Que je voie une fois, une fois seulement, votre gracieux visage, dont le souvenir ne me quittera plus.

La jeune fille ne répondit pas, mais elle souleva lentement le voile épais qui tombait de son front, jusque sur ses pieds, et ayant laissé voir une seconde la plus charmante figure qui se fût encore présentée aux regards de Georges, elle s'enfuit précipitamment, le laissant ébloui, fasciné, le cœur frémissant d'une ivresse inconnue.

Je pense bien que la duègne s'enfuit aussi. Georges n'a point consigné ce détail dans ses *confessions*.

Cependant, la nuit était fort avancée ; Georges se trouvait encore très-éloigné du Temple ; il se hâta de rejoindre l'église du Saint-Sépulcre, qu'il atteignit enfin comme l'aube blanchissait à l'horizon.

II.

L'église du Saint-Sépulcre, dit Deshayes[1], comprend le mont Calvaire, et plusieurs autres lieux saints. Ce fut sainte Hélène qui en fit bâtir une partie pour couvrir le saint Sépulcre ; mais les princes chrétiens qui vinrent après la firent augmenter, pour y comprendre le mont Calvaire qui n'est qu'à cinquante pas du saint Sépulcre.

Anciennement le mont Calvaire était hors de la ville ; c'était le lieu où l'on exécutait les criminels condamnés à mort ; et, afin que tout le peuple y pût assister, il y avait une grande place entre le mont et les murailles de la ville. Le reste du mont était environné de jardins,

---

[1] Envoyé par Louis XIII en Palestine, (1621) ces lieux ont été le berceau de l'ordre dont nous parlons. Nous avons pensé qu'il n'était pas hors de propos d'en donner une description détaillée.

dont l'un appartenait à Joseph d'Arimathie, disciple secret de Jésus-Christ, où il avait fait faire un sépulcre pour lui, dans lequel fut mis le corps de notre Seigneur.

La coutume parmi les Juifs n'était pas d'enterrer les corps comme nous faisons en chrétienté. Chacun, selon ses moyens, faisait pratiquer dans quelque roche une forme de petit cabinet, où l'on mettait le corps que l'on étendait sur une table du rocher même ; et puis, on refermait celui-ci avec une pierre que l'on mettait devant la porte qui n'avait d'ordinaire que quatre pieds de haut.

L'église du Saint-Sépulcre est fort irrégulière ; car l'on s'est assujetti aux lieux que l'on voulait enfermer dedans.

Elle est à peu près faite en croix, ayant six vingts pas de long, sans compter la descente de l'Invention de la sainte Croix, et soixante et dix de large.

Il y a trois dômes ; celui qui couvre le saint Sépulcre sert de nef à l'église.

Ce dôme a trente pas de diamètre, et est ouvert par haut, comme la rotonde de Rome.

Il est vrai qu'il n'y a point de voûte, la couverture en est soutenue seulement par de grands chevrons de cèdre, qui ont été apportés du mont Liban.

En entrant dans l'église, on rencontre la pierre de l'*onction,* sur laquelle le corps de notre Seigneur fut oint de myrrhe et d'aloès, avant que d'être mis dans le sépulcre. Quelques-uns disent qu'elle est du rocher même du mont Calvaire, et les autres tiennent qu'elle fut apportée dans ce lieu par Joseph et Nicodème, disciples secrets de Jésus-Christ, qui lui rendirent ce pieux office, et qu'elle tire sur le vert.

Quoi qu'il en soit, à cause de l'indiscrétion de quelques pèlerins qui la rompaient, l'on a été contraint de la couvrir de marbre blanc,

et de l'entourer d'un petit balustre de fer de peur que l'on ne
marche dessus.

Le saint Sépulcre est à trente pas de cette pierre, justement au
milieu du grand dôme : c'est comme un petit cabinet qui a été creusé
et pratiqué dans une roche vive, à la pointe du ciseau. Le dedans du
sépulcre est presque carré. Il y a une table solide de la même pierre
qui fut laissée en creusant le reste.

Ce fut sur cette table que le corps de notre Seigneur fut mis, ayant
la tête vers l'occident et les pieds à l'orient; mais à cause de la
superstitieuse dévotion des Orientaux, qui croient qu'ayant laissé
leurs cheveux sur cette pierre Dieu ne les abandonnerait jamais,
et aussi parce que les pèlerins en rompaient des morceaux, l'on a été
contraint de la couvrir de marbre blanc, sur lequel on célèbre aujourd'hui la messe ; il y a continuellement quarante-quatre lampes
qui brûlent dans ce saint lieu, et afin d'en faire exhaler la fumée,
l'on a fait trois trous à la voûte.

Le dehors du sépulcre est aussi revêtu de tables de marbre et de
plusieurs colonnes, avec un dôme au-dessus.

A l'entrée du sépulcre, il y a une pierre d'un pied et demi carré.

C'est sur cette pierre qu'était l'ange, lorsqu'il parla aux Maries ;
et tant à cause de ce mystère, que pour ne pas entrer d'abord dans
le saint Sépulcre, les premiers chrétiens firent une petite chapelle
au-devant, qui est appelée la chapelle de l'Ange.

Celui-ci est, comme on le voit, tout plein de grands souvenirs
chrétiens, et l'on comprend sans peine l'exaltation religieuse que ces
souvenirs devaient entretenir dans l'esprit des fidèles.

A douze pas du saint Sépulcre, c'est toujours Deshayes qui parle,
en tirant vers le septentrion, l'on rencontre une grande pierre de
marbre gris, que l'on a mise là pour marquer le lieu où notre Seigneur se fit voir à la Magdeleine en forme de jardinier.

Plus avant est la chapelle de l'Apparition, où l'on tient par tradition que notre Seigneur apparut premièrement à la Vierge, après sa résurrection.

Continuant à faire le tour de l'église, l'on trouve une petite chapelle voûtée, que l'on appelle la Prison de notre Seigneur, parce qu'il fut mis dans ce lieu, en attendant que l'on eût fait le trou pour planter la croix. Cette chapelle est à l'opposite du mont de Calvaire, de sorte que ces deux lieux sont comme la croisée de l'église.

Assez proche de là, est une autre chapelle qui est au même lieu où notre Seigneur fut dépouillé par les soldats avant que d'être attaché à la croix, et où ses vêtements furent joués et partagés.

En sortant de cette chapelle, on rencontre à main gauche, un grand escalier, qui perce la muraille de l'église pour descendre dans une espèce de cave qui est creusée dans le roc. Après avoir descendu trente marches, il y a une chapelle, à main gauche, que l'on appelle vulgairement la chapelle de sainte Hélène, à cause qu'elle était là en prière pendant qu'elle faisait chercher la croix. L'on descend encore onze marches jusqu'à l'endroit où elle fut trouvée avec les cloux, la couronne d'épines et le fer de la lance, qui avaient été cachés en ce lieu depuis plus de trois cents ans.

Proche du haut de ce degré, en tirant vers le mont du Calvaire, est une chapelle, sous l'autel de laquelle l'on voit une colonne de marbre gris, marqueté de taches noires. Elle est appelée la colonne d'Impropère, parce que l'on y fit asseoir notre Seigneur pour le couronner d'épines.

L'on rencontre, à dix pas de cette chapelle, un petit degré fort étroit, dont les marches sont de bois au commencement et de pierre à la fin. Il y en avait vingt en tout, par lesquelles on va sur le mont Calvaire.

Ce lieu, qui était autrefois si ignominieux, ayant été sanctifié par le sang de notre Seigneur, les premiers chrétiens en eurent un soin particulier ; et après avoir ôté toutes les immondices et toute la terre qui était dessus, ils l'enfermèrent de murailles : de sorte que c'est à présent comme une chapelle haute qui est enclose dans cette grande église. Elle est revêtue de marbre par dedans, et séparée en deux par une arcade. Ce qui est vers le septentrion est l'endroit où notre Seigneur fut attaché à la croix.

Il y a toujours trente-deux lampes ardentes, et l'on célèbre tous les jours la messe dans ce lieu.

En l'autre partie qui est au midi, fut plantée la sainte croix. On voit encore le trou qui est creusé dans le roc environ un pied et demi, outre la terre qui était dessus. Le lieu où étaient les croix des deux larrons était proche. Celle du bon larron était au septentrion, et l'autre au midi; de manière que la première était à la droite de notre Seigneur qui avait la face tournée vers l'occident, et le dos du côté de Jérusalem qui était à l'orient.

Il y a continuellement cinquante lampes ardentes pour honorer ce lieu.

Enfin, au-dessous de cette chapelle, sont les deux sépultures de Godefroy de Bouillon et Baudouin son frère.

« Où trouver dans l'antiquité, dit M. de Châteaubriand, rien d'aussi touchant, rien d'aussi merveilleux que les dernières scènes de l'Evangile? Ce ne sont point ici les aventures bizarres d'une divinité étrangère à l'humanité : c'est l'histoire la plus pathétique, histoire qui non-seulement fait couler des larmes par sa beauté, mais dont les conséquences, appliquées à l'univers, ont changé la face de la terre. Je venais de visiter les monuments de la Grèce, et j'étais encore tout rempli de leur grandeur; mais qu'ils avaient été loin de m'inspirer ce que j'éprouvais à la vue des lieux saints! »

En rentrant au temple, Georges trouva son valet, Bourguignon, debout et l'attendant.

Ce valet s'appelait Dupont de son nom de famille, mais on ne le connaissait, à Jérusalem, que sous le nom de Bourguignon.

Comme son maître, il était né en Bourgogne, dans le Nivernais, et ce n'était pas précisément l'amour de la religion qui l'avait arraché à son pays natal, mais bien plutôt le dévouement qu'il avait toujours montré pour la famille de Nevers.

Bourguignon était une honnête et placide physionomie, que les passions n'avaient jamais bien profondément ruinée. Il était bon, simple, naïf, quoiqu'il comptât déjà une quarantaine d'années, il avait toujours vécu dans le manoir qu'occupait au pays, la famille de Nevers, et ne désirait rien autre chose, que d'aller y finir ses jours, comme avaient fait son père et son aïeul.

Aussi était-ce avec une grande répugnance qu'il s'était éloigné de la Bourgogne, et s'il n'avait pas cru que son honneur de valet était attaché à l'accomplissement de ce devoir, si le jeune Georges de Nevers ne lui avait point assuré qu'il serait libre de revenir dans quelques années, au pays qu'il abandonnait, le sacrifice qu'on lui imposait lui eût paru au-dessus de ses forces.

Mais le dévouement parla plus haut que toutes ses appréhensions, et quand il vit son jeune maître bien disposé à partir, et faisant déjà ses préparatifs, il n'hésita plus, fit un léger paquet de ses vêtements les plus précieux, endossa la casaque ornée d'une croix que son maître lui donna, enfourcha, tant bien que mal, le bidet que le palefrenier lui présenta, il suivit Georges qui partit au galop.

En ce moment, il l'eût suivi jusqu'au bout du monde.

Bourguignon aimait Georges comme il eût aimé son enfant : dès leur arrivée dans la ville sainte, il l'entoura de la plus tendre affection, et lui témoigna cette amitié dévouée, que Georges accueillit d'ailleurs avec reconnaissance.

Bien qu'il eût été recommandé à Jacques de Molai, et que celui-ci l'entourât d'égards, cependant, dès les premiers jours qu'il passa à

Jérusalem, Georges éprouva une sorte de malaise indicible, un mal qui n'avait point de cause, qui semblait n'avoir aucun remède : le mal du pays!

Autour de lui, toutes les personnes qu'il rencontrait parlaient une langue, et portaient un costume qui lui étaient étrangers. Son cœur se serra en se sentant si éloigné de France, et plus d'une fois, des larmes amères mouillèrent ses yeux, quand il songeait aux horizons aimés, que ne voyaient plus ses yeux.

Heureusement que la figure de Bourguignon se trouvait fréquemment sous son regard — cela le consola et l'habitua à sa nouvelle vie ; il fut moins sombre, moins triste ; puis peu à peu son désespoir se calma, et enfin les souvenirs de France ne le préoccupèrent plus qu'à de longs intervalles.

Pour Bourguignon, l'effet fut moins rapide. Il conserva plus longtemps sa tristesse, s'isola complètement de tout ce qui l'entourait, et s'absorba entièrement dans les soins qu'il rendait à son maître.

Cette nuit donc, Bourguignon avait été bien tourmenté. — C'était la première fois que son maître rentrait si tard ; il craignait qu'il ne lui fût arrivé malheur, et plus de vingt fois, il fut sur le point d'aller à sa recherche.

Mais de quel côté diriger ses pas? Était-il vers l'orient ou vers l'occident? Le jeune de Nevers ne se fâcherait-il pas, s'il ne trouvait point son valet à son retour?

Bourguignon resta.

Mais, il ne quitta pas la fenêtre qui donnait sur la rue, et accoudé, pensif et troublé, il écouta avidement tous les bruits qui arrivaient jusqu'à lui.

Enfin, comme le jour paraissait à l'horizon, les pas de Georges s'appuyèrent sur les marches de l'escalier ; la poitrine de Bourguignon respira plus librement, et quand la porte de la chambre s'ouvrit, et qu'il vit son maître paraître sur le seuil, il oublia toutes ses appréhensions, toutes ses terreurs, et courut lui serrer les mains.

— Mon maître! mon cher maître? s'écria l'honnête valet, est-ce bien vous que je revois!

Georges dégagea doucement ses mains de l'étreinte du brave homme, et sourit avec bonté.

— C'est moi! Bourguignon, lui répondit-il, et je ne croyais pas te trouver debout.

— Monseigneur est rentré bien tard, fit le valet.

— Je te conterai cela demain, mon ami; pour cette nuit, je t'engage à reposer, et à ne pas tarder plus longtemps à prendre un repos dont tu dois avoir besoin.

Bourguignon ne répondit pas; il était heureux de revoir son maître sain et sauf; il le débarrassa de ses vêtements, l'aida à dénouer le ceinturon qui portait son épée, et ce ne fut que lorsque son maître se fut jeté sur son lit, qu'il se décida à gagner le sien.

Cette nuit ne fut pas la seule, que le pauvre Bourguignon dut passer au milieu des tristes préoccupations, et des craintes.

A partir de ce jour, son maître devint plus sombre qu'il ne l'avait jamais été, même au temps de son désespoir; il évita avec soin toutes les occasions de paraître en public, et au grand étonnement de tous les membres de l'ordre, il ne rechercha plus, avec la même ardeur, les occasions où il pouvait faire briller son courage.

Bourguignon n'y comprenait rien; il se demandait quelle cause secrète pouvait avoir ainsi changé les dispositions de son maître; pourquoi il semblait repousser toute distraction; pourquoi il allait toujours seul, ne demandant pas même, comme naguère, à se faire accompagner par son fidèle serviteur?

Un mois au moins se passa de la sorte, pendant lequel Bourguignon se tortura inutilement l'esprit, pour trouver l'explication de cette énigme.

Comme après tout, son maître ne paraissait pas s'en porter plus mal; comme son attitude quelque triste et préoccupée qu'elle fût, n'attestait pas cependant un état dangereux, Bourguignon finit par en prendre son parti, et chercha lui même à se distraire de l'inquiétude que ce changement lui avait inspirée.

Les choses en étaient là, et Bourguignon commençait à s'habituer à cette situation nouvelle, quand arriva l'événement que nous allons raconter.

Un soir, Georges de Nevers sortait du temple par la porte qui est près de la *pierre de l'onction;* il était suivi de son valet à quelque distance, quand au sortir du portail, il fut accosté par une vieille femme qui portait le costume du pays.

La vieille parut le considérer un moment avec attention, puis quand elle fut satisfaite de son examen rapide, elle étendit le bras, et saisit la main du jeune chevalier.

Bourguignon s'était approché de son maître, et regardait ce qui allait se passer.

— Pardon, Messire, dit la vieille femme, de vous arrêter ainsi au moment où vous venez de faire vos dévotions; mais la commission dont on m'a chargée est très-importante, et je tenais à vous entretenir ce soir.

— Qu'y a-t-il? demanda Georges en regardant la vieille femme sans attention.

— Je viens de la part d'une jeune personne qui vous porte beaucoup d'intérêt.

— Je ne connais aucune jeune personne, répondit Nevers.

— Si fait.

— Dites son nom.

— Vous l'avez sauvée une nuit des mains de cinq agresseurs, reprit à voix plus basse la duègne.

— Delhlie! s'écrie Nevers.

— Dehlie, Messire; la jeune dame est de retour à Jérusalem depuis hier au soir, et c'est elle qui m'envoie vers vous.

— Parlez! parlez! dit le chevalier avec un frémissement joyeux; qu'y a-t-il? que me veut-elle?

— Elle désire vous voir.

— Quand cela?

— Demain.

— Et en quel endroit?

— A la mosquée de la Roche!... C'est demain vendredi, vous pourrez y pénétrer sans difficulté, pourvu que vous consentiez à vous revêtir du costume musulman, et une fois introduit, il vous sera facile de trouver ma jeune maîtresse qui vous attendra près de la septième colonne de gauche!...

Ayant ainsi parlé, la vieille duègne salua le chevalier et s'éloigna en lui disant : A demain!

Georges demeura interdit, ne sachant s'il était bien éveillé.

Se revêtir d'un costume musulman, pénétrer dans la mosquée de la Roche, parler d'amour à une jeune fille qui appartenait à une religion qu'il avait juré de combattre, c'était violer son serment, c'était se rendre coupable d'un crime, et malgré tout l'amour qu'il nourrissait pour la jeune fille, il ne savait quel parti prendre.

Quand sa passion le poussait en avant, un seul mot l'arrêtait, car sa conscience disait : SACRILÉGE!

Il reprit tout indécis le chemin de l'habitation commune.

Toutefois, chemin faisant, il se rapprocha de Bourguignon, et comme l'honnête valet était doué de beaucoup de bon sens, et que Georges avait eu souvent à se louer d'avoir suivi ses conseils, il crut devoir le consulter.

Il lui raconta donc ce qui lui arrivait, la proposition qui venait de lui être faite, et lui demanda ce qu'il ferait s'il se trouvait à sa place.

La réponse de Bourguignon ne se fit pas longtemps attendre.

— La proposition que l'on a faite à mon cher maître, dit-il avec un grimace d'épouvante, est certainement l'œuvre de Satan; on veut le perdre, et c'est le diable en personne qui se cache sous les traits séduisants de la jeune Dehlie. Que mon cher maître se défie; il y a à Jérusalem plus d'une fille perdue, et que l'on a fait servir d'appât au désir effréné des croisés. C'est un piége que l'on vous tend, gardez-vous bien d'y tomber.

— Ainsi tu n'irais pas, fit Georges.

— Je mourrais plutôt que d'y mettre les pieds!

— C'est bien; j'y réfléchirai.

Le jeune chevalier réfléchit en effet, et le lendemain matin, dès les premières heures du jour, il fit lever son valet, et se dirigea avec lui vers le bazar le plus prochain.

Il avait pris un costume de pèlerin pour ne pas être reconnu, et une fois arrivé chez le fripier il choisit deux costumes de musulman, en revêtit un et fit endosser l'autre à Bourguignon.

Telle est la nature aventureuse et poétique des habitants de Clamecy. — Car, nous vous en avions fait un mystère : ce Nevers était de Clamecy même !

Ce ne fut qu'après bien des difficultés que Bourguignon consentit à s'exécuter. Il fit des remontrances à son maître, lui dit qu'il perdait son âme et la sienne à lui Bourguignon (de Bourgogne), et que Dieu le punirait d'avoir oublié ce qu'il devait au nom chrétien qu'il portait, et aux obligations que lui imposait l'ordre dont il était membre.

Nous ne saurions trop louer la raison de ce digne serviteur, mais vous n'ignorez pas que la tête des Claméciens est un volcan.

Il y a des personnes qui disent Clameçons et même Clameçoires au lieu de Clameciens : sur quelles autorités se fondent-elles? nous cherchons en vain à le deviner.

Un volcan, disions-nous, et le mot est bien froid. Les Claméciens,

Clameçons ou Clameçoires ont de la lave en ébullition sous le sinciput, au lieu du peu de cervelle qui leste le front des autres Français.

Toutes les remontrances du pauvre Bourguignon furent inutiles; Georges aimait Dehlie, avec cette passion oublieuse d'un Clamécite qui aime pour la première fois. Il voulait la revoir, lui parler, il voulait surtout lui dire combien il avait souffert depuis qu'il ne l'avait vue, et lui demander si elle ne voudrait pas partager cette passion qui brûlait son cœur!

La mosquée de la Roche était située à quelque distance du bazar dans lequel Bourguignon et son maître venaient d'entrer, ils hâtèrent le pas, car ils s'aperçurent que l'heure était déjà passée où les Musulmans ont l'habitude de se rendre à la prière.

Cette mosquée de la Roche est fort célèbre à Jérusalem, nous devons en dire quelques mots, ou du moins citer ce qu'en raconte le Père Royer, qui eut le privilége d'y pénétrer.

« Si un chrétien y entrait (dans le parvis du Temple), dit-il, quelques prières qu'il fît en ce lieu, disent les Turcs, Dieu ne manquerait pas de l'exaucer, quand même ce serait de mettre Jérusalem entre les mains des chrétiens. C'est pourquoi, outre la défense qui est faite aux chrétiens non-seulement d'entrer dans le Temple, mais même dans le parvis, sous peine d'être brûlés vifs, ou de se faire turcs, ils y font une soigneuse garde.

« Pour entrer dans le Temple il y a quatre portes, situées à l'orient, occident, septentrion et midi; chacune ayant son portail bien élabouré de moulures, et six colonnes avec leurs pieds d'estail et chapiteaux, le tout de marbre et de porphyre. Le dedans est tout de marbre de diverses couleurs, dont la plus grande partie, tant des colonnes que du marbre et le plomb, a été prise par les Turcs, tant en l'église de Bethléem qu'en celle du Saint-Sépulcre, et autres qu'ils ont démolies.

« Dans le Temple il y a trente-deux colonnes de marbre gris en deux rangs, dont seize grandes soutiennent la première voûte, et les autres le dôme, chacune était posée sur son pied-d'estail et leurs chapiteaux.

« Tout autour des colonnes, il y a de très-beaux ouvrages de fer doré et de cuivre, faits en forme de chandeliers, sur lesquels il y a sept mille lampes posées, lesquelles brûlent depuis le jeudi au soleil couché jusqu'au vendredi matin, et tous les ans un mois durant, à savoir, au temps de leur *Ramazan,* qui est leur carême.

« Dans le milieu du Temple, il y a une petite tour de marbre où l'on monte en dehors par dix-huit degrés.

« C'est où se met le cadi tous les vendredis, depuis midi jusqu'à deux heures que durent leurs cérémonies, tant la prière que les expositions qu'il fait sur les principaux points de l'Alcoran.

« Outre les trente-deux colonnes qui soutiennent la voûte de ce dôme, il y en a deux autres moindres, assez proches de la porte de l'occident, que l'on montre aux pèlerins étrangers, auxquels ils font accroire que lorsqu'ils passent librement entre ces colonnes ils sont prédestinés pour le paradis de Mahomet, et disent que si un chrétien passait entre ces colonnes, elles se serreraient et l'écraseraient.

« *J'en sais bien pourtant à qui cet accident n'est pas arrivé quoiqu'ils fussent bons chrétiens.* »

« A trois pas de ces deux colonnes, il y a une pierre dans le pavé qui semble de marbre noir, de deux pieds et demi en carré, élevée un peu plus que le pavé.

« En cette pierre, il y a vingt-trois trous où il semble qu'autrefois il y ait eu des clous, comme de fait il en reste encore deux ; savoir à quoi ils servaient, je ne le sais pas ; même les Mahométans l'ignorent, quoiqu'ils croient que c'était sur cette pierre que les prophètes mettaient les pieds lorsqu'ils descendaient de cheval pour entrer au Temple, et que ce fut sur cette pierre que descendit Mahomet lorsqu'il arriva de l'Arabie heureuse, quand il fit le voyage du paradis pour traiter d'affaires avec Dieu. »

Cette mosquée est d'ailleurs, dit-on, un des morceaux les plus remarquables de l'architecture arabe, et s'ils n'y laissent pas pénétrer facilement, les Mahométans en parlent du moins avec une admiration qui touche de près à l'enthousiasme.

Georges et Bourguignon s'introduisirent dans ce lieu consacré, au moment même où la prière allait commencer. Suivant les indications qui lui avaient été données la veille, il fit le compte des colonnes du Temple, et quand son regard eut rencontré la septième, il se dirigea de ce côté.

Bourguignon le suivait, comme son ombre, ouvrant ses oreilles et ses yeux, pour écouter et pour voir!...

Le spectacle qu'il avait en face de lui l'étonnait encore plus qu'il ne l'éblouissait, et l'honnête valet se demandait naïvement pourquoi, puisque le soleil s'élançait radieux de l'horizon, dispensant à tous son éclatante lumière, on avait jugé à propos, d'allumer ces sept mille lampes qui n'éclairaient rien du tout!

Toutefois, malgré l'admiration que ce spectacle éveillait en lui, il ne pouvait parvenir à calmer tout à fait les inquiétudes qu'il éprouvait.

Pour rien au monde, Bourguignon n'eût voulu se faire turc, comme dit le père Roger, mais il eût consenti, de moins bonne grâce encore, à être brûlé vif. Il s'imaginait que tous les regards étaient fixés sur lui, que tout le monde l'avait reconnu, qu'il allait être pris après la prière, et il s'attendait à un dénoûment des plus pénibles!

Si son maître ne l'avait pas précédé, il ne serait pas resté deux secondes dans cette enceinte maudite.

Cependant Georges de Nevers s'était approché de la septième colonne, et son regard chercha un moment dans la foule, une femme qui lui rappelât la jeune fille qu'il avait sauvée, mais il n'avait vu

V.   16

Dehlie que la nuit ; la reconnaître parmi cette foule de femmes voilées était impossible ; il s'appuya donc contre une des colonnes, et le regard fixé à terre, il attendit que la prière fût finie, et que les musulmans se fussent retirés.

Une demi-heure se passa ainsi.

Enfin, un mouvement se manifesta dans toute l'assemblée ; hommes et femmes se levèrent, et chacun se dirigea lentement vers les quatre issues.

Georges et Bourguignon ne bougèrent pas, et ce ne fut que lorsque le premier s'aperçut que la mosquée était déserte, et qu'il ne restait plus que deux femmes agenouillées près de la septième colonne, qu'il se décida à quitter son poste d'observation.

Mais au moment où il allait se diriger vers la jeune fille qui l'attendait, il se sentit arrêter énergiquement par le bras.

III.

Celui qui venait de l'arrêter était un musulman : comme Georges il avait trente ans à peine, et portait un riche et opulent costume.

Quand le jeune chevalier se fut retourné, et qu'il l'eut aperçu, il lui jeta un regard de colère, et releva fièrement le front.

— Qui êtes-vous ? lui demanda-t-il vivement et avec hauteur, et que me voulez-vous ?

— Malgré le costume sous lequel vous vous cachez, répondit son interlocuteur, à voix basse, je vous ai reconnu, vous êtes un chevalier du Temple, et vous vous appelez Georges de Nevers.

— Vous vous trompez.

— Je ne me trompe pas ; je vous ai vu hier, escorté par un serviteur de Dehlie, je vous ai suivi ce matin, depuis le Temple jusqu'à la mosquée, je ne me trompe pas, et vous êtes bien l'homme que je cherche.

— Quand cela serait, objecta Georges, en fronçant le sourcil, où voulez-vous en venir !

— A vous dire, sire chevalier, que comme vous, j'aime Dehlie, et que je ne veux point permettre à un autre que moi de l'aimer.

Georges haussa les épaules avec dédain, et sourit.

— La jeune fille dont vous parlez, répondit-il d'une voix ferme, a été attaquée il y a un mois environ par cinq agresseurs, et je n'ai pas craint de mettre mon épée à son service ; c'est vous dire le cas que je peux faire de vos menaces, et l'intention que j'ai formée de ne pas m'en inquiéter davantage.

En parlant ainsi, Georges allait passer outre, mais son interlocuteur le retint encore.

— Si vous faites un pas, sire chevalier, lui dit-il, je vous fais connaître aux gardiens de la mosquée, et avant qu'il soit une heure, le grand maître de votre ordre saura votre conduite !...

Cette menace était faite d'un ton si résolu, que Georges s'arrêta.

Passer outre, c'était se compromettre et compromettre la jeune fille qui l'attendait ; c'était occasionner un scandale sans exemple dans l'histoire de l'ordre auquel il appartenait ; c'était, sans profit, pour personne, s'exposer lui-même à un danger réel :

Il réfléchit.

D'ailleurs la figure effrayée de Bourguignon était là devant lui ; les deux femmes dont cette altercation avait attiré l'attention, venaient de se rapprocher, et semblaient par leur attitude, le supplier de céder...

Il fit à l'inconnu un signe d'assentissement, puis, saisissant son bras avec force :

— Soit ! lui dit-il, je vais partir ; non parce que vos menaces m'effraient, mais pour ne point compromettre l'ordre dont je suis membre, pour ne pas surtout effrayer les personnes qui nous écoutent. Mais s'il y a dans votre cœur un dernier reste de courage, si vous n'êtes point un de ces lâches, qui ne savent insulter et outrager que les femmes, ce soir, je vous attendrai derrière la petite porte du Temple.

— Cette rencontre, répondit son interlocuteur, j'allais vous la proposer.

— A ce soir donc !

— A ce soir !

Les deux hommes se séparèrent sur ces mots, et Georges et Bourguignon s'éloignèrent lentement de la mosquée.

L'aventure n'avait pas réussi.

Bourguignon cependant, ne se possédait pas de joie d'avoir échappé au danger qui les avait menacés ; il jurait que jamais il ne remettrait les pieds dans cette demeure du diable ; que son maître s'était conduit en homme véritablement prudent ; et que si quelque chose pouvait lui faire pardonner d'avoir pénétré dans cette mosquée, c'était assurément la manière dont il en était sorti.

Georges était loin de partager l'allégresse de son valet ; il n'avait point vu Dehlie ; il n'avait pu lui parler ; il avait été contraint de céder à un rival !

Son sang bouillait dans ses veines ; il s'accablait lui-même de reproches, et c'est à peine s'il pouvait se consoler en songeant que le soir même, il prendrait une éclatante revanche.

Animés de ces sentiments divers, Georges et Bourguignon reprirent le chemin du bazar, et ils arrivèrent au Temple une demi-heure après.

Georges était préoccupé ; il ne voulut point se mêler à ses frères d'armes dans un pareil moment, il prit donc des corridors détournés, et gagna sa cellule.

Toutefois, bien qu'il fît peu d'attention à ce qui se passait autour de lui, il ne put s'empêcher de remarquer qu'un mouvement inusité régnait à l'intérieur du Temple : les servants allaient et venaient d'un air effaré, les Templiers eux-mêmes paraissaient consternés, et échangeaient à voix basse quelques paroles rapides quand par hasard ils venaient à se rencontrer.

Georges rentra dans sa cellule l'esprit plus troublé.

Que s'était-il donc passé pendant son absence? Quel événement inattendu avait frappé l'ordre? Pourquoi ce mouvement, cette terreur?

Peut-être avait-on déjà connaissance de son escapade; on avait appris sans doute qu'il avait dépouillé les insignes des chevaliers du Temple pour revêtir le costume d'une religion abhorrée. C'était un scandale! Il pâlit en songeant aux suites terribles de son aventure.

Un servant qui vint peu après le chercher jusque dans sa cellule de la part du grand maître lui même, le confirma davantage dans ses soupçons, et ce fut presque en tremblant qu'il s'achemina vers l'habitation de Jacques de Molai.

Mais dès qu'il fut introduit, toutes ses terreurs imaginaires s'enfuirent. Jacques de Molai était triste, mais nullement sévère; il fit un geste amical à Georges, et lui ayant indiqué un siége de la main, il l'invita à s'y asseoir :

Georges s'assit donc et attendit.

— Mon cher fils, dit le vieux grand maître, je vous ai fait venir pour vous faire part d'une grave nouvelle qui va porter le désordre parmi les membres de notre sainte association : le saint Père m'a fait mander près de lui, et dans quelques heures je quitterai Jérusalem.

— Vous partez! fit Georges comme attéré à cette nouvelle.

— Je pars, Georges, je vais revoir notre beau pays, et Dieu seul sait si je reviendrai dans ces contrées.

— Que dites-vous?

— Je suis bien vieux, prononça lentement le grand maître.

— Ah! s'écria Georges en portant sa main à ses lèvres, Dieu vous conservera longtemps encore à notre amour !...

Le vieillard secoua la tête avec un triste pressentiment, et serra la main de Georges.

— Mon fils, lui dit-il d'un accent douloureux, je ne désirerais que mourir ici près du tombeau de notre maître à tous ; le sort en décide autrement, j'obéirai à la voix de Dieu ; mais je n'ai pas voulu partir seul ; j'ai voulu du moins que quelqu'un partageât la joie terrestre que j'aurai à revoir cette terre bénie de la France, et j'espère que vous ne m'en voudrez pas quand je vous aurai dit que j'ai disposé de vous.

— De moi!... de moi, monseigneur, fit Georges en reculant.

Le grand maître le regarda d'un air étonné, et lui dit :

— Ce voyage vous déplairait-il?...

— Oh! non, non, monseigneur ; non, je suis heureux de vous suivre, heureux de revoir notre patrie commune ; mais à l'annonce de ce départ précipité, inattendu, le saisissement.....

Jacques de Molai sourit avec bonté :

— Allez donc, Georges, vous êtes jeune, le bonheur de revoir votre pays n'est pas mêlé d'amertume ; vous savez bien que vous pourrez revenir un jour vers les lieux saints et accomplir jusqu'au bout votre courageuse et noble mission ! Allez donc, allez... et à bientôt.

Georges s'inclina respectueusement devant le noble vieillard, et s'éloigna avec précipitation. En deux bonds il fut dans sa cellule.

— Bourguignon, dit-il aussitôt à son valet, va, cours, rends-toi, sans perdre un seul instant, vers la demeure de Dehlie que je vais t'indiquer ; pénètre à quelque prix que ce soit dans cette demeure ; annonce à la jeune fille que je pars dans quelques heures pour la France.

— Tu demanderas à Dehlie, reprit Georges, si elle peut me recevoir avant mon départ, ne fût-ce qu'une seconde.

— Vous partez! répéta Bourguignon!... vous partez pour la France, c'est-à-dire pour la Bourgogne; mon maître ne me trompe pas, cela est bien vrai; oh! le ciel soit loué. Cette nouvelle va me donner des jambes, et avant une demi-heure je serai de retour.

— Va donc! fit Georges impatienté, et ne perds pas un temps précieux en paroles inutiles.

Quand même nous n'eussions pas dit que Georges était Clamécique, cette jolie phrase : *ne perds pas un temps précieux en paroles inutiles,* révèlerait la noblesse de son origine.

Bourguignon ne se fit pas répéter deux fois l'invitation, et il disparut avec la rapidité de l'éclair.

Comme il l'avait dit, la nouvelle qu'on venait de lui annoncer lui donna des jambes; en moins d'une demi-heure il était de retour.

— Eh bien! demanda vivement Georges dès qu'il l'aperçut, as-tu vu la jeune fille?

— Je l'ai vue!

— Lui as-tu annoncé notre départ?

— Elle a manqué en mourir...

— Lui as-tu demandé si je pouvais la voir?

— Elle vous attend...

— Partons donc, Bourguignon, partons, s'écria Georges.

En pareille occurrence, beaucoup de gens se passent de la compagnie de Bourguignon; mais Georges, Nivernais et Clamécif, aimait à causer en marchant.

La scène qui se passa entre Georges et Dehlie fut des plus déchirantes. Les deux jeunes gens ne se connaissaient que depuis quelques jours seulement, mais ils s'aimaient déjà avec tout l'oubli, tout l'enivrement d'un premier amour!

— Partir! partir! disait Dehlie en pressant doucement les mains du jeune chevalier; oh! j'en mourrai!

— Dehlie, reprenait Georges, je reviendrai... Je n'ai rien qui m'attire dans ce pays vers lequel mon devoir m'appelle; tout mon cœur, toute ma vie est ici, je reviendrai.

— L'absence est si longue! soupirait la belle jeune fille.

— J'emploierai le temps que je vais passer loin de vous à me faire relever de mes serments; je quitterai ce costume sous lequel il m'est défendu de vous aimer, et quand je reviendrai, Dehlie, vous serez ma femme devant Dieu et devant les hommes!...

— Que Dieu me soutienne jusqu'à ce moment, fit la jeune fille.

— Écoutez, ma Dehlie bien aimée! reprit Georges avec toute l'ivresse d'un amoureux, c'est un projet insensé que celui dont l'idée me vient, et vous le repousserez peut-être; mais l'exécution de ce projet calmerait vos souffrances, et ferait de ce voyage un enchantement céleste...

— Que voulez-vous dire? demanda la pauvre enfant étonnée.

— Dehlie, pourquoi ne viendriez-vous pas en France!

— Moi!... y songez-vous.

— Répondez!... oh! répondez, Dehlie!

— Non! Georges, non, ce projet ne pourra pas s'accomplir; si je n'écoutais que mon cœur, je vous suivrais; mais mon père n'y consentirait jamais. Je vous attendrai.

— Eh vous ne m'oublierez pas, vous penserez à moi, dit Georges, en l'attirant dans ses bras, je vous retrouverai au retour aussi bonne, aussi aimante.

— Georges, répondit la jeune fille, en laissant tomber sa tête brune sur l'épaule de son amant, je vous aime; c'est la première fois que je prononce ce mot qui charme et qui fait peur..., je vous aime; c'est mon premier, mon seul amour, je le conserverai jusqu'au tombeau.

— Adieu donc, Dehlie, adieu, s'écria Georges d'une voix trem-blante, ce baiser que je dépose sur vos lèvres aimées, restera pur sur les miennes, comme votre souvenir restera pur dans mon cœur, adieu, et fasse le ciel que je revienne bientôt, pour unir à jamais ma destinée à la vôtre!

— Adieu, murmura Dehlie, aimez-moi comme je vous aime, et l'avenir aura, pour nous, des jours heureux!...

Georges s'arracha avec peine des bras de la jeune fille, et se hâta de descendre dans la rue où l'attendait Bourguignon.

En attendant Georges, Bourguignon avait chantonné six vieux couplets d'une chanson bourguignonne bien connue qui commence ainsi :

« Un bon
« Garçon
« Maçon
« De Dijon... »

Et qui ne finit pas.

Bourguignon la savait tout entière, et l'avait apprise d'une tante à lui qui avait des yeux de Bourgogne, gros comme des marrons de Lyon.

Cette tante s'appelait Ursule. Nous ne nous occuperons pas d'elle.

Deux heures après, Jacques de Molai quittait Jérusalem, accom-pagné de quelques amis dévoués qu'il emmenait en France, et escorté par une troupe d'au moins deux cents chevaliers du Temple, qui devait protéger son voyage jusqu'au port où il allait s'embarquer.

CHAPITRE V.

Quant à cette fameuse rencontre, dans la mosquée entre Georges
et le musulman farouche, ma foi, n'en prenez point souci. Bourguignon ne la regretta pas.

Georges, au contraire, se promit d'occire cet ottoman dès qu'il
serait de retour et qu'il aurait une heure à donner à ses plaisirs.

Le voyage se fit sans incidents qui vaillent la peine d'être racontés.

Jacques de Molai était arrivé depuis quelques jours à Paris, et déjà
le roi Philippe le Bel l'entourait d'attentions délicates. Georges de

Nevers et Bourguignon, étaient descendus à la maison que les Templiers occupaient à Paris, et le jeune chevalier attendait avec impatience l'occasion de demander au grand maître l'autorisation de partir pour la Bourgogne.

Il avait hâte de revoir ces lieux aimés de son enfance, de s'agenouiller pieusement sur le tombeau de sa mère, et de puiser, dans les souvenirs de famille, dont chaque objet y était empreint, le courage d'oublier pour quelque temps la jeune femme tendrement aimée qu'il avait laissée à Jérusalem.

C'est maintenant surtout en effet, qu'il sentait combien cet amour avait poussé de racines profondes dans son cœur; Georges avait sans cesse l'esprit tourné vers ces parages lointains où il avait connu Dehlie, et le sentiment austère du devoir avait pu seul le retenir près du grand maître.

Bourguignon comprenait bien ce qui se passait dans le cœur de son maître; il compatissait à toutes ses douleurs, à ses désespoirs, et n'osait lui adresser des reproches; toutefois, il prévoyait, avec raison, que cet amour devait inévitablement jeter le trouble dans l'existance du jeune chevalier.

D'ailleurs, cet amour avait singulièrement froissé les idées religieuses de l'honnête valet; Dehlie appartenait à une religion abhorrée, que son maître avait toujours combattue; il lui semblait que l'attachement qu'elle avait inspiré à Georges, devait faire le malheur de ce dernier, et il ne songeait qu'en tremblant à toutes les vicissitudes qui leur étaient réservées.

Bourguignon espérait beaucoup de la séparation qui était imposée à son maître; il se disait que Georges oublierait sans doute, au milieu des préoccupations graves de la situation de son ordre; que le devoir le retiendrait longtemps en France; qu'il puiserait peut-être, dans les souvenirs de son enfance, la force de rompre d'indignes liens, et de rappeler sa raison un moment égarée.

Il espérait surtout que la vue des monuments de Clamecy le rendrait à lui-même, et que peut-être il rencontrerait dans cette patrie des arts libéraux et de la beauté quelque jeune clameçoire capable de lui faire oublier Dehlie.

Telles étaient les méditations de Bourguignon le bourgogne.

Un matin, Georges de Nevers et son fidèle serviteur montèrent à cheval dans la cour de la maison du Temple, et, après avoir reçu les adieux de la plupart des membres de l'ordre, ils s'éloignèrent en prenant la direction des bords de la Seine, qu'ils devaient traverser, pour aller rejoindre la route de Clamecy.

Une amère tristesse était répandue sur les traits de Georges, tandis qu'une satisfaction non équivoque éclatait sur la physionomie de son compagnon.

Georges songeait aux chevaliers qu'il quittait; il n'ignorait pas que de confuses rumeurs s'étaient répandues dans la ville, depuis quelques jours; le peuple stationnait quelquefois, autour de l'enceinte du Temple, sourdement réuni par les agents ténébreux de Nogaret et de Plasian : plus souvent, les groupes se tenaient dans le jardin du roi, et les propos les plus malveillants circulaient contre l'ordre.

Le jeune chevalier se reprochait d'abandonner ses amis, au moment où ils avaient le plus besoin de son concours; mais il obéissait à un désir impérieur; il voulait revoir le manoir de ses pères, et demander conseil à tous les souvenirs qui l'y attendaient.

Le séjour de Paris lui était à charge, il avait besoin d'aller se recueillir dans la solitude, de se reposer au milieu des calmes spectacles de la nature.

D'ailleurs, il se promettait bien de se tenir au courant de toutes les nouvelles, d'avoir le regard incessamment tendu vers Paris, et d'accourir rapidement à la première alerte, pour mourir, s'il le fallait, au milieu de ses frères.

La journée promettait d'être belle, le ciel étendait au-dessus de leur tête sa belle tenture bleue frangée de nuages blancs; le vent était doux et frais, la campagne semblait renaître sous les rayons d'un soleil éclatant.

Georges se retourna, et, en apercevant la figure rayonnante de son valet, il ne put s'empêcher de sourire.

— Nous allons donc revoir notre cher pays, mon bon Bourguignon, dit-il avec enjouement; je gage que tu ne donnerais pas ce voyage pour dix années de ta vie.

— Monsieur le chevalier a bien raison, répondit Bourguignon.

— Ainsi tu es heureux?

— En quittant le pays, monsieur le chevalier, je craignais bien de n'y jamais revenir; Jérusalem est si loin, et nous avions tant de dangers à courir.

— Aussi, s'il fallait y retourner, tu hésiterais à me suivre une seconde fois.

— Non pardieu pas!... s'écrie le bonhomme; je suis décidé à vous suivre, dussions-nous aller au bout du monde; j'étais attaché à votre famille, je vous ai vu naître, je vous ai suivi dans toutes les passes bonnes ou mauvaises de votre existence, et ce n'est pas aujourd'hui que je prendrais la résolution de vous abandonner...

— D'ailleurs, ajouta le vieux Bourguignon avec un grain de fatuité, —je ne sais pas si je m'abuse, mais j'ai pensé souvent être de quelque utilité à mon maître.

— Assurément, mon ami, répondit Georges; —sans toi, je ne sais comment j'aurais supporté les longs ennuis du voyage : cette terre vers laquelle j'allais m'était inconnue; je n'y avais aucun ami; la langue que l'on y parle m'était étrangère, et puis, j'emportais dans mon cœur une douleur immense; savais-je seulement si je ne devais pas succomber à mon désespoir : eh bien, je l'avoue, mon pauvre Bourguignon, malgré le bonheur que j'aurai à revoir le manoir de

mes ancêtres, à visiter les lieux où je suis né, malgré la peine que
j'éprouverai à m'arracher une seconde fois de ces lieux, je le sens,
ma vie n'est plus ici, mon âme tout entière est à Jérusalem, et la
gaieté ne renaîtra sur mon front, la joie ne reviendra dans mon cœur
que le jour où j'entrerai dans Jérusalem.

Bourguignon écoutait son maître; il secoua tristement la tête, et
poussa un profond soupir.

— Georges de Nevers est maître de lui-même, répondit-il après
quelques secondes d'hésitation; — mais s'il voulait me permettre de
lui adresser quelques observations, je lui dirais...

— Parle! parle, Bourguignon!

— Eh bien, je dirais à Georges de Nevers, que je n'ai jamais vu
qu'avec un chagrin profond, une douleur mortelle, sa liaison avec
une infidèle; cet amour ne peut rien produire de bon, et je gage que
le ciel ne le bénira jamais.

— Et si Dehlie abandonnait sa religion; si elle se faisait chrétienne?

— Est-ce possible cela!

— Moi aussi, Bourguignon, j'ai éprouvé les scrupules dont tu me
fais part, j'ai pensé qu'il n'était pas digne d'un gentilhomme, d'un
Templier, de rechercher l'amour d'une infidèle; mais l'amour que
Dehlie m'a inspiré, elle le partage, et je suis certain qu'elle renoncera
à sa patrie, à sa religion pour unir sa destinée à la mienne!...

Tout en conversant ainsi, les deux cavaliers chevauchaient rapidement, et déjà ils avaient laissé Paris bien loin derrière eux. Mais
à cette époque les voies de communication étaient lentes et difficiles,
et ce ne fut que le troisième jour qu'ils atteignirent Auxerre.

Aucune affaire sérieuse ne devait retenir Georges dans cette ville;
ils ne firent donc que la traverser, et prirent presque aussitôt la
route de Moneteau qui n'en est séparée que par une faible distance.

Il y avait à Moneteau une commanderie considérable dont les environs appartenaient en partie à la famille de Georges.

Il alla saluer le commandeur, lui donna les dernières nouvelles de la capitale, lui fit part des dangers qui menaçaient l'ordre, et lui promit de revenir bientôt pour concerter avec lui les mesures qui lui paraîtraient le plus convenables pour parer aux difficultés de la situation.

Une demi-heure après il repartait de la commanderie, et le troisième jour il arrivait au manoir de ses ancêtres.

Bien que les craintes de Bourguignon se fussent en partie apaisées, cependant ce fut avec une indicible satisfaction qu'il se reposa sous le toit de son maître.

Bourguignon n'avait pas été créé pour cette vie aventureuse, il avait plus d'une fois regretté le calme du manoir de ses maîtres, et sous le ciel brûlant d'Asie, sa pensée s'était souvent reportée vers le ciel aimé de sa Bourgogne.

Il lui semblait maintenant que tout danger avait disparu ; les murs du manoir étaient sacrés, c'était un abri protecteur derrière lequel le malheur ne viendrait pas le frapper. Il était heureux, il se croyait sauvé !

D'ailleurs, autour du manoir s'étendait Clamecy, la ville éternelle!

Georges rentra au manoir de ses pères avec une tristesse douce et résignée, et parcourut les chambres désertes, le préau, le verger, le jardin, le cœur serré, les yeux pleins de larmes : partout les objets qu'il revoyait lui rappelaient le souvenir encore vivant de sa mère.

Il se rendit dans la chapelle, et voulut y passer toute la nuit en prières...

Il renvoya donc Bourguignon, quitta ses vêtements que la poussière avait souillés, et quand la nuit fut tout à fait venue il entra dans la chapelle.

Tout y était sombre et silencieux : l'écho sonore répéta plusieurs fois le bruit de ses pas, et les grands tableaux appendus à la muraille nue semblèrent se mouvoir quand il s'agenouilla près de l'autel.

Il resta une heure ainsi, la tête dans mains, priant pour sa mère, pour Dehlie, pour lui-même.

Quand il releva le front, la lune s'était levée, ses pâles rayons glissaient doucement à travers les vitraux colorés et dessinaient quelques losanges effacés sur les dalles.

Georges se releva et regarda autour de lui...

Chose étrange !

Bien qu'il n'eût entendu aucun bruit, il y avait à quelques pas de là une grande ombre cachée sous un long voile blanc, et qui marchant de pilier en pilier semblait s'avancer vers lui.

Le jeune comte tressaillit.

Était-ce l'ombre de quelque aïeul qui s'éveillait à cette heure solennelle de la nuit et venait saluer son retour de la Terre sainte?...

N'était-ce pas sa mère plutôt dont le cœur avait frissonné jusqu'au fond de sa tombe, et qui accourait heureuse pour presser son enfant dans ses bras.

Cependant l'ombre avançait toujours, mais cette fois plus lentement, et sans prononcer une parole, elle alla s'agenouiller pieusement à l'autel à côté de Georges.

Sans savoir pourquoi, ce dernier ne tremblait plus ; son épouvante superstitieuse avait tout à coup cessé, et il regardait maintenant avec une émotion dont il n'eût pu déterminer la cause précise.

Une femme ! c'était une femme !

Son cœur battait à se rompre, ses tempes brûlaient, une sorte de joie folle, d'enivrement plein d'oubli s'était emparé de lui !...

Quelle était donc cette femme?... pourquoi était-elle venue à cette heure?... D'où vient qu'elle priait, agenouillée à ses cotés !...

Georges n'eut qu'une idée — il passa rapidement ses mains sur son front et dans ses cheveux, retint un cri de joie près de s'échapper de ses lèvres, et courut vers la jeune fille les bras tendus :

— Dehlie! dit-il avec un accent où toute l'ivresse de son cœur se trouvait empreinte, Dehlie!... mon cœur ne me trompe-t-il pas, est-ce bien vous que je revois, vous.., mon premier, mon seul amour!

La jeune fille s'était relevée précipitamment, et était venue se réfugier dans les bras du chevalier.

— Georges! dit-elle, Georges, voilà quelques jours déjà que je vous attends!...

— Vous avez fui Jérusalem.

— J'y serais morte de douleur...

— Mais votre père !

— Il n'est plus!...

Et vous n'avez pas craint d'entreprendre un si long voyage.

— Vous étiez au bout du chemin.

— Et votre religion ne vous a pas retenue, quand vous avez posé le pied sur le seuil de cette enceinte...

— Non Georges, non, répondit la jeune fille avec un accent céleste, car depuis huit jours, ton Dieu est mon Dieu.., je suis chrétienne...

Georges la serra sur sa poitrine avec un cri.

— Ainsi, poursuivit-il, nous ne nous séparerons plus... Nous resterons toujours l'un près de l'autre.

La jeune fille lui rendit son étreinte en murmurant :

— Toujours!...

— Ah! Dehlie, s'écria Georges ivre de joie, le ciel est bon, puisqu'il m'a accordé ce bonheur suprême de vous revoir.., en revenant vers cette demeure, ce n'est pas lui que mes regards cherchaient.., c'était vous!... Votre pensée ne m'a pas quitté, votre image m'a suivi partout, et Dieu sait qu'en m'agenouillant tout à l'heure à cet autel, c'est pour vous encore que je le priais...

V.   18

— Oh! Georges, prononça lentement la jeune femme, j'ai bien souffert depuis notre séparation, j'ai bien pleuré. Si vous saviez, les jours, les nuits se succédaient sans que rien vînt calmer l'amertume de mon chagrin... Chaque fois que j'apercevais au loin le manteau blanc et la croix rouge de votre ordre, je tressaillais, le sang refluait vers mon cœur, je croyais que c'était vous. — J'ai passé de longs jours ainsi... Puis, un désir insensé s'est emparé de moi, je me suis dit que la mort de mon père m'avait donné une liberté, dont je ne devais compte qu'à vous désormais ; je me disais que le moment de votre retour ne pouvait manquer d'être long à venir, je voulais vous épargner le voyage, et je suis venue !...

— Dehlie ! Dehlie !... s'écria Georges, vous êtes le plus pur des anges de Dieu.

— Et cependant, si je vous disais quelles irrésolutions ont été les miennes ; combien de fois j'ai tremblé de vous mécontenter, en venant vers vous sans votre permission ; combien de fois je me suis demandé s'il ne fallait point retourner sur mes pas ! Que savais-je, je vous aimais, moi, mais je n'étais pas sûre de votre amour !

— Et maintenant, Dehlie, voulez-vous encore retourner à Jérusalem ?

— Maintenant, répondit la jeune fille, en cachant sa tête rougissante sur la poitrine de son amant, maintenant je veux vivre et mourir près de vous !

Les deux jeunes gens firent silence ; puis, Georges déposa doucement un chaste baiser sur le front de Dehlie.

— Ecoutez-moi, Dehlie, lui dit-il alors d'une voix grave, avant un mois vous serez ma femme, devant Dieu et devant les hommes, c'est le plus cher de mes vœux, ce sera le premier bonheur de ma vie ! Mais avant d'accomplir cet acte solennel, il importe que je retourne à Paris, que je revoie notre grand maître, et que j'obtienne de lui les autorisations nécessaires : d'ici là, ce manoir sera vôtre ;

vous l'habiterez seule, et j'en remettrai la garde à des hommes sûrs ;
moi, j'irai à la commanderie de Moneteau, jusqu'au moment de mon
départ ; seulement, tous les jours, je passerai près de vous les heures
que vous voudrez bien m'accorder et j'essaierai de vous faire oublier
ainsi les ennuis, les tristesses qui ont dû vous suivre dans ces lieux.

Dehlie ne répondit pas, mais elle serra les mains de son amant, et
le suivit vers le manoir, où un appartement fut aussitôt préparé pour
la recevoir.

IV.

Sur ce manoir, comme sont presque tous les manoirs, on répétait
par le pays une mystérieuse légende ; la féodalité est, comme chacun
sait, l'époque des nobles châteaux, et des légendes singulières.

Le complainte vint plus tard, inaugurée par la maladie de M. de
la Palisse, et la mort de M. de Malbrout ou Marlborough.

Du temps où la Bourgogne vivait heureuse sous ses premiers ducs,
un seul homme était venu demeurer au lieu qu'occupait, au quator-
zième siècle, le manoir de Nevers, auprès de Clamecy.

Il se bâtit là un modeste ermitage, et vécut ainsi longtemps en
odeur de sainteté, guérissant, avec un égal succès, les maladies du
corps et celles de l'âme.

Enfin, après une vie remplie de miracles et d'œuvres saintes, son
corps descendit dans la tombe, et son âme alla se reposer au séjour
des félicités éternelles.

Depuis cette époque, la demeure que l'homme de Dieu s'était
construite resta inhabitée, et tomba insensiblement en ruines. — Seulement, chaque soir, une chouette hideuse, venue on ne sait d'où,
courait se poser dans les crevasses des murailles et entonnait un
chant doux et plaintif, car, chose bien remarquable, les chouettes de
Clamecy chantent comme des orgues de barbarie !

Quand les seigneurs de Nevers voulurent édifier le manoir dont nous avons parlé, on dit qu'ils ne purent jamais venir à bout de chasser la malencontreuse chouette, qui, chaque soir, recommençait à psalmodier son lugubre cantique.

Ce que voyant, ajoutent les rapsodes bourguignons, le seigneur de Nevers la laissa désormais tranquille, et ses descendants introduisirent même son image dans leurs armes, qui sont *d'argent à trois chouettes de sable.*

Cependant, il y avait de la part de l'oiseau de nuit un acharnement tellement singulier, que les bruits les plus bizarres coururent sur son compte; on alla jusqu'à dire que cette chouette était le génie protecteur des Nevers de Bourgogne, et que la destinée de ceux-ci était liée à la sienne par quelque lien mystérieux; on en concluait naturellement que le jour où la chouette ne viendrait plus, verrait s'éteindre la famille des Nevers de Bourgogne.

Ayant raconté cette légende clameçotte, nous reprenons le cours de notre récit historique.

Pendant quelques jours, aucun incident remarquable ne vint troubler le calme et le repos dont jouissaient Georges et Delille.

Georges était allé, ainsi qu'il l'avait dit, habiter la commanderie de Nevers, plus voisine que celle de Monéteau, et chaque jour il venait au manoir passer quelques heures auprès de sa fiancée. Bien souvent le soir le surprenait aux pieds de la jeune fille, et il repartait au milieu de la nuit pour la commanderie où il n'arrivait guère avant le jour!

Les relations des deux amants étaient d'ailleurs toujours aussi chastes qu'au premier jour, mais peu à peu, cependant, Georges sentait que toutes ses résolutions de sagesse l'abandonnaient, et plus d'une fois, au moment de s'éloigner du manoir, il avait été violemment tenté d'y revenir.

Chaque soir il prenait la détermination de se rendre à Paris, mais bien que ce parti eût été le plus sage de tous, et que Dehlie elle-même le sollicitât de ne point tarder davantage à effectuer un voyage qui devait assurer leur bonheur, le jeune chevalier trouvait toujours mille raisons pour rester, et ne pouvait s'arracher de ces lieux qu'habitait sa maîtresse.

Un jour, Georges était assis près de Dehlie, ses mains dans les siennes, ses regards suspendus amoureusement aux regards de la jeune fille.

La fenêtre était ouverte; le soleil disparaissait au loin, derrière les montagnes qui bornaient l'horizon; la brise leur apportait les parfums pénétrants de la plaine; il régnait de toutes parts un calme, une sérénité qui reposaient doucement les yeux et l'esprit...

Dehlie, cependant, avait l'air triste et préoccupé, sa main tremblait dans celle de son amant; son regard sondait de temps à autre l'horizon, comme si elle y eût cherché quelque chose qui pût la distraire de sa propre pensée.

Georges s'aperçut de sa préoccupation.

— Dehlie, lui dit-il d'un ton de doux reproche, — d'où vient qu'aujourd'hui vous êtes distraite, et que vous semblez détourner les yeux quand mes regards vous parlent? Quelle tristesse s'est emparée de votre esprit; et regrettez-vous déjà le pays que vous avez quitté?

Dehlie eut un pâle sourire et secoua la tête.

— Ce n'est point la tristesse qui me rend ainsi, répondit-elle en frissonnant, c'est la crainte.

— La crainte! dit Georges étonné.

— Oui, chevalier.

— Et que pouvez-vous craindre, ici, quand je suis près de vous!

— Rien, répondit Dehlie; aussi n'est-ce pas pour moi que je tremble.

— Et pour qui donc?

— Pour vous!

— Comment, pour moi !...

— Ah! c'est un secret.

— Expliquez-vous.

— Je ne voulais pas vous le dire, mais il me rend trop malheureuse... il faut que je vous apprenne tout!...

Georges écoutait sans comprendre : il se demandait quelle était la cause de cette singulière épouvante qui s'était emparée de l'esprit de Dehlie, et craignait que la jeune fille eût regret du sacrifice qu'elle s'était imposé.

—Ah! parlez! parlez! lui dit-il, — que votre cœur s'ouvre à moi sans crainte; je vous aime, Dehlie, et pour vous, pour votre bonheur je n'hésiterais devant aucun sacrifice, dussé-je, pour l'accomplir, me résigner à l'affreuse douleur d'une séparation.

Dehlie serra les mains de Georges et sourit.

—Moi! Georges, répondit-elle, —non, je ne vous demande pas de sacrifice; je suis venue à vous parce que je vous aimais, et je resterai parce que je vous aime!... Ce n'est pas de moi qu'il s'agit, d'ailleurs, mais de vous-même : il y a deux jours, un homme est venu au manoir...

— Un homme! fit Georges. .

— C'était le matin; vous n'étiez point encore arrivé...

— Mais quel est cet homme?

— Je l'ignore... Il est petit, vieux, et d'aspect indigent; il m'a annoncé qu'il venait de la capitale.

— Et que voulait-il?

— Vous parler.

— Et pourquoi n'est-il point venu à la Commanderie?

— Il a refusé.

— Mais enfin n'a-t-il rien laissé deviner de ses intentions, du motif qui l'amène, des raisons qu'il peut avoir de m'entretenir?...

— Au contraire, Georges, et c'est là précisément ce qui m'a épouvantée, et que je n'ai osé vous dire.

— Qu'est-ce donc?

— Il m'a dit que des événements graves se passaient à Paris ; que l'ordre auquel vous appartenez était menacé ; que toutes les mesures étaient déjà prises, qu'enfin vos jours ne vous appartenaient plus!...

— Voilà qui est étrange!.., fit Georges, en devenant pensif ; et n'a-t-il rien ajouté de plus?

— Il m'a dit..., mais je ne sais si je dois vous répéter de pareilles choses!...

— Dites! dites!

Il y eut un court silence pendant lequel la jeune fille parut recueillir avec soin ses souvenirs.

— Il a ajouté, reprit-elle quelques secondes après, que dans les circonstances où allait se trouver l'ordre des Templiers, vous aviez vous, Georges, un rôle important à jouer ; que le roi Philippe le Bel vous verrait avec plaisir vous détacher de l'ordre, et qu'il récompenserait par les plus grands honneurs votre soumission à sa volonté!...

— Qu'est-ce à dire? fit Georges en se redressant avec fierté.

— J'ignore le sens de ces propositions ambiguës, répondit Dehlie, mais cet homme avait un regard singulier en parlant ainsi, et je m'étonne qu'après avoir manifesté un désir si vif de vous voir, il n'ait point poussé jusqu'à la Commanderie.

— Ce que vous m'apprenez là, Dehlie, est fort grave, reprit Georges, et comme vous, je me demande pourquoi cet homme n'a pas jugé à propos de venir à la Commanderie; mais ce que vous me dites, m'ouvre les yeux sur notre situation : il importe, en effet que j'aille à Paris, que je hâte la solution de l'affaire qui est désormais le seul but de toute ma vie; pauvre Dehlie, notre amour aura été bien tristement éprouvé!...

Georges se leva sur ces mots, et Dehlie le regarda un moment, avec une douleur résignée.

— Vous partez!... lui dit-elle d'un accent rêveur.

— Voici la nuit..., Dehlie, répondit Georges ému, et en prenant les deux mains de la jeune fille, c'est l'heure où je m'éloigne chaque soir, jusqu'au jour où nous ne nous quitterons plus!

— Ce jour doit-il jamais venir?

— Vous doutez?

— J'ai peur!...

Cette fois, Georges n'eut point de paroles pour la rassurer.

— Georges, reprit-elle, je ne sais pourquoi, je tremble; malgré moi, je me sens envahir par d'affreux pressentiments, il me semble que si je vous laisse partir, je ne vous reverrai plus, que vous serez perdu pour moi, perdu sans retour... Georges.., Georges.., n'allez pas à Paris.

— Il y a quelques jours à peine, Dehlie, c'est vous qui m'engagiez à partir.

— C'est vrai!

— Vous vouliez hâter le moment de notre union.

— Vous avez raison!...

— Et maintenant vous ne songez qu'à me retenir.

— C'est que depuis deux jours, Georges, mon cœur est plein d'épouvante; je ne songe pas sans frémir aux dangers qui vous attendent loin de moi!... qui sait si nous devons nous revoir!...

Ce mystérieux personnage m'épouvante, Georges ne partez pas, restez près de moi, je vous en supplie!

Georges jeta à Dehlie un regard plein d'amour, détacha son épée de sa ceinture, et revint s'asseoir près de la jeune fille, dont son bras entoura doucement la taille.

— Eh bien, soit, dit-il, je reste, vous avez raison toujours Dehlie, et j'ai tort de partir.., jouissons des heures fortunées que le ciel nous accorde, buvons, jusqu'au fond, cette coupe enchantée, dans laquelle l'amour nous verse l'ivresse et l'oubli!... Dehlie, je reste...

Et de ses bras, il attira la jeune fille contre sa poitrine, et il baisa son beau front pur.

Dehlie frissonna, et voulut se dégager de cette douce étreinte, mais Georges la retint.

— Chère enfant, dit-il à voix basse et émue, — l'heure s'enfuit rapide, qu'importe! qu'importe! pourvu qu'elle grave dans nos cœurs un souvenir ineffaçable... Je t'aime! laisse-moi te le dire; laisse-moi baiser ton front et tes yeux; laisse-moi compter les pulsations de ton cœur qui répond au mien!... Dehlie... Dehlie.., tu es belle.., et je t'aime.

La jeune fille écoutait Georges, et la fièvre qui brûlait ses veines s'était emparée d'elle; une langueur molle jetait comme un voile sur ses yeux, elle s'abandonnait sans force aux bras de son amant, et chaque fois que le baiser de Georges descendait sur son front, ou fermait ses yeux, elle se sentait remuée jusqu'au plus profond de son cœur.

C'était la première fois qu'elle éprouvait un pareil oubli d'elle-même, un semblable enivrement, et elle s'y abandonnait avec une naïveté qui avait bien son danger.

A chaque instant d'ailleurs l'émotion de Georges augmentait; ses mains frémissantes pressaient les mains de Dehlie, et des paroles insensées s'échappaient de son cœur trop plein.

— Dehlie!... disait-il, c'est le ciel qui s'ouvre; nous partirons ensemble, nous irons chercher au loin une terre inconnue, où nous pourrons nous aimer sous le seul regard de Dieu!...

Et en parlant ainsi, le jeune chevalier attira Dehlie contre sa poitrine, et leurs lèvres s'unirent dans un même baiser.

A ce moment ils tressaillirent et s'eveillèrent de leur rêve enchanté.

On frappait rudement à la porte de la chambre dans laquelle ils se trouvaient.

Georges se leva en sursaut, et pendant que Dehlie, subitement rendue à elle-même, se laissait tomber accablée et encore émue sur son siége, il alla à la porte qu'il ouvrit.

Bourguignon entra d'un air mystérieux, et regarda soupçonneusement de tous côtés.

— Qu'est-ce... Qu'y a-t-il ? demanda Georges d'un ton mécontent.

Bourguignon s'inclina et indiqua la porte.

— Il y a là, répondit-il humblement, un homme qui demande à vous parler.

— Quel est-il ?

— Il a refusé de me dire son nom.

— Et que me veut-il ?

— Il le dira à vous-même !...

— C'est bien, fit Georges, va, dis à cet homme que je sors ; prépare mon cheval, et annonce, à ce mystérieux visiteur, que nous ferons route ensemble, jusqu'à la Commanderie.

Bourguignon sortit, pour aller exécuter les ordres de son maître, et Georges s'avança les mains tendues vers Dehlie.

— Adieu, lui dit-il, Dehlie, à bientôt, je pars, mais demain, je reviendrai.

— Georges, répondit Dehlie, d'une voix faible, — que Dieu vous protège, et éloigne de nous tous ces malheurs dont mon esprit s'épouvante.

— Que votre cœur se rassure, Dehlie, dit Georges, Dieu a béni nos amours, et la mort seule pourra nous séparer désormais... à demain.

— A demain, répondit la jeune fille, en allant d'elle même recevoir le baiser de son amant.

Georges la tint longtemps pressée sur son cœur, puis, s'arrachant enfin de cette étreinte, il marcha vivement vers la porte dont il passa le seuil, sans oser regarder en arrière.

Dans la cour du manoir, il trouva son cheval et Bourguignon, mais quand il lui demanda ce qu'était devenu le visiteur qui désirait l'entretenir, son valet lui répondit que ce visiteur avait pris les devants, et qu'il le rejoindrait vraisemblablement sur la route qui conduisait à la Commanderie.

III.

Le chemin qui menait du manoir de Nevers à la Commanderie du même nom suivait les sinuosités de l'Yonne, qu'elle longeait au milieu d'une double rangée d'arbres petits et rabougris.

Il faisait une nuit calme, magnifiquement éclairée par une lune pleine d'éclat. A droite, la rivière descendait majestueusement son cours, traçant au milieu de la plaine, comme un large sillon lumineux ; à gauche les prairies et les plaines aux couleurs diverses ; au loin enfin, la ville de Château-Chinon, plongeant ses pieds dans les flots, élevant les pyramides de ses clochers presque dans le ciel bleu !...

La Commanderie de Nevers était située entre cette dernière ville et Château-Chinon, au lieu qui garde encore le nom de la Maison-Dieu.

La scène qui venait d'avoir lieu au manoir avait laissé une profonde émotion dans l'esprit de Georges ; il était sombre et pensif, et laissait flotter ses guides sur le col de son cheval ; son regard se perdait vaguement à l'horizon que l'ombre transparente voilait à demi, et de temps à autre, un soupir mélancolique sortait de sa poitrine.

Malgré lui, le jeune chevalier partageait les fâcheux pressentiments de Delilie, tout ce qu'elle lui avait dit, il se l'était dit à lui-même ; comme elle, il redoutait le résultat de son voyage à Paris, et bien qu'il eût hâte d'en avoir fini, cependant il hésitait aujourd'hui plus que jamais.

Georges aimait Dehlie avec cette passion que la jeunesse apporte dans tous ses sentimens. Depuis qu'il avait revu la jeune fille, depuis qu'elle lui avait donné tant de preuves d'amour et de dévouement, cette tendresse n'avait fait que se développer, et avait rapidement poussé des racines profondes dans son cœur.

Il comprenait maintenant que sa vie était étroitement liée à celle de sa fiancée; il ne devait plus avoir de joies que par elle, il n'attendait plus de bonheur qu'avec elle.

Et cependant, depuis que Dehlie avait répété les quelques paroles de l'envoyé mystérieux de Philippe le Bel, Georges ne savait plus s'il aurait le courage de renoncer au manteau blanc et à la croix rouge.

Car l'ordre était menacé; car on semblait compter sur sa trahison, à lui, Georges de Nevers; — car il était loyal de cœur avant même d'être amoureux; et si l'amour lui était plus cher que la vie, l'honneur lui était aussi cher que l'amour.

Bourguignon suivait son maître à quelque distance, et, bien qu'il n'eût les mêmes raisons de craindre, il n'en avait ni moins de tristesse, ni moins d'inquiétude; il se doutait bien que le repos dont il avait joui jusqu'alors ne devait plus être de longue durée, et il pensait qu'il lui faudrait sous peu, repartir pour ce Paris détesté, où jamais l'épée ne restait paisible une heure dans le fourreau.

Depuis qu'il avait appris à connaître Dehlie, Bourguignon s'était attaché à la jeune femme, comme à un membre de la famille des Nevers de Bourgogne.

Dehlie aimait son maître, autant qu'il l'aimait lui même; elle avait le même dévouement, la même abnégation, et pour cette raison, le bon valet s'était pris à l'aimer de toutes les sympathies de son excellent cœur.

Les deux cavaliers étaient arrivés à un endroit de la route, où le chemin, plus étroit, quitte brusquement les bords de l'Yonne, s'éloigne de la rivière, et prend la direction de la montagne, pour revenir quelques pas plus loin à sa direction première.

Georges marchait le premier, mais son regard au lieu de sonder le chemin devant lui, se perdait au loin dans l'horizon obscur.

Tout à coup son cheval se cabra, et au lieu de continuer sa route, il recula de quelques pas, en poussant un hennissement formidable.

Le noble animal avait eu peur.

Georges ramené ainsi à la réalité des choses de cette vie, tourna son regard étonné devant lui, et aperçut, debout au milieu du sentier étroit, un homme de petite taille qui venait de lever les mains pour saisir la bride de son cheval.

Georges tira aussitôt son épée du fourreau :

— Qui va là? s'écria-t il, en poussant son cheval vers le mystérieux personnage; qui êtes-vous? que voulez-vous?...

L'inconnu avait reculé de deux pas, et s'était placé sur le revers de la route : il sourit ironiquement de l'attitude de Georges.

— Ce que je veux est fort simple, répondit-il avec un petit ricanement ; vous êtes, si je ne me trompe, le chevalier de Nevers?

— En effet.

— De l'ordre du Temple?

— Que vous importe !

— Et ami particulier de Jacques de Molai, le grand maître de l'ordre? poursuivit l'inconnu.

— Pourquoi ces questions? demanda Georges avec un commencement de colère.

— Vous allez le savoir... car je désire avoir avec vous un entretien de quelques instants, pour vous éclairer sur votre propre position, sur celle du grand maître de votre ordre, enfin, sur les événements qui s'accomplissent en ce moment dans la capitale.

Georges écoutait maintenant de toutes ses oreilles.

L'inconnu reprit :

— Le chevalier de Nevers veut-il m'accorder quelques instants d'attention?

— D'abord qui êtes-vous?

— Vous le saurez.

— Et quel intérêt avez vous à m'entretenir?

— Je vous le dirai

— Soit donc, fit Georges en descendant de cheval, et en remettant la bride à Bourguignon qui s'était avancé, soit, je ne veux point avoir à me reprocher de négliger cette occasion qui m'est offerte d'être utile à l'ordre dont je suis membre. Voici un tertre de gazon, je vais y prendre place, et vous écoute!...

L'homme qui avait arrêté Georges de Nevers au milieu du chemin était maigre et vieux; il avait deux petits yeux vifs et clairs qui semblaient briller dans l'ombre.

Georges l'examina avec attention, et il crut se rappeler cette physionomie pour l'avoir vue au Louvre, mais il lui fut impossible de coordonner ses souvenirs. D'ailleurs le petit homme venait de s'asseoir à ses côtés, et Georges s'apprêta à l'écouter.

— Il y a quelques jours à peine, dit-il d'une voix sèche et brève, que j'ai quitté Paris et la cour, et le jour même de mon départ, le roi Philippe le Bel se réunissait à ses conseillers intimes, et de graves questions s'agitaient dans cette réunion secrète.

— De quelles questions voulez-vous parler? demanda Georges.

— Il y en a plusieurs, répondit l'inconnu, et la plus urgente, c'est celle de l'altération des monnaies. Le roi est aux abois, les finances sont encore une fois dans le plus misérable état, et Philippe le Bel est décidé à tout, pour sortir de l'impasse dans laquelle la nécessité va le jeter.

Georges ne savait pas trop pourquoi on venait lui parler de l'altération des monnaies et de la pauvreté du trésor.

— Quiconque exagère la valeur d'un ducat, commet un vol, dit-il
a tout hasard.

— Je suis de votre avis, répondit le vieillard; mais toute la difficulté est là, et il faut absolument faire face aux périls sans cesse
renaissants de la situation.

— Eh bien?

— Eh bien! on a pensé qu'au lieu d'altérer les monnaies, moyen
qui a ses dangers, comme vous l'avez dit, il vaut mieux recourir à
d'autres ressources.

— C'est sage... Quelles sont les autres ressources auxquelles on
peut avoir recours?

— Il y en a un certain nombre... on a choisi la spoliation comme
plus expéditive et plus fructueuse.

— La spoliation! répéta Georges étonné.... et qui dépouillera-
t-on?

— Ah! l'on a cherché longtemps, dit en riant le petit vieillard,
c'est une justice à rendre aux hommes qui entourent le roi, et qui le
conseillent, et ce n'est qu'en dernier lieu qu'ils ont songé à l'ordre
du Temple.

Georges tressaillit.

— L'ordre du Temple est riche, on le sait, poursuivit le petit
vieillard; on a vu les Templiers revenir de Palestine, avec un grand
nombre de mules qui ployaient sous le faix de leurs trésors, et l'esprit de Philippe le Bel a été frappé.

— Eh bien! interrompit Georges avec chaleur, et en sentant le
rouge de l'indignation lui monter au visage, que le roi s'adresse sans
crainte aux chevaliers du Temple, qu'il réclame d'eux le sacrifice,
l'abandon de leurs richesses, et soyez certain d'avance que pas un
n'hésitera à donner tout ce qu'il possède plutôt que de laisser le roi
avoir recours aux moyens honteux qu'il a employés.

— C'était une idée cela, fit l'inconnu; mais il y avait à craindre que les Templiers ne s'exécutassent pas de bonne grâce, et l'on a préféré une marche plus énergique

— La violence! interrompit Georges.

— Précisément, répondit l'inconnu.

— Eh bien! malheur alors, car tout ce qu'il y a d'instinct généreux chez tous les membres de l'ordre se révoltera à cette iniquité, et je jure Dieu qu'ils mourront tous, plutôt que de se laisser dépouiller de cette façon.

— Tant pis pour l'ordre! car le roi est habile, énergique, et la lutte amènera de nouveaux malheurs.

— Quels malheurs?

— Les tortures.

— Nous les subirons avec courage.

— La mort!

— Nous la braverons sans reculer : d'ailleurs le tableau que vous me tracez est imaginaire; l'ordre du Temple a ses priviléges : le roi n'a aucun droit sur lui, le pape seul peut nous condamner et nous juger.

— Et si le pape est du côté du roi?

— C'est impossible!

— Si le roi Philippe le Bel, à qui Bertrand de Got doit sa couronne pontificale, exige de lui la condamnation de l'ordre, pensez-vous que les Templiers sortent sains et saufs de la lutte engagée?... Non, non, sire chevalier, croyez-moi, il y aurait de la folie à vouloir entrer en lice dans un pareil moment, et quand les juges du camp sont vos plus irréconciliables ennemis, le mieux, le plus sage, est de se soumettre, ou de tenter du moins de sortir de cette position extrême.

Georges regarda soupçonneusement son interlocuteur, et se leva.

— Qui êtes-vous donc, vous, lui dit-il, pour oser me parler ainsi, et me dévoiler les projets de nos ennemis?

— Je serai ce que vous voudrez, sire chevalier, répondit l'inconnu : un ami, si vous êtes prudent et sage ; un ennemi, si vous repoussez mes conseils.

— Et ces conseils, quels sont-ils ? fit Georges avec défiance.

— Ils sont simples, répondit l'inconnu : avant peu l'ordre sera dénoncé à la vengeance publique, les principaux membres en seront arrêtés, et sur tous les points de la France, le même jour, les chevaliers du Temple seront jetés en prison.

— Infamie ! infamie ! s'écria Georges, en portant avec colère la main sur la garde de son épée.

— Vous, sire chevalier, plus que les autres peut-être, vous serez gravement incriminé, en raison de votre liaison avec une femme qui appartient à la religion des infidèles.

— Qu'osez-vous dire ?

— Oh ! je suis instruit, répliqua doucement le petit vieillard : une fois pris, les charges seront accablantes contre vous, et vous périrez, entraînant avec vous la jeune femme qui a quitté sa patrie pour vous suivre.

— Mais elle est chrétienne !

— Qu'importe à ceux qui vous jugeront : le crime sera patent, ils vous condamneront sans pitié, et la jeune femme partagera votre sort.

— Dehlie !... murmura Georges avec hésitation.

— Si vous le voulez, au contraire, vous devenez libre, vous pouvez vous marier à la femme que votre cœur a choisie par les liens les plus sacrés ; le roi vous appelle à la cour, où les plus grands honneurs vous attendent.

— Et pour cela, que faudrait-il faire ? demanda Georges, en laissant tomber une à une chacune de ses paroles.

— Me suivre à Paris, répondit son interlocuteur, vous présenter au roi- et demander ostensiblement à vous séparer d'un ordre qui n'aurait dû admettre dans son sein que des hommes de cœur, et ne professer que des doctrines honorables.

Georges ne répondit pas; mais il tira son épée du fourreau, et en envoya la pointe à deux lignes de la poitrine de l'inconnu.

— Qui que vous soyez, lui dit-il alors d'une voix ferme, je vous tiens pour un lâche et un infâme, en raison des propositions que vous venez de me faire. Non-seulement je repousse ces propositions, mais encore, je vous déclare que ce soir même je les ferai connaître à la commanderie de la Maison-Dieu, et que, dès demain, je partirai pour Paris, où je les porterai au chapitre des principaux chevaliers de l'ordre.

Georges remonta alors sur son cheval, et quand il fut assis sur sa selle, il se retourna une dernière fois vers l'inconnu :

— Quant à vous, dit-il, j'ignore qui vous êtes, et ne veux point le savoir; mais je veux, avant de m'éloigner, vous donner un conseil, dont je vous engage à profiter sans tarder. Prenez sur-le-champ un chemin qui vous éloigne de ces lieux, ne reportez jamais vos pas vers ces parages, car je vous le dis, et je n'ai jamais menti, si je vous retrouve une seconde fois, avant de partir, à la distance de mon épée, je me donnerai la satisfaction grande de vous la passer à travers le corps.

Sur ces mots, Georges enfonça ses éperons dans les flancs de son cheval. La noble bête se cabra, frappa la terre de son pied impatient, et partit aussitôt vers la commanderie de la Maison-Dieu.

Inutile de dire que le fidèle Bourguignon était sur ses pas.

Le jour commençait à poindre quand ils arrivèrent; Georges alla droit à la chambre occupée par le commandeur de l'ordre, et lui fit part de tout ce qu'il venait d'apprendre, et de la résolution qu'il avait prise; il lui dit qu'il allait partir; qu'un instant il avait eu l'idée de se retirer de l'ordre, et de demander à être relevé des vœux qu'il avait prononcés en y entrant; mais les dangers que couraient les Templiers, ses frères d'armes, ne lui laissaient plus désormais d'autre alternative que celle de mourir avec eux; qu'il allait trouver Jacques Molai, à Paris, et concerter avec le chapitre toutes les mesures qui convenaient à la situation dans laquelle ils se trouvaient.

Le commandeur promit de son côté de ne rien négliger pour venir en aide à l'ordre menacé; il allait envoyer des émissaires sur tous les points de la province, et au premier signal qui lui viendrait de Paris, il se tiendrait prêt à agir, selon les ordres qui lui seraient donnés.

Les préparatifs de Georges ne furent pas longs à s'effectuer. Le matin, il retourna au manoir, et y trouva Dehlie, qui n'avait pas voulu prendre de repos; toute la nuit, elle avait eu l'esprit agité; mille pressentiments funestes avaient jeté le trouble dans son cœur, et quand Georges lui parla de départ, elle fondit en larmes, et s'abandonna à toute sa douleur.

Si vous partez, Georges, lui dit-elle d'un accent brisé, nous ne nous reverrons plus... Voici que les dangers menacent de tous côtés l'ordre auquel vous appartenez, nous allons être séparés pour toujours...

Mais Georges fut inébranlable; il parla de son devoir, de son honneur; il fit comprendre à Dehlie qu'il ne pouvait rester inactif et lâche devant de pareilles menaces.

Quand la jeune fille vit que ni ses larmes ni ses prières ne pouvaient retenir son amant, elle lui donna sa main.

— Adieu donc! lui dit-elle, adieu Georges; je ne sais quelle destinée sera la vôtre; mais, quoi qu'il arrive, je ne cesserai de penser à vous, et de vous aimer!

Georges partit.

Il avait compris tout de suite quelle mission il lui restait désormais à accomplir, et, sans tarder davantage, il allait vers Paris.

Peu d'instants après avoir quitté le manoir, il mit son cheval au galop, et disparut bientôt, soulevant autour de lui un tourbillon épais de poussière.

CHAPITRE VI.

I.

On était au milieu du mois de septembre 1307; Jacques Molai était toujours à Paris, et Philippe le Bel semblait affecter de le traiter avec une distinction particulière ; des ordres exprès avaient été donnés à tous les courtisans, et les légistes eux-mêmes témoignaient, au grand maître de l'ordre du Temple et à la suite, le respect le plus profond et les sympathies les plus vives.

Toutefois, malgré ces honneurs apparents qu'on lui rendait de toutes parts, Jacques Molai savait à quoi s'en tenir...

De sourdes rumeurs couraient dans le public, et si les Templiers recevaient à la cour un accueil sympathique, il n'en était pas de même auprès du peuple. Les bruits les plus malveillants étaient saisis avec faveur, et ce peuple, naturellement sceptique et railleur, avait déjà oublié les éminents services que les soldats du Temple avaient rendus et rendaient encore, chaque jour, à la chrétienté.

On ne voyait, en cet ordre, qu'une association d'hommes ambitieux que le zèle et la superstition des Européens avaient enrichis, et qui étaient devenus superbes, exigeants, redoutables même !

Malheur à qui se sert du peuple comme d'une arme ! souvent les papes, égarés par la haine et l'ambition, crièrent au peuple du haut du Vatican : n'obéis pas !

Voici un roi qui, plus coupable encore, déchaîne le peuple par le mensonge et par la ruse.

Rois et papes ont chèrement payé cela !

Celui qui se sert du glaive, a dit l'évangile, périra par le glaive.

Mettez peuple à la place de glaive, et la parole du grand livre deviendra plus véridique encore.

Ces calomnies suggérées par les légistes du roi, avaient jeté de profondes rancunes dans l'esprit de tous, et l'on s'attendait à chaque instant à une catastrophe dont on n'eût pu préciser le caractère, mais que l'on pressentait vaguement.

Une fois, c'était le 11 septembre, deux hommes se trouvaient réunis dans une salle basse du Louvre ; la fenêtre était ouverte, les bruits du dehors commençaient à se taire ; on entendait au loin les cloches sonner le couvre-feu ; il pouvait être dix heures de nuit.

L'un des deux hommes, qui était resté depuis longtemps immobile et silencieux, se leva tout à coup et fit deux ou trois fois avec agitation le tour de la chambre. Il alla écouter à diverses reprises à la porte, et revint enfin s'accouder à la fenêtre, où le suivit son compagnon.

De ces deux hommes, l'un s'appelait Nogaret, l'autre Guillaume Plusian : tous deux légistes, tous deux amis de Philippe le Bel...

— Eh bien, dit Nogaret, après quelques minutes d'hésitation, voici le couvre-feu, maître Guillaume, et votre homme n'a pas l'air de se presser d'arriver. Ne craignez-vous pas qu'il recule ?...

Guillaume Plusian secoua la tête, et sourit finement.

— Bah! dit-il d'une voix sèche, et flûtée, les hommes sont tous les mêmes, messire mon ami ; et celui-ci, je l'ai fait mander, d'une façon qui ne doit pas lui avoir laissé de prétexte à me refuser.

— Expliquez-vous, dit Nogaret.

— Hier, une jeune fille, que je connais et qui est adroite, est allée le trouver, et lui a remis de ma part une bourse pleine d'or.

— La jeune fille est-elle jolie? demanda le premier légiste.

— Le manant, répliqua le deuxième légiste, n'en a jamais vu de pareilles.

— Et la bourse était-elle grande?

— Assez pour contenir cinquante pièces d'or.

— Bon !... Et le résultat?

— La jeune fille et la bourse ont été remis comme il convenait, et ce soir, l'empereur a promis de nous venir trouver.

— Singulier empereur, fit Nogaret.

— Que voulez-vous, maître, repartit Guillaume, dans ce moment, il peut beaucoup pour notre roi, et il ne faut rien négliger pour nous le rendre dévoué.

Comme Plusian achevait de parler, un des gardes du Louvre entra, et vint dire quelques mots à l'oreille de Nogaret; celui-ci répondit par un signe, et un moment après, un jeune homme de vingt cinq ans, et portant le costume des écoliers de l'époque, fut introduit.

Ce jeune homme était l'empereur de Galilée...

Il ne faut jamais trop rire des choses de l'université, qui sont burlesques, il est vrai ; mais qui ont un coté sinistre.

L'université nous a toujours fait l'effet de ce bouffon du moyen âge qui assassinait un petit enfant à huis-clos, chaque fois que le roi le battait en public.

Il existait à cette époque singulière, à Paris même, une association connue sous la dénomination de *haut et souverain empire de Galilée.*

Elle se recrutait parmi les écoliers, les clercs de la cour des Comptes, du Parlement et du Chatelet.

Les écrivains attachés aux gens des comptes du roi, élisaient chaque année un chef qu'ils décoraient du titre pompeux d'*empereur.* Un tribunal dont les membres devaient être élus par l'association, connaissait de tous les crimes ou délits qui pouvaient se commettre en son sein, et jugeait en dernier ressort.

L'empereur, ou chef de l'association, avait placé le siége de son empire dans la rue de Galilée.

Tous les ans, la veille de l'Epiphanie, les grands dignitaires de l'empire de Galilée se rendaient, l'empereur en tête, chez leurs patrons, et allaient leur offrir, en grande pompe, un gâteau des rois. En retour, on leur faisait largesse, et on leur donnait à boire, de sorte qu'à la fin de la journée, empereur et dignitaires s'en retournant à leur logis, s'oubliaient volontiers dans les épanchements d'une intimité touchante.

L'institution, connue sous le nom de *Basoche du Parlement,* avait beaucoup de points de ressemblance avec l'empire de Galilée, mais elle était encore plus remarquable dans ses usages.

Ici ce n'est plus un empire, c'est tout simplement un royaume; ce n'est plus un empereur, c'est un simple roi. L'association avait été autorisée par une ordonnance de Philippe le Bel, datée de 1302.

L'ordonnance portait que le tribunal élu par les clercs ainsi constitués, *jugerait en dernier ressort,* tant en matière civile qu'en matière criminelle, tous les différends qui surviendraient entre les membres, et toutes les actions intentées contre lui.

Le tribunal de la *Basoche du Parlement*, devait se composer d'un chancelier, d'un vice-chancelier, d'un certain nombre de maîtres des requêtes, greffiers, huissiers ; il siégeait tous les mercredis et samedis, dans la grand'chambre.

Les arrêts commençaient toujours par cette formule : *la Basoche régnante et triomphante, et titre d'honneur, salut !*

La Basoche du Parlement s'étendit rapidement, et acquit en peu d'années, une haute importance. Des basoches inférieures furent érigées dans diverses villes de la vicomté de Paris, avec obligation toutefois, au prévôt de ces basoches, de rendre hommage au roi de la basoche parisienne. Il y eut des juridictions basochales dans tous les bailliages royaux, et présidiaux du royaume.

A une certaine époque même il fallut, pour être reçu procureur au Parlement, avoir été inscrit au moins pendant dix ans sur les contrôles de la basoche. La basoche de Paris faisait battre monnaie au coin de son roi, et portait des armoiries. Tous les ans, elle avait, comme le haut et souverain empire de Galilée, une *montre* générale de tous les membres de l'association.

Disons cependant que la basoche du Parlement était loin d'être composée comme l'empire de Galilée. Les membres étaient pour la plupart des gens qui se destinaient à la robe, et qui gardaient encore une certaine retenue et une certaine mesure, tandis que les Galiléens étaient ces jeunes gens oisifs, dissipés, insouciants, « *que l'on voyait chaque jour quérir vus à quatre ou à six, qui attaquaient les hommes par force coups, les femmes par amour ardent, et qui étudiaient moins la science que les jeunes vierges.* »

De nos jours, grâce au progrès, la belle jeunesse des écoles parisiennes n'attaque plus guère les *jeunes vierges*. Elle court après les vieilles vierges du Prado ou de la Chaumière, et se vautre dans des plaisirs si bêtes, si sales, si laids que les romanciers sans gêne eux-mêmes n'osent plus les suivre au fond de ces vilaines joies.

Pour le moment, l'empereur du haut et souverain empire était un jeune clerc du nom de Coquastras, fort connu parmi les notabilités de l'espèce, et qui avait, depuis longtemps, fait ses preuves ; il était grand et robuste, avait de larges épaules, et portait une chevelure rutilante, qui s'échappait en boucles épaisses sous sa toque de drap : à sa ceinture pendait une épée dont il savait, au besoin, faire un détestable usage.

Tel était Coquastras, clerc et ancien écolier natif de la bonne cité de Toulouse.

Il y avait bien longtemps déjà qu'il figurait sur les registres de l'empire, comme dignitaire émérite, et c'était surtout à sa haute stature, à sa force herculéenne, à son audace et à son énergie qu'il avait dû d'être choisi à l'Epiphanie, pour empereur.

Malgré l'assurance que Coquastras apportait d'habitude dans toutes les actions de sa vie, ce jour là, il avait eu quelques moments de trouble et d'hésitation quand on était venu le prier de se rendre au Louvre.

Coquastras s'était longtemps demandé quel pouvait être le motif de cette convocation mystérieuse, il n'avait jamais eu de rapports avec la cour, c'était la première fois qu'une aventure de cette sorte lui arrivait, et il put croire un instant que le rendez-vous qu'on lui assignait avait été donné par quelque grande dame amoureuse de sa tournure et de sa bonne mine.

Quand il entra dans la salle basse où l'attendaient les deux légistes, son illusion cessa, mais en même temps toute son assurance habituelle lui revint, et bien qu'il ignorât le but de cette entrevue, il marcha vers Plusian et Nogaret d'un pas ferme et assuré.

Nogaret lui indiqua un siége.

Mais Coquastras demeura debout, et remit sa toque sur sa tête.

— Nous vous attendions avec impatience, dit Nogaret après les salutations préliminaires, et bien qu'il se fasse un peu tard, je ne doutais pas cependant que vous vinssiez au rendez-vous donné.

— J'ignore le but de ce rendez-vous, répondit Coquastras, mais la manière dont il a été donné m'a paru si étrange, qu'il a vivement piqué ma curiosité, et malgré le danger que l'on peut courir en pareille circonstance, quand on ne sait à qui l'on a affaire, vous voyez que je suis venu.

— L'affaire est toute simple, poursuivit Nogaret, mais encore avions-nous besoin de nous entendre: vous êtes pour cette année empereur du haut et souverain empire de Galilée.

— En effet!

— Et vos pouvoirs expirent la veille de l'Epiphanie.

— Vous l'avez dit!

— C'est-à-dire que d'ici là, vous pourrez disposer de vos sujets, les convoquer selon votre bon plaisir, et ordonner telle excentricité qui vous conviendra.

— Cela me parait incontestable.

— Eh bien! nous sommes chargés, maître Coquastras...

— Pardon, pardon, interrompit vivement Coquastras, il y a une petite difficulté, monsieur, et pour qu'il n'y ait aucune ambiguïté possible dans toute cette affaire, je désirerais savoir devant quelles personnes je me trouve en ce moment.

— Cela est trop juste.

— La personne que vous voyez assise à cette table est maître Plusian, dont vous devez avoir entendu parler déjà.

Coquastras s'inclina, et Plusian lui rendit son salut.

— Quant à moi, on m'appelle Nogaret, et je remplis habituellement le rôle de conseiller intime du roi : cela vous satisfait-il?

Coquastras s'inclina de nouveau.

— C'est parfait, répondit-il avec un grand sérieux ; maintenant, je sais à qui j'ai à faire : vous pouvez continuer.

Nogaret ne put s'empêcher de sourire du ton d'importance avec lequel Coquastras jouait son rôle : il échangea un regard avec Plusian, qui sourit également, et il poursuivit :

— Le roi Philippe le Bel, dit-il, s'est enquis dernièrement de l'association dont vous faites partie, et sur le rapport favorable qui lui a été fait sur vous et les vôtres, il a décidé qu'une extension considérable serait donnée à vos priviléges, dans le cas où vous feriez preuve de bonne volonté, si l'occasion se présentait pour vous de lui être agréable.

— Le roi a manifesté cette intention?...

— Il a même été plus loin, il vous a cité personnellement, maître Coquastras, et je ne doute pas qu'il ne fasse pour vous tout ce que votre zèle aura mérité.

— Mais que faut-il donc faire ?

— Peu de chose.

— Mais encore.

— Voici : ne pourriez-vous pas, demain soir, convoquer en séance extraordinaire tous les membres du haut et souverain empire de Galilée?

— Cela se peut, dit Coquastras.

— Puis, une fois assemblés, ne dépendrait-il pas uniquement de vous de lancer ces jeunes têtes folles dans la rue, dans l'enclos que l'on nomme le Jardin-du-Roi, par exemple, et de leur donner ordre de se mêler parmi le peuple et d'y semer le désordre et le trouble?

— Mais dans quel but?... fit Coquastras étonné.

— Le roi a des motifs puissants de haine contre un ordre que la populace a déjà menacé.

— L'ordre du Temple?

— Précisément.

— Eh bien ?

— Eh bien ! les Galiléens aideront à ce mouvement, s'ils le veulent ; ils répandront dans le public mille bruits de toute nature ; ils répéteront les accusations terribles qui pèsent sur les Templiers ; ils se feront, en un mot, l'écho de tous ces griefs que le peuple nourrit contre eux.

— Mais quel est but de cette comédie ? demanda Coquastras.

— Puisque nous sommes ici à visage découvert, maître Coquastras, répondit Nogaret, avec un accent de franchise qui toucha le cœur de l'empereur ; je veux bien vous dire la secrète pensée du roi, notre maître. Philippe le Bel ne voit qu'avec peine un ordre, comme le Temple, se détourner chaque jour du but qu'il s'était proposé ; il a abandonné la garde du Saint-Sépulcre. Jacques Molai, le grand maître, est à Paris, et ces hommes audacieux, puisant dans la conscience de leur fortune et de leur courage une impudence extrême, ont osé rêver de renverser le trône.

— Est-ce possible ? s'écria Coquastras.

— Nous en avons les preuves certaines.

— Mais il ne faut pas hésiter alors ; le roi doit supprimer un ordre aussi dangereux.

— Le roi a hésité jusqu'à ce jour ; il est bon : il s'est pris de compassion pour ces chevaliers illustres ; il n'ose pas agir... Mais nous qui sommes ses fidèles serviteurs, nous qui n'avons pas les mêmes raisons, qui ne pouvons avoir les mêmes scrupules, nous devons nous unir pour conjurer le danger qui le menace.

— Vous avez raison, et vous êtes de bien dignes chrétiens, mes maîtres !

— Ainsi, vous acceptez la mission que je vous offre ?

— Avec joie !

— Et vous ferez ce que j'ai demandé ?

— Je le ferai dès demain soir.

— C'est bien, maître Coquastras, c'est bien, dit gravement Nogaret ; le roi n'ignorera pas avec quel zèle vous l'avez servi dans cette
circonstance.

Coquastras fut reconduit sur ces paroles jusqu'à la porte du
Louvre, et il ne quitta Nogaret qu'après que ce dernier lui eut renou-
velé ses protestations d'amitié et de dévouement.

A ces protestations, Nogaret n'oublia pas de joindre une bourse
bien garnie.

Quand il se retrouva sur la rue, Coquastras ne put s'empêcher de
se réjouir dans son cœur des propositions qui lui avaient été faites, et
de l'avenir qui pouvait s'ouvrir pour lui, dans le cas où l'entreprise à
laquelle il allait coopérer serait menée à bonne fin. Il n'avait pas
d'ailleurs de sympathies bien vives pour les Templiers ; il avait vécu
jusqu'alors au milieu de cette jeunesse insouciante et railleuse qui
ne croyait guère à rien, et il n'avait jamais compris pourquoi tant
d'enthousiasme avait accueilli l'annonce des croisades.

Il se dit que maître Nogaret était rusé, qu'il ne pouvait manquer
de faire son chemin entre les mains d'un tel homme, et ramassant
ses épaules dans son petit manteau, il prit la direction de la rue de
Galilée.

Toutefois, au moment où il allait s'engager dans les rues qui
entourent l'église de Saint-Germain-l'Auxerrois ; il fut obligé de
s'arrêter, car un cortége nombreux sortait en ce moment du Louvre,
au milieu d'une double haie de peuple et de soldats.

C'était Jacques de Molai, grand maître de l'ordre du Temple, qui
venait de visiter Philippe le Bel.

Ainsi que nous l'avons dit, Jacques Molai avait été, dès son arrivée
en France, l'objet des plus grandes attentions de la part du roi. Il
avait été traité avec distinction à la cour, et Philippe le Bel l'avait
même choisi pour parrain de l'un de ses enfants.

Le vénérable grand maître était précédé par trente chevaliers, montés sur de magnifiques chevaux arabes, vêtus d'armures richement damasquinées, à la manière orientale : leur front était ceint du majestueux turban des croyants de Mahomet. Une nombreuse suite d'esclaves noirs se traînaient à droite et à gauche, portant des torches pour éclairer la voie.

Jacques de Molai venait le dernier, et sa haute stature, son front fier, son profil hautain, se détachaient avec netteté sur l'ombre qui l'entourait.

Coquastras se sentit remué jusqu'au plus profond de son cœur.

Il y avait tant de noblesse et de majesté sur cette tête de vieillard, son regard éclatait de tant de courage, il y avait sur son front tant de véritable dignité, que, malgré lui, il baissa les yeux et s'inclina.

Le cortége passa.

Puis, quand la rue fut devenue déserte, quand les flots de peuple et de soldats se furent écoulés à droite et à gauche, et qu'il se vit seul sur la voie, Coquastras secoua brusquement la préoccupation profonde qui s'était emparée de son esprit, et se mit en marche.

— Bah ! dit-il avec une gaieté forcée, maître Nogaret doit savoir ce qu'il fait... et moi, je dois obéir : à l'œuvre, mon ami Coquastras, c'est la fortune qui te tend les bras, il serait malséant de la repousser.

Il pressa le pas, et quelques minutes après il arrivait dans la rue de Galilée, où était établi le siége de son empire.

II.

Cependant le cortége qui accompagnait Jacques de Molai s'acheminait lentement vers le Temple, entraînant à sa suite une foule avide de curieux.

Il se faisait tard déjà, et c'était peut-être la première fois que le grand maître de l'ordre se fût oublié jusqu'à cette heure à la cour de Philippe le Bel.

Il y avait eu pour cela, sans doute, des motifs sérieux et graves.

La maison du Temple de Paris, dont il ne subsiste plus aucun vestige, occupait alors l'emplacement compris aujourd'hui entre la rue du Dupetit-Thouars, la rue Percée et la Rotonde. Elle avait été construite, dès l'installation de l'ordre, pour loger le grand prieur.

Plus tard, lorsqu'un grand nombre de chevaliers vint s'établir à Paris, la maison reçut quelques agrandissements, et leur servit d'habitation. Vers le commencement du treizième siècle, l'enclos du Temple, encore agrandi par la jonction de plusieurs terrains achetés des deniers de l'ordre, renfermait des bâtiments magnifiques pour le temps, « c'était en quelque sorte, dit M. Touchard-Lafosse, une cité entourée d'une forte muraille, et qu'on nommait *Villeneuve-du-Temple*. »

En 1212, le frère Aubert, trésorier de l'ordre des Templiers, fit élever la grande tour carrée, flanquée de quatre tourelles à toits aigus — c'est dans cette tour que fut enfermé Louis XVI avant d'être conduit à l'échafaud.

Les rois de France affectionnaient particulièrement cet édifice illustre.

Philippe-Auguste ordonna que pendant son voyage d'outre-mer, tous ses revenus seraient portés au Temple, et enfermés dans des coffres dont ses agents auraient une clef, et les Templiers une autre.

Philippe le Hardi voulut qu'on y déposât les épargnes publiques.

Le trésorier des Templiers s'intitulait *trésorier du Temple et des rois*, et souvent même, *trésorier du roi, au Temple*.

Les trésors de l'ordre étaient, disait-on, cachés dans une des tourelles, laquelle avait été intérieurement revêtue de lames de fer. Il était expressément défendu de pénétrer dans cette partie des bâtiments.

Le Temple fut, à diverses époques, habité par des rois étrangers.

En 1254, Henri III, roi d'Angleterre, venu à Paris, pour conférer avec Saint Louis, préféra assure-t-on, le séjour du Temple, au nouveau palais du Louvre.

L'enceinte de cet édifice, était, du reste, un lieu *consacré*. C'était un asile inviolable, où pouvaient se réfugier impunément les duellistes meurtriers, les banqueroutiers, les débiteurs poursuivis — ce privilége lui fut conservé jusqu'à la révolution.

Contre son ordinaire, Jacques de Molai en arrivant au Temple, au lieu de se rendre à l'appartement qui lui était réservé, fit venir, près de lui, le grand prieur de l'ordre, et l'attendit à cheval dans la cour, entouré de ses soixante chevaliers, et de ses esclaves noirs.

Le grand prieur ne se fit pas longtemps attendre, et quelques minutes après, il accourait en toute hâte, près de son seigneur.

Jacques le reçut avec une évidente préoccupation.

— Mes ordres ont-ils été fidélement exécutés, demanda Jacques, dès qu'il le vit arriver.

— Tous les Templiers sont prêts, répondit le grand prieur.

— Et ils nous attendent?

— Dans la salle des séances solennelles.

— C'est bien, que tout le monde me suive...

Jacques de Molai descendit alors de cheval, ainsi que les Templiers qui l'avaient accompagné, et ils marchèrent vers la grande salle, où, ainsi que l'avait dit le grand prieur, se tenaient d'ordinaire les réunions importantes...

Nul ne savait le but de cette réunion inattendue, mais tous s'attendaient depuis quelques jours à de graves événements, et personne ne conçut de surprise en remarquant l'air sérieux et préoccupé de Jacques.

V. 22

La salle dans laquelle ils pénétrèrent était somptueusement éclairée, et un grand nombre des membres les plus éminents de l'ordre s'y trouvaient déjà réunis : d'un côté, Rimbaud de Carou, précepteur d'outre-mer; Geoffroy de Gonneville, précepteur d'Aquitaine et de Poitou, Hugues de Peraudo, précepteur de France. Tous avaient revêtu leurs plus riches vêtements, et leurs armures étincelaient sous le feu des mille lumières qui pendaient de la voûte.

Jacques de Molai s'avança mystérieusement au milieu des rangs silencieux, et alla s'asseoir sur un trône qui lui avait été préparé au centre de la salle.

Le silence se rétablit presqu'aussitôt, les portes et les grilles d'airain se fermèrent avec bruit; les plus hauts dignitaires de l'ordre vinrent prendre place à côté du grand maître, et ce dernier s'étant découvert, se leva et étendit ses mains vers l'assemblée.

— Mes frères, dit-il d'une voix qui monta sonore vers la voûte, je vous ai convoqués aujourd'hui, et à cette heure de nuit, pour vous faire part des événements qui se sont accomplis depuis mon arrivée en France, et vous demander conseil sur ce que nous avons à faire dans les circonstances graves où nous nous trouvons. Chaque jour, les calomnies deviennent plus audacieuses, nos ennemis lèvent la tête, des diffamations vagues et sourdes circulent de tous côtés, des délations insidieuses se font jour à travers l'incrédulité et l'insouciance de nos protecteurs naturels, le roi et le pape; et si nous n'y prenons garde, demain peut-être, nous serons jugés, dépouillés, frappés, sans que nous ayons rien fait pour défendre notre honneur et sauver notre tête!...

Un sourd murmure accueillit ces paroles, et Jacques promena un moment son regard soucieux sur l'assemblée en tumulte.

Peu à peu cependant le silence se rétablit, et il put reprendre, cette fois, avec encore plus de fermeté et une accentuation plus résolue.

— Ah! vous ne savez pas vous, mes frères, les indignes calomnies dont nous sommes l'objet ; il y a une conspiration, une trame odieuse ; et si nous laissons à nos ennemis le temps de s'unir dans leur haine, nous sommes perdus.

Après avoir ainsi parlé, le grand maître se rassit, et Hugues de Peraudo se leva :

— Les révélations qui viennent d'être faites par notre vénérable grand maître, dit-il, ne sont point prématurées, et le danger dont il nous entretient doit être conjuré sans retard ; nous avons pour ennemis des hommes habiles... Ce sont eux qui ont assassiné Boniface VIII, ce sont eux qui ont empoisonné Benoît XI... qu'attendre donc de pareils hommes, si ce n'est de nouveaux crimes ! eh bien, je le déclare, moi Hugues de Péraudo, je suis prêt à défendre l'ordre par tous les moyens possibles, et je n'hésiterai pas à accomplir ce que vous aurez décidé.

Cette déclaration faite d'un ton énergique, souleva d'unanimes applaudissements ; on entoura le précepteur de France, et on conjura le grand maître de se prononcer sans tarder, et de faire connaître à quel parti il fallait s'arrêter.

Jacques de Molai se leva alors une seconde fois, et le silence se rétablit instantanément.

— Je n'ai, dit-il, ni assez de lumières, ni assez de génie pour défendre l'ordre contre nos ennemis puissants ; cependant je suis décidé à le faire selon mes faibles moyens. Ne serais-je pas vil et méprisable si j'abandonnais la défense d'un ordre qui m'a procuré tant de précieux avantages. Mon intention est que la vérité soit éclaircie, non seulement par les chevaliers, mais dans toutes les parties du monde, par les rois, princes, prélats, ducs, comtes, barons ; je suis prêt, s'il le faut, à m'en tenir aux dépositions et aux témoignages de tous ceux qui nous ont vus sur les champs de batailles, de tous ceux qui ont partagé nos exploits et nos dangers.

— Ce ne sont pas des paroles qu'il faut, répondit Hugues de Peraudo, car pendant que nous chercherons à nous disculper, nos ennemis nous frapperont de leurs armes déloyales.

— Le pape seul a le droit de nous juger, s'écria le grand maître.

— Ils ont tué deux papes, répliqua Hugues.

— Le roi m'a comblé des plus grands honneurs!

— Le roi est entre les mains de Nogaret, et c'est Nogaret qu'il faut craindre!...

— Que voulez-vous donc faire, Hugues?

Un silence profond, solennel, accueillit cette question, et comme Péraudo allait répondre, des coups précipités retentirent sur la porte d'airain.

— Les commissaires du roi, s'écrièrent plusieurs voix à la fois.

Et une secrète terreur se répandit en même temps dans tous les rangs.

— Que l'on ouvre la porte, dit Jacques de Molai, et apprêtez-vous à recevoir, comme il convient, les envoyés de notre maître temporel.

La porte fut aussitôt ouverte, mais au lieu de ceux que l'on s'attendait à voir paraître, ce fut Georges de Nevers qui entra.

— Georges! fit Rimbaud de Caron en courant à lui, et en lui serrant les mains.

Georges était couvert d'écume et de poussière; ses cheveux tombaient tout poudreux sur ses épaules ; il portait un costume de voyage que la poussière avait souillé.

Derrière lui, venait Bourguignon, le visage pâle, effrayé, le regard empreint d'une consternation non équivoque.

Une fois que l'étonnement produit par cette arrivée se fut calmé, Georges marcha rapidement vers le trône où siégeait le grand maître, et posa un genou en terre.

— Que le maître me pardonne, dit-il d'un ton ému, d'avoir réclamé ainsi impérieusement l'entrée de la salle de nos réunions, mais un motif grave a pu seul me pousser à violer pour cette fois les règles sévères de notre discipline.

— Nous te pardonnons, enfant, répondit Jacques de Molai, je sais quel est ton dévouement à notre ordre, et j'ai expérimenté plus d'une fois déjà ton courage ; va donc prendre la place qui est due à ton rang, et viens nous prêter le secours de ta jeune expérience, dans les circonstances difficiles où nous allons entrer.

Georges s'inclina, mais il resta debout devant le grand maître, comme s'il n'eût pas entendu l'invitation qui venait de lui être faite.

— Maître, reprit-il alors après un moment de silence, le motif qui m'a arraché si brusquement des lieux où s'est écoulée mon enfance, est trop grave; il intéresse trop vivement le salut et l'honneur de l'ordre, pour que je le taise plus longtemps devant vous.., le grand maître me permet-il de parler?

— Parle ! dit Jacques de Molai.

— Eh bien, je parlerai ! que tous nos frères m'entendent, et qu'ils frémissent, car nous sommes trahis!

— Trahis ! répétèrent cent voix.

— Dans quelques jours, nous serons arrêtés et chargés de fers!

— Mais sous quel prétexte?

— La haine ne manque jamais de prétexte.

— Que Georges de Nevers nous dise d'où viennent ces renseignements, ordonne le grand maître.

— Ces renseignements répliqua le jeune chevalier, viennent de Jean de la Moise, seigneur d'Auxerre et gouverneur de la province.

— Il a reçu des ordres?...

— Des ordres de Nogaret et de Plusian, ces deux âmes damnées du roi!

Un grand tumulte s'éleva à ces paroles, et la confusion se mit un moment dans tous les rangs; mille cris de vengeance s'échappèrent à la fois de toutes ces poitrines que la colère soulevait, et les hérauts eurent toutes les peines du monde à rappeler l'assemblée au calme et à la modération.

Cependant Georges, debout sur les marches du trône, semblait dominer la réunion, et l'animer par son attitude audacieuse.

— S'ils en veulent à nos jours, dit-il tout à coup d'une voix que l'indignation rendait éclatante, nos jours sont à Dieu!... mais s'ils en veulent à notre honneur, qu'ils prennent garde!... nous avons vieilli dans les combats, nous savons nous servir de notre épée, nous avons combattu pour la défense du Saint Sépulcre, nous saurons combattre encore!...

Des cris d'enthousiasme accueillirent cette déclaration ; Georges continua :

— Qu'importe la vie à des hommes qui ont affronté cent fois la mort : malheur aux légistes, aux Nogaret, aux Plusian ; pour mon compte, chevaliers, je jure de mourir plutôt que de renier le passé, et de courber le front devant ces assassins et ces empoisonneurs!

— Nous le jurons tous!... dirent d'une seule voix les Templiers.

— Voulez-vous défendre l'ordre?

— Jusqu'à la mort!

— De corps et d'âme!

— Devant et contre tous.

— Eh bien! moi, Georges de Nevers, avec l'assentiment de notre grand maître, je viens vous apporter les moyens de sortir victorieux et superbes de l'abîme dans lequel on veut nous jeter.

— Parlez! parlez! s'écrièrent les chevaliers.

Mais au lieu de continuer, Georges s'était tourné vers Jacques de Molai, et semblait attendre que le vieillard lui donnât officiellement l'autorisation de poursuivre.

— Mon fils, dit enfin le grand maître, bien que tu paraisses obéir en ce moment à la colère plutôt qu'à la raison, je ne veux pas mettre d'entraves à l'expression de toute ta pensée : parle donc sans crainte ; mais ne prononce aucun jugement imprudent contre le pape, ni contre le roi.

Et comme Georges se taisait.

— Pourquoi hésiter ainsi, ajouta-t-il, ma réponse ne t'a-t-elle pas satisfait, et que peux-tu attendre encore ?

— Maître, répondit Georges, si j'hésite, c'est que vos paroles limitent ma liberté, et que ce que j'ai à dire doit faire remonter bien haut la responsabilité du danger qui nous menace !

— Qu'est-ce donc? fit le grand maître étonné.

— Ah ! c'est que vous ignorez ici jusqu'où nos ennemis ont porté la folie de leur audace ; voici ce qu'ils disent de nous ! Écoutez !

En parlant ainsi, Georges tira un parchemin de son vêtement, le déplia lentement, et enfin lut ce qui suit à l'assemblée attentive :

« Lors de la réception des chevaliers, on leur fait renier Dieu, le Christ, la Vierge... On leur dit surtout que le Christ n'est pas le vrai Dieu, mais un faux prophète, qui a été crucifié, non pour la redemption, mais pour ses propres crimes. On ordonne aux récipiendaires de cracher sur la croix : ils la foulent aux pieds ; c'est surtout le Vendredi-Saint qu'ils font ces outrages à la croix.

« Il adorent un chat, qui apparaît quelquefois dans leurs chapitres, ils ne croient point au sacrement de l'autel ; leurs prêtres, en célébrant la messe, ne prononcent point les mots sacramentels de la consécration.

« On dit aux chevaliers, et ils croient que le grand maître peut les absoudre de leurs péchés.

« Lors des réceptions, on leur annonce qu'ils peuvent se permettre des mœurs licencieuses et coupables.

« Dans chaque province, ils ont des idoles, c'est-à-dire des têtes dont quelques-unes ont trois faces, d'autres une, et quelquefois un crâne humain : et dans leurs chapitres, ils adorent ces idoles.

« Ils révèrent les idoles comme Dieu : ils disent que l'idole peut les sauver ; qu'elle donne les richesses de l'ordre ; qu'elle fait fleurir les arbres et germer les plantes de la terre. Ils entourent la tête de l'idole, ou la touchent avec deux cordons dont ils se ceignent ensuite la chair.

« Ceux qui, à leur réception, ne veulent pas se soumettre à ces usages, sont tués ou empoisonnés.

« Tout cela s'observe d'après les statuts de l'ordre ; c'est un usage général et antique, et il n'y a pas d'autre mode de réception.

« Ils ne regardent point comme un péché d'enrichir l'ordre, par tous les moyens licites et illicites, *perfas et nefas.* »

Pendant que Georges lisait le parchemin qui contenait ces calomnies burlesques, mais terribles en ce siècle de ténèbres, une indignation impossible à décrire se manifestait sur tous les visages; des murmures pleins de colère grondaient, sourdement encore, n'attendant que la fin de la lecture pour éclater en imprécations.

Quand Georges eut fini, ce fut une clameur universelle, et toutes les voix s'élevèrent pour demander quel était l'auteur de cet affreux libelle.

— Vous voulez connaître celui qui a signé ou inspiré cet acte abominable, dit Georges, en agitant au dessus de sa tête le parchemin qu'il venait de lire.

— Oui ! oui ! son nom ! son nom !

— Eh bien ! celui à qui l'on doit faire remonter la responsabilité de cet écrit odieux et pervers, c'est le roi Philippe le Bel.

Et comme tous les membres le regardaient stupéfaits à cette révélation inattendue :

— Eh quoi ! poursuivit Georges, la figure animée, le regard éclatant, le geste violent; vous hésitez!... Vous qui avez défendu le tombeau du Christ, vous tremblez!... Vous qui, seuls, avez vaillamment soutenu le choc de vingt armées barbares, vous avez peur!... Votre sang se glace dans vos veines, vous êtes prêts à fuir ! Honte et malheur ! chevaliers, car ce jour est le dernier de notre ordre !

L'énergie du jeune de Nevers réveilla le courage des auditeurs, et Hugues de Peraudo, Geoffroy de Gonneville, Himbert Plauke, Bernard de Nado, Bertrand de Saint-Paul, et cent autres, se pressèrent avidemment autour de lui.

— Le roi est notre ennemi, disait-on, que faire contre lui, quelle arme employer, à quels moyens avoir recours?

— Mes, frères, repartit Georges, nous ne pouvons employer les mêmes armes déloyales que celles dont ils se servent contre nous ! Le peuple connaît à fond ce roi, faux monnayeur ; ce que nous avons à faire, c'est d'accepter le combat, mais de l'accepter en plein jour, à la face du ciel, comme il convient à des chevaliers.

— Mais le roi est tout puissant !

— Et ne le sommes-nous pas nous-mêmes ; un mot parti ce soir de Paris, ne peut-il pas armer toutes les commanderies des provinces? En peu de jours n'aurons-nous pas, si nous le voulons, toute une armée formidable sur pied !... Voilà, chevaliers, la seule issue possible à cette affaire, la seule, du moins, qui soit digne de nous, et si nous devons mourir, eh bien ! nous mourrons du moins les armes à la main, en défendant nos priviléges et nos droits !...

Georges avait touché la corde sensible... En parlant d'honneur, de courage, à ces hommes dont toute la vie se passait dans les combats, il réussit sans peine à les exalter, et en peu d'instants les mesures les plus énergiques furent décretées.

On peut le dire : c'était ici la bataille des tribunaux secrets.

Pendant que les Templiers étaient condamnés par le tribunal du Louvre, eh bien ! le tribunal du Temple condamnait le roi !

Et il y avait force presque égale pour soutenir chacune de ces terribles sentences.

V.   23

Dès le soir même, des émissaires partaient à franc-étrier dans toutes les directions, et allaient prévenir les chevaliers des commanderies de province du danger qui menaçait l'ordre tout entier.

III.

Quelques jours s'étaient passés, sans apporter un grand changement dans la position des chevaliers du Temple ; ils se tenaient sur la défensive, et avaient reçu successivement, des divers points de la France, des déclarations qui annonçaient que tout était prêt pour une défense énergique.

Cependant Philippe le Bel redoublait de soins et d'attentions envers Jacques de Molai, et le vénérable vieillard, en voyant qu'on lui témoignait tant de sympathie ouverte et franche, n'osait donner le signal d'une rébellion qui, seule, pouvait le sauver. Il pensait que le roi avait fait un retour sur lui-même, qu'il s'était éclairé sur les calomnies dont l'ordre était l'objet, qu'enfin il était tout disposé à le défendre.

Dans les réunions fréquentes qui se tenaient au Temple, c'était lui qui défendait le roi, c'était lui qui repoussait obstinément toutes les insinuations des jeunes hommes qui, voyant le danger menaçant, eussent voulu prendre toutes les mesures propres à le conjurer.

Cependant les légistes continuaient leur œuvre, et de toutes parts, des gens soudoyés par eux, allaient se répandant dans les groupes et semant sur leurs pas, parmi le peuple, l'indignation et la haine des Templiers.

Coquastras n'était ni le dernier ni le moins actif, et l'on peut dire qu'il gagnait son argent en conscience.

Un soir de nombreux groupes d'hommes appartenant à toutes les classes de la société, stationnaient dans l'enclos du jardin, situé dans la cité, Coquastras accompagné de ses amis s'y trouvait, et on le voyait toujours des plus ardents de la mêlée, répandant les bruits les plus extravagants, les calomnies les plus infâmes.

Le peuple acceptait tout cela avec avidité.

On disait que dans le chapitre général de l'ordre, il y avait une chose si secrète, que si, pour son malheur, quelqu'un le voyait, fût-ce le roi de France, nulle crainte de tourments n'empêcherait ceux du chapitre de le tuer selon leur pouvoir.

On ajoutait qu'un Templier de la maison du pape avait ingénument confessé le mal qu'il avait reconnu en son ordre, en présence d'un cardinal, son cousin, qui s'était empressé d'écrire cette déposition.

Un autre chevalier, avait, assurait-t-on, déclaré qu'un de ses oncles était entré dans l'ordre sain et gai, avec chiens et faucons, et qu'au bout de trois jours, il lui était poussé des cornes de cerf en tête.

Le peuple qui écoutait naïvement tous ces contes, joignait les mains et levait les yeux au ciel.

— Le roi tarde trop longtemps, s'écriait Coquastras de sa voix retentissante, à punir ces illustres coupables ; le chef des enfants de Ise, cet ami de Dieu, qui lui parlait face à face, s'écria dans une pareille circonstance, contre les apostats qui avaient adoré le veau d'or, *que chacun s'arme du glaive et frappe !* Et il ne demanda pas pour cette vengeance le consentement d'Aaron, qui était le grand-prêtre établi par l'ordre de Dieu... Eh bien tous les Templiers sont homicides ou auteurs d'homicides.., pourquoi le roi très-chrétien ne procède-t-il pas de la sorte contre le Temple, puisque cet ordre est dans l'impiété, et soutient et favorise ceux qui y sont tombés !...

— Qu'il frappe ! qu'il frappe ! hurlait le peuple.

— Et s'il hésite, pourquoi ne le remplacerions-nous pas dans cette œuvre de justice ? poursuivit Coquastras, pourquoi n'aiderions-nous pas à sa vengeance trop lente : sommes-nous des lâches, avons-nous donc peur?

— Non! non!

— Eh bien! qui nous arrête alors? Quelques centaines d'hommes décidés suffiraient à enlever le Temple... et vous savez quelle curée serait offerte pour but à une pareille entreprise.

Cette insinuation de Coquastras était certainement des plus perfides, car ce qui avait le plus frappé le peuple parmi tous ces bruits que l'on colportait de tous côtés, c'était surtout ces richesses inouïes, qui étaient, disait-on, enfouies dans les vastes cellules de l'ordre ; ces mules que l'on avait vues revenir d'Asie, ployant sous le poids trop lourd de leur riche fardeau.., l'imagination populaire s'était exaltée, et plus d'un, parmi ces hommes qui écoutaient Coquastras, avait eu la fièvre, en rêvant qu'il pénétrait dans le Temple, au jour d'émeute victorieuse.

Cependant comme le chef du haut et souverain empire de Galilée achevait de parler, il vit passer à quelque distance de là trois hommes revêtus du manteau blanc de l'ordre, orné d'une belle croix rouge apparente.

Le regard du grotesque empereur s'alluma tout à coup à cette vue, et son bras s'étendit vivement pour désigner les trois victimes.

— Les voilà, s'écria-t-il, tenez, ils passent, là, près de nous, le front levé, le regard hautain, ils se moquent de nos vaines clameurs, ils insultent à notre haine impuissante, ils nous traitent comme des enfants sans courage, ou des hommes imbécilles..., punissons-les.

— Oui! oui! sus! sus! aux Templiers!

— Que la mort de ces chevaliers insolents apprenne au roi ce que peut son peuple, et quelle conduite il doit tenir!

— A mort! à mort! les hommes rouges!...

— Allons donc, et honte à celui qui reculera!

Coquastras quitta l'endroit élevé sur lequel il était monté pour haranguer le peuple, et se mit à la tête de la bande désordonnée.

Chacun paraissait animé de la plus vive ardeur, nul n'était resté en arrière, et tous s'étaient armés à la hâte de ce qu'on avait pu trouver, ceux-ci de pelles et de pioches, ceux-là de bâtons, les derniers enfin, des projectiles qui leur tombèrent sous la main.

Les trois chevaliers du Temple vers lesquels s'avançait ainsi la bande furieuse, en poussant des cris de rage qui ébranlaient l'air, n'étaient autres que Bertrand de Saint-Paul, Hugues de Péraudo, et Georges de Nevers.

Derrière eux, marchait le placide et mélancolique Bourguignon.

Les trois jeunes gens parlaient avec feu des dangers qui, chaque jour, devenaient plus menaçants, de la crise imminente dans laquelle ils allaient entrer, et blamaient l'insouciance du grand maître, qui allait les livrer sans défense à la merci des ennemis acharnés.

Bourguignon se tenait à quelque distance, et écoutait leur conversation avec des frémissements de peur indicibles.

Bourguignon s'étonnait naïvement d'une chose, c'est que l'on pût prévoir ou craindre un danger, sans prendre le meilleur moyen de s'y soustraire, c'est-à-dire, la fuite...

S'il avait été libre, l'honnête valet se serait déjà empressé de passer la frontière, ou d'aller se faire oublier dans quelque province éloignée.

Mais il était attaché à son maître par les liens d'une longue amitié, d'un inébranlable dévouement, et pour rien au monde, il n'eût consenti à se séparer de lui, surtout dans un pareil moment.

D'ailleurs, Bourguignon, tout peureux qu'il était, avait cependant du courage à sa manière, et il se serait vaillamment défendu et sans reculer, s'il y avait été forcé.

Tout à coup, et au moment où les trois jeunes chevaliers allaient gagner les bords de la Seine, une grande clameur s'éleva derrière eux, et quand ils se retournèrent, ils aperçurent accourant de leur côté le peuple à la tête duquel marchait Coquastras, son épée nue à la main.

Les trois chevaliers virent tout de suite à qui en voulaient ces hommes, et ils tirèrent courageusement leur épée. Bourguignon avait d'abord regardé de tous côtés, mais comme il vit que toute retraite leur était impossible, il prit son parti en brave et s'étant armé d'un long poignard que lui jeta son maître, il alla se ranger à côté des Templiers.

Le combat promettait d'être sérieux, et le premier choc fut en effet, terrible.

Hugues, Georges et Bertrand étaient peut-être les plus courageux d'entre les Templiers, et ils se promirent de mourir plutôt que de reculer. Il y avait d'ailleurs assez longtemps que l'on calomniait l'ordre auquel ils appartenaient, pour qu'ils saisissent avec empressement cette occasion de montrer ce dont ils étaient capables.

Les premiers qui se présentèrent tombèrent sous leurs coups, et bien que les assaillants leur formassent une ceinture redoutable, ils s'étaient disposés de manière à leur faire face sur tous les points.

A vrai dire, dès que la populace vit tomber les premières victimes, son ardeur se ralentit sensiblement, et si Coquastras ne l'avait excitée de la voix et du geste, l'émeute se serait dissipée comme par enchantement.

Mais l'exemple de Coquastras fut contagieux pour quelques uns : placé au premier rang, il pressait de son épée la poitrine de Georges, et évitait avec une adresse merveilleuse tous les coups que ce dernier lui portait.

Déjà Hugues de Peraudo avait été blessé ; Bertrand de Saint-Paul avait reçu une pierre à la tête, et le sang coulait sur son manteau blanc.

En voyant ce premier résultat obtenu, le peuple avait repris courage ; le cercle s'était resserré, les cris avaient cessé ; on n'entendait plus maintenant que le cliquetis sinistre des épées, et le râle des mourants qui gisaient étendus sur le sol.

Enfin, deux cris partirent en même temps, et arrêtèrent instantanément le combat : le premier avait été poussé par Coquastras, le second, par Georges de Nevers ; tous les deux venaient de se blesser profondément.

Le peuple se précipita sur le corps de Coquastras, qui était tombé lourdement à terre, tandis que Bourguignon et les deux Templiers recevaient Georges dans leurs bras.

Cet accident suspendit un moment le combat, et chaque parti songea à panser son blessé. Toutefois, ni les uns ni les autres n'eurent le temps de donner suite à leurs projets, car le guet, attiré par le bruit de la lutte, traversait la Seine en ce moment, et avançait à force de rames.

La populace craignit les effets de la colère des gens du roi, et sans même songer à soustraire Coquastras au sort dont il était menacé, ils s'enfuirent dans toutes les directions.

Cependant Georges avait ouvert les yeux, et d'abord il ne se rappela pas ce qui s'était passé ; il était très-faible, son sang coulait à flots de sa blessure, il demanda pourquoi ses amis restaient sur les bords de la Seine, au lieu de regagner leur demeure.

L'arrivée des soldats du guet arrêta Hugues, qui allait lui répondre.

Après les explications fournies au chef de cette garde civique, Hugues se mit en devoir de faire transporter Georges dans un bateau qui était amarré sur le bord, à quelques pas de là ; mais au moment où ils allaient s'éloigner, le chef du guet le retint.

— Et cet homme ? demanda-t-il en désignant Coquastras, qui, étendu sur le revers du chemin, n'avait pas encore bougé.

Georges tourna la tête et reconnut l'adversaire courageux contre lequel il avait combattu.

— Cet homme, répondit-il d'une voix faible, il est des nôtres, et mon valet va venir le reprendre dans un instant.

Le guet n'en demanda pas davantage, et continua sa route à la poursuite des adversaires des Templiers.

Dès que Hugues, Bertrand et Bourguignon se virent seuls, ils se hâtèrent de transporter Georges de Nevers dans une barque prochaine, et revinrent peu après prendre Coquastras, qui ne donnait plus signe de vie.

— Cet homme est mort ! fit Bertrand, en le déposant au fond du bateau.

— Cela se pourrait bien, répondit Hugues.

— Il porte le costume des étudiants, sa blessure est profonde ; s'il n'est pas mort, il n'en vaut guère mieux : qu'en dites-vous ?

— Je dis, qu'en tous cas, ce ne sera pas une grande perte pour l'Université !...

Cependant la barque glissait lentement sur les flots sombres ; elle arriva sans accident sur la rive opposée.

Là, le transport devenait plus facile. Ils trouvèrent en peu de temps une litière convenable, y installèrent de leur mieux les deux blessés, et les accompagnèrent ainsi jusqu'à la maison du Temple.

Bourguignon suivait à quelques pas ce triste cortége, et son cœur s'apitoyait sur le sort de son maître : il le croyait perdu, et il ne pouvait songer sans amertume à la douleur, au désespoir de Dehlie, quand elle apprendrait la fatale nouvelle.

Bourguignon regrettait maintenant de n'avoir pas usé de tout son empire pour empêcher son maître de revenir dans cette capitale maudite, pour l'engager à fuir avec Dehlie, qui lui avait donné une preuve si éclatante d'amour et de dévouement...

Bourguignon se promit bien, si son maître revenait à la vie, de l'arracher à cet ordre, ou de le décider à quitter la France, pour passer en Angleterre, où, du moins, les Templiers étaient protégés et défendus par le roi.

Tout en faisant ces réflexions, le bon valet suivait la litière, et quand les chevaliers eurent atteint la maison du Temple, et que Georges eut été conduit dans sa cellule, en compagnie de son adversaire, il déclara qu'il ne le quitterait plus, et passerait toutes ses nuits près de lui...

Pendant tout le trajet, Georges n'avait pas bougé ; il resta dans cette sorte d'assoupissement jusqu'au lendemain, et quand il r'ouvrit les yeux pour la seconde fois, et promena autour de lui son regard étonné, il rencontra le regard tendre et doux de Dehlie.

CHAPITRE VII.

Suite des Templiers. — Entrevue importante. — Conversion miraculeuse de Coquas-tras, empereur de Galilée. — Un gamin de Paris au XIVe siècle. — Au guichet du Louvre. — Bourguignon à la question. — Le peuple au Temple. — Arrestation de Jacques Molai.

La nuit était venue. C'était à la pâle lumière d'une lampe que Georges de Nevers apercevait le visage de son amante.

Il n'en voulait point croire ses yeux.

— Où suis-je? demanda-t-il d'une voix faible, en cherchant a distinguer les objets qui l'entouraient.

— Vous êtes près de vos amis, répondit Dehlie en lûi prenant les mains.

— Vous! vous! ici, s'écrie le jeune chevalier, près de moi!... Que s'est-il donc passé?

— Une lutte, un combat, dans lequel vous avez été blessé, dit la jeune fille... Mais ne m'interrogez pas ; on a recommandé le plus grand repos, le plus grand calme, et si vous vous soumettez à nos prescriptions, nous vous sauverons.

— Seulement, insinua Bourguignon en s'avançant près de son maître, il importe que mon cher maître nous dise ce qu'il compte faire de cet homme qu'il nous a ordonné de transporter ici !

— Quel homme? fit Georges avec étonnement.

— Celui qui vous a blessé !

— Quel est-il?

— Je l'ignore... C'est vous qui avez donné l'ordre de l'introduire au Temple.

Georges passa rapidement la main sur son front, et jeta tout à coup un cri.

— Oui! oui, dit-il en souriant, je me souviens; cette homme est courageux, je l'avais remarqué : il se battait avec un entrain qui m'a étonné... Il faut qu'il ait des motifs de haine bien réels celui-là ; j'ai désiré le connaître, et je l'ai fait transporter ici pour l'interroger... Qu'on le garde, qu'on l'entoure de soins, et qu'on le fasse revenir promptement à la vie, si c'est possible... Est-il gravement blessé?

— Demain, il sera sur pied.

— Fort bien, je causerai avec lui.

Les blessures de Georges étaient assez graves ; mais celles de Coquastras ne l'étaient que fort peu. Le lendemain, ainsi que l'avait annoncé Bourguignon, il put se lever, et comme il avait été lui-même fort étonné de se trouver dans une chambre qu'il ne connaissait pas, près de personnes qu'il n'avait jamais vues, quand on l'invita à s'approcher du lit de Georges, il s'empressa de se rendre à cette invitation, espérant trouver enfin le mot de cette énigme.

Dès qu'il aperçut Georges, il le reconnut pour son adversaire de la veille, et pâlit. Il était à la merci de son ennemi, et cette circonstance ne promettait rien de bon.

Car lui, Coquastras, empereur de Galilée, quand il avait un ennemi à sa merci, l'affaire était bientôt faite!

Cependant Georges lui tendit la main en souriant, et l'invita à s'asseoir. Coquastras ne put s'empêcher, avec sa franchise habituelle, de manifester son étonnement, et il s'assit en ouvrant de grands yeux, et se demandant s'il ne rêvait pas, et si c'était bien à lui que s'adressait cette invitation.

— J'ignore qui vous êtes, dit enfin Georges d'une voix encore faible.

— On m'appelle Coquastras, répondit ce dernier avec une certaine emphase, et je suis pour cette heure l'empereur du haut et souverain empire de Galilée!...

Georges s'inclina en souriant à cette réponse.

— Eh bien! dit-il, maître Coquastras, empereur du haut et souverain empire de Galilée, je me félicite du hasard qui nous a mis tous les deux en présence dans l'*Ile à la Gourdaine*, car je vous ai vu à l'œuvre, et je jure que jamais chevalier ne s'est mieux battu que vous ne l'avez fait!

Ce fut au tour de Coquastas à s'incliner.

— On fait de son mieux quand on y est, répondit-il, et moi-même je vous avoue que l'activité que je déployais ne m'a pas empêché d'admirer sincèrement votre adresse et votre courage.

— Ainsi, reprit Georges, nous sommes contents l'un de l'autre ; en outre, nous avons le même âge, ou peu s'en faut, et nous pouvons, si vous n'y voyez point d'obstacle, parler de nos affaires à cœur ouvert.

— Je suis tout disposé à vous répondre.

— A merveille.

— Je vous écoute.

— Si je ne me trompe, maître Coquastras, vous avez contre l'ordre des Templiers une haine bien profonde, et vous nourrissez contre les chevaliers qui en font partie un désir bien vif de vengeance.

— Qui peut vous faire supposer cela?

— Votre ardeur dans le combat.

— Vous pourriez vous tromper, sire chevalier, je vous l'ai dit: quand on y est, on fait de son mieux.

— Cependant...

— Deuxièmement, pour parler comme à l'école, interrompit Coquastras, *secundo, item* ou d'autre part, je vous avoue que si j'avais eu contre l'ordre la haine que vous me supposez, il eût suffi certainement du combat d'avant-hier pour changer cette haine en admiration et en amitié, sinon pour tous les chevaliers du Temple, du moins pour quelques-uns.

— En vérité!...

— C'est à vous que je dois la vie, ce me semble, et il est bien naturel que je vous en sois reconnaissant.

— Ce n'est donc pas à un sentiment personnel de ressentiment que vous obéissiez, en agissant comme vous l'avez fait?

— Nullement.

— Quelqu'un vous avait poussé?

— Sans doute?

— Et y aurait-il de l'indiscrétion à vous demander...

— Quels sont ceux qui m'ont donné des ordres?

— Précisément.

— Du tout... ce sont deux fieffés coquins...

— Qui se nomment?...

— L'un Guillaume Plusian, l'autre Nogaret.

— Les conseillers du roi!... fit Georges.

— Ni plus, ni moins, répondit Coquastras.

Il y eut un moment de silence ; Georges réfléchissait, Coquastras attendait de nouvelles questions.

— Allons ! reprit enfin le jeune chevalier, l'évidence nous aveugle !... ces hommes sont des ennemis implacables, tout nous le prouve... Chaque jour le danger grandit, et nous fermons les yeux pour ne le pas voir !... Ah ! notre grand maître est bien insensé ou bien imprudent...

Puis, se tournant tout à coup vers Coquastras :

— Écoutez-moi, lui dit-il, il est impossible que, jeune et brave comme vous l'êtes, vous puissiez plus longtemps vous faire l'instrument d'une intrigue honteuse.

— J'y ai renoncé, interrompit Coquastras, à l'instant où je vous ai revu.

— Le roi Philippe le Bel veut spolier l'ordre des Templiers, et il ne reculera devant aucune violence pour atteindre à son but : maître Coquastras, j'ai un service à vous demander.

— Je vous en rendrai mille, si vous le désirez, dit Coquastras.

— Sérieusement et loyalement, prononça Georges avec gravité, je puis compter sur vous ?

— A la vie, à la mort !

— Eh bien ! Que votre passage au Temple soit donc un mystère pour tous, pour nos ennemis surtout !.. Retournez vers eux, continuez, par sympathie pour nous, de jouer la comédie de la haine, et le jour où vous apprendrez que l'arrestation des principaux membres de l'ordre aura été décidé, n'hésitez pas, accourez nous prévenir, afin que nous ayons le temps, soit de prendre des mesures énergiques pour nous défendre, soit de préparer notre fuite..; me le promettez-vous ?

— Je vous le promets.

— Ah ! vous êtes un honnête cœur ! dit Georges, en lui donnant la main.

— Moi, fit Coquastras, d'un air d'insouciance, le jour où je me suis engagé par devers les deux conseillers de Philippe le Bel, j'étais ébloui par les promesses qu'ils m'avaient faites ; l'action qu'ils me proposaient était indigne et déloyale, et pourtant je ne l'ai pas repoussée ; pendant plusieurs jours au contraire, j'ai mis un soin extrême à réunir tous les membres épars de l'empire auquel je commande, et avec leur aide, j'ai ameuté le peuple contre l'ordre des Templiers ; il n'est pas de bruits absurdes que je n'aie répandus ou fait répandre de tous côtes.., j'ai même, un moment, tiré mon épée du fourreau pour leur prouver toute ma bonne volonté et tout mon dévouement.

Tout cela vient, sire chevalier, de ce que ma tête est à l'envers, pour le moins, au trois quarts.., mais vous l'avez dit : j'ai du cœur autant qu'un autre, et maintenant, je vais défaire ce que j'ai fait.

— Le peuple ne vous croira plus.

— Bah ! le peuple est bon et naïf ; et le peuple s'apitoiera sur le sort qu'on vous prépare ; nous savons les paroles qui peuvent l'émouvoir, et il viendra bientôt vous défendre avec le même acharnement qu'il mettait à vous attaquer.

Et si nos ennemis ne vous en laissent pas le temps.

— Eh bien ! repartit Coquastras avec un enjouement plein de franchise, s'ils vous jettent en prison, nous casserons les portes !

Georges fut presque égayé de cette franche insouciance, sous laquelle il y avait tant de bonté cachée, et il tendit de nouveau la main à Coquastras.

— Allez donc, lui dit-il avec un reste de tristesse. — Que le sort vous favorise, ou que votre entreprise échoue, je ne vous en garderai pas moins un souvenir d'ami.

Coquastras serra affectueusement la main qu'on lui tendait, et il ne tarda pas à s'éloigner pour commencer au plus tôt ses nouvelles opérations.

Cet empereur de Galilée était tout simplement un gamin de Paris du XIVᵉ siècle.

Les blessures de Georges étaient graves, mais grâce aux soins de tous les instants qui lui furent rendus par Dehlie et Bourguignon, en quelques jours il se trouva rétabli, et put même sortir. Toutefois le mire avait bien recommandé de ne point le laisser marcher seul encore, et chaque fois qu'il quittait le Temple, il se faisait toujours accompagner, soit par Bourguignon lui-même, soit par quelques-uns de ses frères d'armes qu'il affectionnait le plus, Hugues de Péraudo, Rimbaud de Caron, et Geoffroy de Gonneville.

Un soir sa promenade habituelle l'avait conduit dans les environs du Louvre ; c'était le 12 octobre de l'année 1307.

Malgré le froid vif qui régnait déjà dans Paris, Georges se sentait beaucoup mieux, et il alla s'asseoir non loin des bords de la Seine, à quelques pas de l'une des petites portes du Louvre.

Hugues de Péraudo et Geoffroy de Gonneville étaient à ses côtés, et ils conversaient tous trois, de la seule chose qui les intéressait vivement à cette heure, des dangers que courait l'ordre.

Tout à coup Georges se leva !...

Un homme venait de passer près d'eux, et malgré l'obscurité qui commençait à se répandre de tous côtés, Georges l'avait reconnu !

Il quitta brusquement ses frères d'armes, les invita à le suivre, et s'étant élancé à la poursuite de l'inconnu, il l'arrêta énergiquement au moment où il allait franchir le seuil de la porte du Louvre.

— Que faites-vous ? s'écrièrent en même temps Hugues et Geoffroy, en cherchant à retenir Georges.

— Laissez-moi ! fit le jeune comte, en secouant l'homme qu'il venait d'arrêter, et en le ramenant loin de la porte.

Celui-ci était un vieillard, et il avait fait une laide grimace, en se voyant au pouvoir de Georges, qu'il avait de son côté, parfaitement reconnu, mais il ne proféra pas une parole, et se laissa conduire par le jeune chevalier.

Ce dernier lâcha enfin son prisonnier, et tira son épée.

— Cet homme, dit-il alors à ses deux compagnons étonnés, est un des ennemis de notre ordre ; un lâche, un misérable qui n'a pas craint de venir me trouver à Nevers, pour me faire des propositions infâmes : il voulait que je reniasse l'ordre, que je servisse les ténébreux projets des conseillers du roi !... Il faut que justice soit faite, afin que l'on apprenne enfin à la cour que l'on n'attaque pas impunément l'ordre auquel nous appartenons !...

— Mais vous ne connaissez donc pas cet homme? firent Hugues et Geoffroy.

— Non, répondit Georges, qui poursuivit en se tournant vers le vieillard, réponds ! Quel démon t'a poussé à jouer le rôle que tu remplis?.. Quels sont les lâches qui te paient? Qui es-tu, et quelle nouvelle trame as-tu ourdie depuis que nous nous sommes séparés?

Le vieillard avait d'abord manifesté quelques craintes en voyant le jeune chevalier tirer son épée du fourreau, mais les paroles de Geoffroy et de Hugues le rassurèrent, et puisqu'ils le connaissaient, il pensa qu'ils s'emploieraient à empêcher Georges de commettre un meurtre.

— Sire chevalier, répondit-il sous l'empire de cette idée, je pensais être assez connu de vous, pour vous épargner une colère inutile, et des menaces dangereuses ; mais quisque vous ignorez qui je suis, je puis vous satisfaire. On m'appelle Nogaret, Georges de Nevers, je suis le conseiller intime du roi, et je veux bien vous faire savoir que je suis encore assez puissant, pour vous faire jeter demain dans une bonne et solide prison, si l'envie m'en prenait.

— Nogaret! fit Georges qui laissa tomber ses bras le long de son corps! Nogaret! le favori du roi !

— Soyez prudent! firent ses deux amis à voix basse.

— Mais cet homme, je vous le répète, est un misérable, qui nous perdra... Ce sont ses conseils qui ont déjà mis l'ordre en suspicion ; c'est lui qui organisera, entre les mains du roi, l'arme qui doit nous frapper.

— Prenez garde de hâter ce moment par votre imprudence, murmura Péraudo qui regardait avec effroi les trous noirs de la forteresse royale.

— Ah!... si je n'écoutais que ma raison, s'écria Georges, cet homme ne rentrerait pas ce soir au Louvre.

— Et demain, nous serions poursuivis, arrêtés, murmura Geoffroy.

— Qui sait si nous ne le serons pas?

Hugues et Geoffroy se turent, et Georges se tourna, le visage courroucé, vers Nogaret, qui le regardait en souriant, car il se sentait soutenu par la faiblesse des deux autres chevaliers.

— Allez donc, maître Nogaret, lui dit-il d'un voix où frémissait la colère, allez dire à votre maître que, malgré vos lâchetés et vos infamies, vous avez encore trouvé assez de générosité dans le cœur des Templiers pour vous laisser la vie. Je m'étais promis de vous passer mon épée au travers du corps, si je vous rencontrais jamais à ma portée, mais je ne veux pas souiller mon épée du sang d'un misérable, et je vous fais grâce.., allez!.. et que Dieu juge les victimes et les bourreaux.

Nogaret s'éloigna en ricanant, et rentra au Louvre, pendant que Georges regagnait la maison du Temple, appuyé sur le bras de ses deux amis.

II.

La cellule que Georges occupait dans la maison du Temple donnait sur deux rues environnantes, et dominait en quelque sorte tout le quartier.

En rentrant, il trouva Dehlie inquiète, et Bourguignon absent.

La présence de Dehlie à la maison du Temple avait lieu en fraude des réglements sévères de l'ordre, et par ce fait que les supérieurs de Georges consentaient à fermer les yeux.

Dehlie était chrétienne, et l'on savait que Georges attendait le dénoûment du grand drame qui commençait, pour se faire relever de de ses vœux, et la prendre pour épouse.

D'ailleurs, on ne peut nier que les Templiers s'étaient beaucoup relâchés de leur austérité première.

Dehlie avait craint quelque danger pour son amant, elle avait pensé qu'il s'était peut-être trouvé plus mal, que ses blessures s'étaient rouvertes ; mille craintes étaient entrées dans son esprit, et elle avait envoyé Bourguignon à sa recherche.

Quand elle vit Georges sain et sauf, son cœur se rassura, elle le fit asseoir près d'elle, et en attendant que Bourguignon revînt, Georges lui raconta le motif de son retard, et la scène qui s'était passée entre lui et Nogaret, le conseiller du roi.

— Peut-être avez-vous eu tort de traiter ainsi un homme puissant, dit Dehlie avec tristesse, quand il eut achevé ; cet homme est vindicatif et cruel, et vous pardonnera difficilement vos insultes, et demain peut-être des mesures de rigueur seront lancées contre vous !...

— Vous avez raison sans doute, Dehlie, répondit Georges, mais si je crains quelque danger, ce n'est pas pour moi, c'est pour vousmême.

— Pour moi !...

— Ces hommes seront sans pitié, pour une femme qui a appartenu à une religion ennemie... et puis, nous, Dehlie, nous sommes chevaliers du Temple, nous avons l'habitude des combats, si l'on nous attaque, nous nous défendrons ; mais si votre présence ici était connue au dehors...

Georges laissa tomber son front pensif dans sa main, et rêva, pendant que la jeune femme plongeait son regard distrait dans la rue.

Un mouvement inusité s'était manifesté autour du Temple depuis quelques instants ; des flots de peuple passaient et repassaient autour des murs, et un sourd grondement montait jusqu'à la cellule.

Dehlie regarda plus attentivement.

Depuis qu'elle était à Paris, elle n'était point encore sortie, elle ne connaissait donc pas les allures habituelles de la population de la capitale, et elle s'étonna en voyant tant d'animation régner autour du Temple. Puis, par une sorte d'instinct, elle comprit que le danger qu'elle avait craint jusqu'alors approchait d'instant en instant ; une indicible épouvante s'empara de son esprit, et elle saisit la main de Georges avec vivacité.

— Georges, lui dit-elle à voix rapide et basse, pourquoi donc cette foule et ce murmure autour de cette enceinte ?... C'est la première fois que mon regard s'y arrête, et je ne puis vous le cacher, mon cœur est plein d'épouvante.

Georges suivit la direction du geste de Dehlie, et il pâlit.

— En effet ! répondit-il, il règne autour de cette enceinte une animation qui n'est pas habituelle ; nos ennemis préparent quelque tentative, il importe de prévenir les membres de l'ordre...

— Qu'allez-vous faire?

— Organiser la défense dans le cas où l'attaque serait résolue. Ah ! Dehlie, Dieu nous réserve encore sans doute de bien cruelles épreuves..... Soyez courageuse, soyez chrétienne..... mettez vos angoisses aux pieds du Dieu qui tient en ses mains notre destinée.

Et repoussant la jeune femme qui essayait de le retenir, le chevalier de Nevers se précipita vivement vers la porte.

Mais au moment où il allait l'ouvrir, Bourguignon entra effaré dans la cellule.

Georges jeta un cri en l'apercevant.

Bourguignon avait la physionomie bouleversée ; ses cheveux tombaient en désordre sur son col ; son regard était effaré, il se laissa choir sans force sur le premier siége qu'il rencontra.

Georges et Dehlie coururent à lui, et lui prirent les mains, n'osant l'interroger.

— Qu'y a-t-il? demanda enfin Nevers; que t'est-il arrivé? ta main tremble.., que se passe-t-il?

— Il est arrivé mon cher maître, un grand malheur, répondit Bourguignon en balbutiant.

— Parle!...

— J'ai été arrêté.

— Arrêté!... toi.

— Moi même... j'étais allé à votre recherche, j'ai passé près du Louvre, ils se sont emparés de ma personne, ils m'ont mis à la question, ils m'ont arraché des aveux, et ne m'ont relâché qu'après m'avoir accablé de menaces de mort, si je racontais ce qui m'était arrivé!

— Mais quels sont ces hommes?

— Je ne sais...

— Tu ne les a pas vús?

— Ils étaient masqués.

— Et tu n'as raconté à personne cette aventure?

— A personne qu'à vous, mais en venant à la maison du Temple, j'ai rencontré un grand nombre d'hommes à figures sinistres qui entourent l'enceinte ; ils sont exaspérés ; ils crient, blasphément, et menacent de mettre le feu au Temple, si on ne leur en ouvre les portes.

— Ils ont dit ce à?

— Ils l'ont dit!

— Allons, il n'y a pas un moment à perdre alors, il faut se préparer au combat... va, Bourguignon, va prévenir Hugues de Péraudo, Raimbaud de Caron, Geoffroy de Gonneville, qu'ils s'arment à la hâte, que tous les Templiers courent aux portes ; ce n'est pas le premier combat dans lequel nous nous serons engagés, et cette fois, plus que jamais, notre cause est noble et sainte !

Pendant ce rapide colloque, Dehlie était restée debout et pâle contre la fenêtre ouverte.

Bourguignon n'avait pas dit quelle sorte d'aveux on lui avait arrachés !

Dehlie suivait d'un œil épouvanté tous les mouvements du dehors. A chaque instant le danger devenait plus imminent, les cris redoublaient, les menaces se succédaient avec une rapidité lugubre.

Georges s'armait à la hâte, et quand il se fut revêtu des diverses pièces de son armure, il vit venir à lui Hugues de Péraudo, et Geoffroy de Gonneville qui occupaient des cellules voisines de la sienne.

Déjà d'ailleurs tous les chevaliers étaient sur pied, et encombraient les cours.

On ne savait pas encore précisément la nature du danger que l'on allait courir, mais, à tout hasard, on s'armait, et l'on s'apprêtait à une énergique défense !

Georges et ses amis rejoignirent le gros des chevaliers.

Jacques de Molai n'était point encore descendu.

Dès les premiers cris et les premières menaces, le vénérable vieillard ne s'était point fait illusion ; il avait fait appeler près de lui les principaux membres de l'ordre, et, réunis en conseil secret, ils délibéraient sur le parti qu'il était opportun de prendre.

Éternelle et grotesque coutume.

Délibérer ! délibérer ! comme si, depuis le commencement du monde, délibérer et se perdre n'étaient pas une seule et même chose.

Délibérer ! délibérer !

Au moins, Gribouille se jetait à l'eau franchement de peur d'être mouillé.

Délibérer ! — rendre l'âme sottemement et de mauvaise grâce, comme un écolier qui reçoit le fouet en murmurant.

Morbleu ! faites plutôt votre prière en galant homme. Tombez comme un beau gladiateur, et ne délibérez pas.

Vous gâtez votre mort, vous ridiculisez votre agonie, vous déshonorez votre dernier soupir.

Et cependant, tant que le monde sera monde, les bonnes gens perdues sans ressource délibéreront.

C'est un symptôme de l'agonie politique.

La plupart des conseillers de Jacques Molai étaient vieux et faibles ; ils craignaient presque tous la colère du peuple et la vengeance du roi ; ils n'eurent de courage que pour conseiller une fuite honteuse, ou une soumission qui devait les perdre tous.

Ils espéraient, par ce dernier moyen, désarmer Philippe le Bel, adoucir les rigueurs de l'arrêt qui devait les frapper.

Ils pensaient, au contraire, qu'une résistance à main armée irriterait encore davantage leurs ennemis, et donnerait lieu aux plus sanglantes représailles.

Bien que Jacques Molai ne partageât pas entièrement cette opinion, il ne voulut pas prendre un parti contraire à celui que l'on proposait, et, après une heure de délibération, il fut décidé que, si les agents du roi se présentaient, les portes du Temple seraient ouvertes.

Pendant que le conseil secret de l'ordre prenait cette suprême détermination sous l'influence de la peur dont il était frappé, les chevaliers plus jeunes, plus audacieux, et surtout plus courageux, étaient bien près de céder à l'ardeur de leur impatience.

Georges et Hugues de Peraudo, surtout, se faisaient distinguer parmi les plus violents.

— C'est de la lâcheté, disait Georges, notre hésitation augmente leur audace, et ceux qui nous commandent préparent notre mort!...

— D'où vient qu'aujourd'hui nous transigeons avec notre courage, ajoutait Peraudo ; n'est-ce pas la première fois que nous sommes outragés, sans que notre épée sorte à l'instant du fourreau ! Que penseront donc nos frères d'armes, quand ils apprendront que nous avons reculé devant le combat, que nous avons eu peur !

— Est-ce donc l'heure de délibérer ! reprenait bientôt après Georges, avec une noble indignation, c'est le moment de monter à cheval, de sonner les fanfares du combat, et de s'élancer à la rescousse... Si vous m'en croyez, mes frères, nous n'attendrons pas plus longtemps les ordres de chefs trop lents, et nous irons de notre propre mouvement à la rencontre de ces manants qui nous insultent.

Un même cri partit en même temps de toutes les poitrines, et toutes les épées sortirent du fourreau.

En ce moment, des coups précipités se faisaient entendre sur la porte, que l'on ébranlait du dehors ; il n'y avait plus de tergiversations possibles, il fallait prendre un parti !...

Georges se précipita vers la porte, et donna l'ordre de l'ouvrir.

Les chevaliers servants n'attendaient vraisemblablement que cette invitation, car l'ordre était à peine donné, qu'il était déjà exécuté.

La porte s'ouvrit donc, et les flots du peuple firent irruption dans la première cour.

A la tête de cette foule furieuse marchaient les agents secrets du Louvre ; ils espéraient, sans doute, que leur mission serait facile à accomplir, car c'est à peine s'ils s'étaient munis d'armes offensives.

Mais quand le peuple vit devant lui un certain nombre de chevaliers du Temple rangés en ordre dans la cour, l'épée à la main, et paraissant disposés à se défendre, une hésitation subite se manifesta dans tous les rangs ; un seul cri s'éleva de la foule, et les agents de Philippe le Bel eux-mêmes se regardèrent avec stupéfaction, se demandant s'ils devaient avancer ou reculer.

Georges et Hugues leur épargnèrent la honte d'une plus longue hésitation; ils firent quelques pas vers eux, et s'adressant à celui qui paraissait être le chef :

— Or ça, dit Georges d'une voix haute et ferme, en baissant la pointe de son épée vers la terre, que signifie cette violence, mes maîtres? et depuis quand les agents des légistes du roi se croient-ils le droit de pénétrer de la sorte dans une maison qui appartient à l'ordre du Temple?

— Nous venons chercher Jacques Molai, répondit celui à qui s'adressaient ces paroles.

— Jacques Molai, notre grand maître, connaît les projets de ceux qui vous envoient, il ne vous suivra pas.

— Nous avons ordre de nous emparer de sa personne, de gré ou de force.

— Eh bien ! répliqua Georges, en relevant son épée, nous sommes ici cent chevaliers de l'ordre, nous avons chacun une épée, et nous saurons repousser par la force toute atteinte à nos priviléges et à nos droits !... Arrière donc, ou apprêtez-vous à combattre.

Un mouvement hostile s'opéra aussitôt dans les rangs des chevaliers du Temple; tous s'ébranlèrent, et le peuple, qui n'avait d'ailleurs aucune arme, s'enfuit à toutes jambes vers la porte !

Cependant les agents du roi n'avaient pas bougé, et ils s'apprêtaient à recevoir le choc de leurs adversaires. Sans aucun doute une collision terrible allait avoir lieu; le sang allait couler ; les chevaliers du Temple étaient animés de la plus profonde indignation, ils ne devaient faire aucun quartier.

Il importait d'effrayer leurs ennemis, c'était peut-être le seul moyen de se sauver de l'impasse dans laquelle on voulait les acculer.

Déjà les deux troupes étaient en face l'une de l'autre, séparées tout au plus par la longueur d'une épée, et les Templiers avaient

V.   26

levé leurs armes pour frapper, quand l'arrivée de Jacques Molai,
suivi des principaux membres de l'ordre, vint mettre fin à cette situation extrême.

— Arrêtez! cria le grand maître, d'un ton habitué au commandement; depuis quand les chevaliers du Temple vont-ils au combat,
sans y avoir été autorisés par leurs chefs?...

La troupe entière s'arrêta à la voix connue et aimée du vieillard,
et Jacques Molai put s'avancer vers le chef de la troupe ennemie.

— Qu'y a-t-il?... demanda-t-il alors d'une voix ferme; et d'où
vient ce tumulte?

— Un ordre du roi, répondit son interlocuteur.

— Qu'ordonne donc Philippe le Bel?

— Que vous me suiviez à l'instant même.

— La volonté du roi soit faite, dit Jacques Molai en relevant
fièrement le front; je n'ai jamais combattu que pour défendre le tombeau du Christ, je ne veux pas aujourd'hui donner le signal d'une
rebellion armée contre le roi, qui est notre maître. Allez donc! et
Dieu veuille que tous les membres de l'ordre apportent dans les
épreuves que l'on nous réserve la même résignation que moi.

Puis, comme les chevaliers indignés murmuraient hautement autour de lui, contre la détermination qu'il prenait.

— Que chacun suive notre exemple, ajouta-t-il en se tournant
vers eux, et notre cause n'aura pas cessé d'être celle de l'honneur et
de la loyauté... Adieu! mes frères; j'espère encore dans la bonté
des hommes et je ne désespérerai jamais de la justice de Dieu. Que
le ciel vous inspire la résignation, et éloignez de vos cœurs la colère
aveugle!

En parlant ainsi, Jacques Molai fit signe au chef des agents du
roi qu'il pouvait se mettre en marche, et il partit escorté à droite et à
gauche par la foule de la populace, qui, maintenant rassurée, ne lui
épargna ni les outrages ni les insultes.

CHAPITRE VIII.

Suite des Templiers. — Procès des Templiers. — Tortures préparatoires. — Les légistes à la besogne. — Jacques Molai devant les commissaires royaux. — Défense de Jacques Molai. — Georges de Nevers en prison. — L'évasion manqué. — Apparition de l'empereur Coquastras. — Coquastras à la prison de Georges. — Nuit de fièvre. — Le nom de Dehlie. — Nouvelles de Bourguignon. — La fuite et l'ivresse: — Georges et Dehlie en Angleterre. — Opinion d'un évêque sur le procès des Templiers. — Jacques Molai parle à ses juges. — Le bûcher.

L'arrestation du grand maître de l'ordre du Temple fut suivie à peu de distance de celle de la plupart des chevaliers présents à Paris, et dès que les légistes purent se croire maîtres de la situation, les tortures commencèrent.

Elles furent atroces, si l'on en croit les historiens.

« Le roi, dit M. Raynouard, publie un acte d'accusation qui les
« qualifie de *loups ravissants, société perfide, idolâtre, dont les*
« *œuvres, dont les paroles seules sont capables de souiller la terre*
« *et d'infecter l'air.*

« Les habitants de Paris sont convoqués dans le jardin du roi,
« toutes les communautés et paroisses de cette capitale s'y ras-
« semblent, des commissaires des moines prêchent le peuple contre
« ces proscrits.

« Ils sont dans les fers; l'inquisiteur Guillaume les interroge; ils
« sont privés de tout conseil, de tout secours; on les menace, on
« laisse manquer du nécessaire ces guerriers qui, par leurs richesses,
« pouvaient naguère rivaliser avec les princes.

« On promet la vie, la fortune, la liberté aux chevaliers qui
« avoueront les crimes imputés à l'ordre.

« Pour les y engager, on leur présente de prétendues lettres du
« grand maître, par lesquelles ils sont invités à faire ces aveux.

« Lorsqu'ils ont le courage de résister à toutes ces séductions, on
« les livre aux tortures : elles varient selon les lieux et selon les per-
« sonnes; à Paris, trente six chevaliers périssent durant l'épreuve
« des plus horribles tourments.

« D'autres ne peuvent y résister; pour se soustraire à la douleur,
« ils font les aveux qu'on leur dicte. »

On ne sait pas pourquoi on se défie toujours un peu des historiens
qui emploient cette vénérable forme de récit : le présent.

« Il vient; il voit son frère attaqué par dix-neuf Prussiens; il
« s'élance sur ces bandits, et les passe tous au fil de l'épée... »
Ou bien encore.

« Les dix-neuf Prussiens l'entourent, le pressent, et le malheu-
« reux tombe dans un tas d'ordures en poussant des cris de tristesse
« amère... »

Un homme que l'Europe entière admire, M. Paul de Kock, si cher
aux familles des concierges, aurait du dégoûter l'histoire de cette funeste habitude.

En lisant ceux qui écrivent ainsi, on croit toujours entendre l'accent trop avantageux des riverains de la Garonne.

Mais revenons aux Templiers :

« On s'étonnera peut-être, ajoute M. Raynouard, que des cheva-
« liers qui affrontaient courageusement la mort dans les combats, et
« qui la bravèrent si noblement sur les bûchers, n'aient pas aussi
« heureusement résisté à la douleur violente des tortures.

« Pour apprécier avec justesse quelle différence existe entre la
« force morale qui rend l'homme capable de se résoudre à mourir
« un instant, et la force physique nécessaire pour endurer de longs
« tourments, il faut se faire une idée précise des diverses manières
« dont on torturait les accusés.

« On dépouillait le patient, on lui liait les mains derrière le dos,
« on attachait des poids énormes à ses pieds; et la corde qui serrait
« ses mains, traversait ensuite une poulie placée en haut de l'ins-
« trument fatal de la torture.

« Au signal des juges, la corde jouait, le patient était rapidement
« suspendu en l'air, et tout son corps cruellement tiraillé. Il pous-
« sait des cris; les juges avaient soin que les greffiers prissent note
« non seulement des réponses de l'accusé, mais encore de tous ses
« soupirs, de toutes ses larmes.

« L'une des variations de la torture consistait à hisser le corps,
« à lâcher ensuite rapidement la corde, et à retenir tout à coup dans
« l'air le corps retombant de tout son poids; la chute et le mouve-
« ment rétrograde causaient au patient la dislocation de tous ses
« membres, et d'horribles douleurs, surtout dans les bras et dans
« et dans les cuisses.

« La torture de la corde était la plus usitée; on employait aussi
« quelquefois celle du feu.

« On enchâssait les pieds nus du patient dans un instrument qui
« ne lui permettait plus de les retirer; on les frottait d'une matière
« onctueuse, et on les présentait ainsi au feu le plus ardent.

« Pour éprouver la constance du torturé, on plaçait quelquefois

« tout à coup, entre ses pieds et le feu, une planche qui interceptait
« la chaleur ; et s'il persistait dans ses dénégations, on relevait la
« planche, et la douleur le ressaisissait.

« Il y avait aussi la torture des talons.

« On étendait les patients à terre, on enfermait son talon nu
« dans un talon concave de fer que l'on resserrait à volonté, et cette
« compression causait une douleur insupportable.

« Et si la faiblesse du corps ne permettait pas d'autre torture, on
« plaçait, entre chacun de ses doigts, de petits morceaux de ba-
« guettes, en forme de sifflets, que l'on pressait avec force, de ma-
« nière à faire craquer les os des doigts.

« Outre ces tourments ordinaires, on voit dans les procédures
« faites contre les Templiers, qu'ils en subirent de plus cruels encore.

« En quelques pays, on leur arrachait les dents, en d'autres on leur
« faisait calciner les pieds ; ailleurs enfin, on leur suspendait des
« poids à différentes parties du corps, on ne craignait pas de rendre
« les tortures même impudiques. »

On voit que ces braves légistes valaient bien les inquisiteurs de la
foi, et renchérissaient même sur les inventions des tourmenteurs
classiques.

Pauvres rois que ceux qui s'entourent ainsi de procureurs à l'âme
revêtue de parchemin ! pauvres temps que ceux où les avocats par-
viennent en rampant jusqu'aux plus hautes marches du trône !

La tactique des légistes était fort simple, et ne leur avait pas coûté
beaucoup de frais d'imagination, mais cette tactique devait suffire,
dans le cas où les Templiers torturés feraient des aveux.

Toutefois, c'était surtout au grand maître de l'ordre, à Jacques de
Molai que l'on en voulait, et ce fut lui qui ouvrit pour ainsi dire la
série des interrogatoires.

Le vénérable vieillard ne s'était pas démenti un seul moment ; son
calme était toujours le même, il apportait dans toutes ses actions,

la même résignation chrétienne, le même courage chevaleresque!...

C'est le 26 novembre de la même année qu'il comparut pour la première fois devant les commissaires, chargés de l'interroger.

Les officiers du roi emplissaient les cours, la salle d'audience était parée comme pour un jour de haute solennité, les commissaires étaient assis graves et calmes autour d'une table sur laquelle étaient étalées les principales pièces de conviction.

Un des commissaires se leva, dès que Jacques de Molai eut été introduit, et après les questions d'usage, il demanda au grand maître s'il voulait défendre l'ordre ou parler pour lui-même.

Jacques de Molai releva le front avec dignité.

— Il serait étonnant, dit-il alors d'une voix émue mais ferme, que l'Église mît tant de précipitation à exiger la défense de l'ordre, lorsque la sentence relative à l'empereur Frédéric a été suspendue pendant trente-deux ans. Je n'ai ni assez de lumières, ni assez de talent pour défendre l'ordre ; cependant, je suis prêt à le faire, selon mes faibles moyens : ne serais-je pas vil et méprisable à vos yeux et aux yeux des autres, si j'abandonnais la défense d'un ordre qui m'a procuré tant de précieux avantages? Je ne me dissimule pas la difficulté d'une telle entreprise ; lorsque je suis captif du pape et du roi, n'ayant pas le moindre argent pour fournir aux frais de cette défense, je demande donc secours et conseil. Mon intention est que la vérité soit éclaircie, non-seulement par les chevaliers, mais dans toutes les parties du monde, par les rois, princes, prélats, ducs, comtes, barons ; je suis prêt à m'en tenir aux dépositions et au témoignage des rois, princes, prélats, ducs, comtes, barons, et autres hommes probes !

— Réfléchissez bien sur votre offre de défendre l'ordre, répliqua alors le commissaire ; pensez aux aveux que les membres de l'ordre ont faits. Néanmoins, nous vous admettons à le défendre, si vous persistez dans ce dessin ; nous vous accordons même un délai ; mais

en vous avertissant qu'en matière d'hérésie, on procède sommaire-
ment, sans plaidoyer ni forme de jugement.

Afin qu'il pût délibérer avec connaissance de cause, les commissaires firent lire, en langue vulgaire, les pièces qui contenaient
leurs pouvoirs.

Durant la lecture des lettres apostoliques, qui supposent les aveux
du grand maître en présence des cardinaux qui l'avaient déjà inter-
rogé à Chinon, il fit et répéta souvent le signe de la croix, et par
d'autres marques plus énergiques, il manifesta son étonnement et
son indignation, ajoutant que s'il ne devait du respect aux envoyés
du pape, il s'exprimerait différemment.

Et comme les commissaires lui répondirent qu'ils n'étaient point là
pour accepter un défi, il répliqua qu'il n'entendait point parler de
cartel; mais que plût à Dieu qu'on agit dans ce cas, comme agissaient
les Sarrasins et les Tartares, qui tranchent la tête et fendent le
corps par moitié à ceux qui sont reconnus pervers.

Les commissaires lui notifièrent alors que ceux que l'Eglise re-
connaît hérétiques obstinés, elle les abandonne à la justice sécu-
lière.

Guillaume Plusian assistait à cet interrogatoire, et de temps à autre
on pouvait voir la tête de Nogaret s'agiter dans la pénombre des
tribunes réservées aux officiers du roi!...

Après le grand maître, ce fut le tour de Ponsard de Gisi, un Templier de la commanderie de Nevers, qui était accouru à Paris dès
la nouvelle des premiers dangers.

Il s'avança d'un pas assuré, et promena, sans pâlir, son regard
assuré sur ses juges.

— Voulez-vous défendre l'ordre? lui demanda l'un des commissaires.

— Oui! répondit Ponsard avec force, l'imputation qu'on nous fait
de renier Jésus-Christ, de cracher sur la croix, et d'autoriser des

mœurs infâmes, et toutes les accusations semblables sont fausses. Si moi-même ou d'autres chevaliers nous avons fait des aveux devant l'évêque de Paris ou ailleurs, nous avons trahi la vérité, nous avons cédé à la crainte, au péril, à la violence. Nous étions torturés par Flexian de Béziers, prieur de Montfaucon, et par Guillaume Robert, nos ennemis !...

Plusieurs des prisonniers étaient convenus entre eux de faire des aveux, pour éviter la mort, parce que durant l'épreuve des tortures, trente-six chevaliers étaient morts à Paris, et un grand nombre dans d'autres pays.

— Quant à moi, je suis prêt à défendre l'ordre en mon nom et au nom de ceux qui feront cause commune avec moi, si, sur les biens de l'ordre, on m'assigne de quoi fournir à la dépense nécessaire. Je demande qu'on m'accorde le conseil de Raynaud d'Orléans, et de Pierre de Boulogne, prêtres de l'ordre.

Je dépose sur cette table une cédule, où j'ai écrit de ma propre main les noms de ceux que je regarde comme nos ennemis.

— Avez-vous été torturé ? lui demanda-t-on.

— Oui, trois mois avant l'aveu que j'ai fait devant l'évêque, on m'avait lié les mains derrière le dos d'une manière si cruelle, que le sang coulait par les ongles ; je fus, pendant une heure, abandonné en cet état, dans une basse-fosse.

Cette fermeté des victimes embarrassait quelque peu les juges; on tenait, cependant, à garder un semblant de justice, et la publicité donnée à ces débats n'était pas faite pour gagner aux conseillers du roi l'opinion populaire.

A quelques jours de là, on fit comparaître une seconde fois Jacques Molai.

C'était toujours le même appareil ; les mêmes flots de peuple entouraient le palais, les commissaires étaient au complet, Guillaume

Plusian se tenait assis sur un siége plus élevé que les autres officiers du roi, et les tribunes regorgeaient de curieux avides.

Le grand maître s'avança, conduit par ses gardes; il était pâle, un air de souffrance se peignait dans toute sa physionomie; il était évident qu'il avait souffert profondément depuis sa dernière comparution.

Comme la première fois, le commissaire se leva dès qu'il aperçut Jacques Molai, et comme la première fois, il lui demanda s'il voulait défendre l'ordre.

— Vous avez lu les lettres du pape, qui se réserve mon jugement, répondit Jacques d'une voix plus faible, je ne veux donc pas défendre l'ordre devant vous; je demande à être admis devant le pape. Faible et mortel, je n'ai que ce moment, peut-être, pour réclamer ce droit sacré. Que le pontife m'appelle... oui, qu'il m'appelle au plus tôt, et en sa présence, je parlerai, selon mes moyens, à la gloire de Dieu et de l'Église.

— Nous n'avons pas à nous occuper des personnes, répliqua Guillaume Plusian, les juges ici présents sont envoyés par le pape, pour informer contre l'ordre entier.

— Eh bien! répondit Jacques, je vous requiers d'agir loyalement et fidèlement; pour l'acquit de ma conscience, je présenterai trois observations, en faveur de notre ordre :

1° Est-il aucun ordre où les églises soient mieux pourvues, et de riches ornements et de tout ce qui est nécessaire au culte divin; où le service se fasse mieux par les prêtres et par les clercs? Je n'excepte que la cathédrale.

2° Aucun qui répande autant d'aumônes? Dans toutes nos maisons il est de règle d'accorder l'aumône trois fois la semaine à tous les pauvres qui présentent.

3° En est-il un dont les chevaliers se soient exposés aussi généreusement pour la défense de la religion chrétienne contre les infidèles, aient répandu autant de sang pour elle, et se soient fait également redouter des ennemis de la foi catholique.

La défense de Jacques Molai était simple ; il n'était point orateur, mais il parlait avec un accent de vérité qui toucha profondément la plupart des auditeurs.

Le commissaire vit l'effet produit et s'empressa de répondre.

— Sans la foi, dit-il d'un ton sévère, ces soins, ces œuvres, cette valeur sont inutiles au salut de l'âme.

— Je conviens de cette vérité, repartit simplement le grand maître, en s'inclinant, mais j'atteste que je crois en Dieu, à la Trinité des personnes et à tous les autres articles de la foi catholique ; je crois qu'il n'y a qu'un Dieu, qu'une foi, qu'un baptême, qu'une église, et qu'à la mort, quand l'âme se sépare du corps, il y a un juge des bons et des méchants.

L'effet produit par ces réponses successives faites d'un ton sincère, fut profond sur toute l'assemblée, les commissaires s'en aperçurent ; aussi Nogaret qui se trouvait présent crut-il devoir prendre la parole.

Il se leva donc, et dardant son regard sur le grand maître :

— Dans les chroniques de St.-Denis, dit-il, on trouve qu'au temps du sultan Saladin, le grand maître et les autres chefs de l'ordre lui prêtèrent hommage, et que le sultan ayant appris leurs revers, les attribua à ce que les chevaliers étaient coupables d'un vice infâme, et à ce qu'ils avaient prévariqué dans leur foi et dans leur loi.

A ces paroles dites d'un ton bref et cruel, Jacques Molai se redressa de toute sa hauteur, et promena un moment son regard éclatant sur toute l'assemblée.

— Jamais jusqu'à ce jour, répondit-il avec indignation, je n'avais entendu de telles calomnies ! Quand j'étais outre-mer et pendant le magistère de Guillaume de Beaujeu, moi et plusieurs jeunes gens qui voulaient guerroyer, comme c'est la coutume des jeunes militaires, nous murmurions contre le grand maître qui restait en paix avec le sultan, durant la trève que le roi d'Angleterre avait établie entre les chevaliers et les Sarrasins ; mais dans la suite nous fûmes convaincus que le grand maître agissait prudemment, attendu que l'ordre possédait plusieurs villes et forteresses enclavées dans les terres du sultan. C'est tout ce qu'il y de vrai dans ces calomnies, et je m'étonne de les entendre répéter devant cette auguste assemblée !

Cette fois encore, les légistes n'étaient pas heureux, comme on le voit; ils se hâtèrent de lever la séance, et de renvoyer Jacques Molai à sa prison.

Chaque jour, l'ordre gagnait ainsi en sympathies dans le public, et l'on ne pouvait prévoir quelle serait la fin des débats engagés.

II.

Pendant que ces faits se passaient, Dehlie était en proie à toutes les incertitudes, à toutes les douleurs que lui inspiraient les dangers auxquels son amant se trouvait exposé. Elle avait affermé sur les quais une maison des fenêtres de laquelle elle pouvait voir la prison où Georges avait été jeté.

Il lui semblait qu'elle veillait ainsi sur lui, et qu'elle pourrait plus facilement éloigner le sort dont il était menacé.

. Georges avait été arrêté un des premiers : son exaltation, son ardeur, le ressentiment de Nogaret l'avaient de bonne heure désigné aux agents du roi, et il avait suivi de près le grand maître de l'ordre.

Dès qu'il s'était trouvé seul dans le cachot où on l'avait enfermé, son esprit avait cherché le moyen de fuir, il avait mille craintes et aucune de ces craintes ne se rapportait à lui-même.

Delhie allait être désormais abandonnée à elle-même au milieu de cette capitale où elle ne connaissait personne, où elle n'avait pas un ami. Il ne comptait pas sur Bourguignon dont il savait le caractère faible, irrésolu, et l'esprit facile à tromper.

Le pauvre Bourguignon n'avait de courage qu'à la dernière extrémité ; il ne pouvait être d'un grand secours à la jeune femme dans les circonstances difficiles qu'elle allait avoir à traverser.

Parfois cependant, Georges se reprochait de songer encore à son amour, pendant que ses frères d'armes étaient menacés ; alors un courage surhumain semblait doubler ses forces, il allait d'un pas ferme aux tortures qu'on lui préparait et sortait des douleurs épouvantables auxquelles on le condamnait, sans avoir fait le moindre aveu.

Mais ces moments d'énergie duraient peu, il retombait bientôt dans cette torpeur qui l'avait saisi, et ne la secouait que pour songer au moyen de sortir de cette atroce prison, d'aller rejoindre Dehlie, et de fuir avec elle vers un pays, où les Templiers avaient trouvé des protecteurs dans leurs juges.

Malheureusement pour Georges, des précautions excessives avaient été prises pour empêcher l'évasion d'aucun des membre de l'ordre, et dès les premières tentatives qu'il fît, il put se convaincre que toute fuite était bien impossible, du moins d'une difficulté qui laissait peu d'espoir.

Mais il n'était pas de ceux que les obstacles arrêtent.

Les fenêtres de sa cellule donnaient sur une cour ; il se mit dès le second jour à en desceller les barreaux, de telle sorte que vingt-quatre heures s'étaient à peine écoulées, qu'il pouvait passer son corps en dehors de la fenêtre.

Le soir de ce jour son geôlier entra dans sa cellule, et après avoir déposé sa cruche dans un coin, il marcha vers lui avec un visage où rayonnait une satisfaction qui ne lui était pas habituelle.

— Sire chevalier ! dit le geôlier, vous ignorez sans doute qu'il est impossible de s'évader de cette prison.

— Je m'en doute, répliqua Georges un peu surpris.

— Parce que les ordres les plus sévères sont donnés, que ces ordres sont fidèlement exécutés, qu'enfin, la moindre tentative est punie de mort.

— Où voulez-vous en venir? fit Georges.

— Vous vous êtes donné bien du mal depuis hier, répondit le geôlier, je vous engage à vous tenir désormais plus tranquille, et à ne point oublier l'observation que je vous ai faite.

Georges baissa la tête.

Le geôlier riait dans sa barbe.

— Dans un instant, reprit-il, on viendra réparer le dégât que vous avez fait.

Après avoir parlé ainsi, le geôlier salua et sortit, laissant Georges de Nevers abasourdi!

Cependant Bourguignon allait et venait à travers la ville s'emparant avec anxiété de tous les bruits qui circulaient, et rapportant à la pauvre Dehlie les nouvelles dont il faisait collection sur sa route.

Dehlie recevait toutes ces nouvelles avec une résignation apparente, mais elle souffrait cruellement dans son cœur, car chaque jour lui enlevait un peu de l'espoir qu'elle avait conçu la veille.

Une tristesse profonde s'était emparée de son esprit, elle se disait que Georges était désormais perdu pour elle, et en voyant l'acharnement que ses ennemis déployaient dans leur poursuite, elle prévoyait l'issue funeste de cette affaire.

Toutefois, une consolation lui restait encore, et cette consolation, c'était ce pauvre Bourguignon, lui-même.

Bourguignon aimait tant Georges de Nevers, il déployait tant d'activité, il montrait tant de dévouement! Dehlie ne le pouvait voir sans émotion, et quand il rentrait le soir, suant, effaré, la physionomie quelquefois bouleversée, elle ne pouvait s'empêcher de lui serrer affectueusement les mains.

Un soir, Dehlie attendait Bourguignon, et selon son habitude, malgré le froid vif de l'hiver, elle avait ouvert ses fenêtres, et son regard plongeait au loin, cherchant parmi les divers bâtiments quelle avait devant elle, à distinguer celui dans lequel devait se trouver renfermé Georges.

La nuit venait peu à peu, les bruits du jour se taisaient; un silence plaintif, tourmenté, régnait de toutes parts!

Sans savoir pourquoi, Dehlie avait l'esprit rempli de funestes pressentiments; jamais encore elle n'avait été si triste, jamais elle n'avait senti tant de larmes dans ses yeux.

Tout son passé revint alors devant ses yeux; elle se revit un moment à Jérusalem où s'était écoulée son enfance heureuse, sous les regards de son père : elle était jeune, joyeuse; le malheur n'avait pas éprouvé son cœur; son père vivait, et déjà l'amour de Georges avait jeté une douce émotion dans tout son être!

Puis un voile de deuil passait un instant sur cette époque... Georges, qu'elle aimait et qui l'aimait, était contraint de quitter la ville sainte; il partait pour la France, et quelques jours après son père mourait dans ses bras!

Dehlie se rappelait tout ce qu'elle avait souffert, et des larmes brûlantes coulaient silencieusement le long de ses joues maigries.

Depuis lors, le malheur n'avait pas cessé un instant de la poursuivre; maintenant encore, elle se retrouvait seule, à la veille de perdre une seconde fois son amant, et cette fois, c'était pour toujours!...

Une heure s'écoula ainsi dans les ressouvenirs d'une époque déjà lointaine, et Dehlie ne s'apercevait pas que les ombres de la nuit envahissaient toute chose autour d'elle, et que la bise sifflait âpre et froide au dehors.

Bourguignon était en retard.

D'habitude il ne se faisait pas attendre; il savait trop avec quelle inquiétude on guettait son retour : il se hâtait de revenir au logis avant la nuit.

Dehlie s'éveilla de son rêve et se demanda en frémissant quelle nouvelle catastrophe voulait annoncer ce retard; son esprit s'épouvanta à l'avance, et mille suppositions envahirent sa pensée.

Georges avait été sans doute condamné; on préparait son supplice. Bourguignon avait appris ces fatales nouvelles, et il n'avait osé les venir dire à Dehlie!

La jeune femme ferma les fenêtres, rentra dans la chambre, alluma sa lampe, et s'étant approchée du foyer, elle attendit.

Une heure encore se passa de la sorte, une heure dont toutes les minutes furent comptées une à une, dont toutes les secondes parurent des siècles.

Enfin, Dehlie ne put résister davantage à son trouble, à la terreur mystérieuse qu'elle éprouvait; elle se leva, jeta un voile sur ses épaules, et sans savoir où elle allait diriger ses pas, elle marcha vers la porte de la chambre.

Mais au moment, où elle posait les mains sur la serrure, la porte s'ouvrit d'elle-même, et un étranger entra vivement.

A cette vue, Delhie poussa un cri, et fit quelques pas en arrière.

— Rassurez-vous, madame, dit le nouveau venu, en s'arrêtant sur le seuil, je ne viens ici que pour vous rendre service, et remplacer, si je le puis, le serviteur que vous venez de perdre.

— De qui voulez-vous parler? demanda Dehlie.

— De Bourguignon.

— Perdu, dites-vous?...

— Il vient d'être arrêté!

Dehlie laissa tomber sa tête sur sa poitrine.

— Arrêté!... murmura Dehlie avec désespoir, — lui aussi!... me voilà seule et abandonnée!... mon Dieu! ayez pitié de moi!

L'inconnu la regardait avec intérêt et ne cherchait point à le dissimuler.

— Vous ne vous rappelez pas les traits de mon visage? dit-ile nfin, je suis Coquastras, empereur de Galilée, dévoué jusqu'à la mort au chevalier de Nevers.., j'ai fait tout ce que j'ai pu pour défendre le pauvre diable de Bourguignon, mais il était plus mort que vif, et il n'a pas compris le but de mon intervention... j'ai dû le laisser s'éloigner pour ne point compromettre ma position vis-à-vis de vos ennemis, et je suis venu vous prévenir.

Dehlie ne répondit pas tout d'abord, tant cette nouvelle lui causa d'étonnement et même d'épouvante : plus elle avançait dans cette affaire, plus les chances de salut diminuaient pour Georges; maintenant son dernier ami venait de lui être enlevé, et elle n'aurait plus même des nouvelles du procès, que par des hommes indifférents.

Toutefois, pendant qu'elle songeait aussi à la situation que les circonstances lui faisaient, son regard vint à se poser sur la physionomie ouverte et franche de l'empereur du haut et souverain empire de Galilée; et aussitôt ses craintes s'apaisèrent, et le calme revint, pour un moment, dans son esprit!

Puis elle se rappela la confiance que Georges avait manifestée naguère à cet homme, et elle se laissa reprendre à espérer.

D'ailleurs, Georges était en prison, Bourguignon venait d'être arrêté, Coquastras était le seul homme qu'elle connût et qui parût lui porter un intérêt bienveillant.

Elle alla donc à lui, et lui tendit la main.

— Merci, lui dit-elle, merci, votre démarche me prouve que je ne suis pas seule encore, et comme vous l'avez dit, vous pouvez remplacer auprès de moi l'ami que j'ai perdu. Hélas! si j'en crois mes pressentiments, le procès intenté contre les Templiers marche à une solution terrible, et peut-être avant peu toutes mes craintes doivent se réaliser.

V.   28

— Qui sait? madame, fit Coquastras, le procès prend en effet des proportions qui m'effraient moi-même, mais enfin, tout espoir n'est pas perdu, et si le projet que j'ai conçu réussit, Georges de Nevers échappera à la condamnation qui l'attend.

— Quel projet? demanda Dehlie en prêtant curieusement l'oreille.

— Vous le saurez bientôt.

— Vous ne voulez donc pas me mettre dans la confidence?

— Je veux, répondit Coquastras, que vous ne conceviez pas des espérances impossibles, et vous réserver toute la joie pour le jour du succès.

Coquastras sourit avec son aplomb ordinaire, s'inclina encore une fois, et se dirigea vers la porte.

— Espérez, madame, dit-il alors d'une voix franche et sonore, espérez... J'ignore si le ciel doit couronner les efforts que je vais tenter, mais l'empereur de Galilée ne négligera rien, soyez-en certaine, pour le succès de ses devoirs!

Cela dit avec emphase, il s'éloigna.

III.

Quelques jours s'étaient passés; Georges était toujours en prison, et rien ne lui faisait concevoir la pensée qu'il dût en sortir bientôt, si ce n'est pour aller au supplice.

Plusieurs fois on l'avait appliqué à la torture, mais il avait supporté toutes ces souffrances avec un héroïque courage. — Quand il rentrait dans son cachot, la fièvre brûlait ses membres, exaltait son imagination, et alors, il formait mille projets insensés.

Il ne savait rien de ce qui se passait au dehors, ni des progrès du procès; il ignorait ce qu'étaient devenus ses amis, Hugues de Péraudo, Geoffroy de Gonneville, Raimbaud de Caron; il ignorait surtout, et c'était là son plus cuisant chagrin, ce qu'était devenue la jeune femme qui avait quitté sa patrie pour le suivre en France.

Malgré l'insuccès de sa première tentative, Georges se remit bientôt à l'œuvre, et travailla à son évasion, avec une ardeur nouvelle.

Cette fois ce n'était plus aux barreaux de sa fenêtre, qu'il s'en prit, il creusa le sol, sous les planches mêmes qui lui servaient de lit.

Il n'avait d'ailleurs aucune connaissance des lieux ; il ne savait pas où le conduirait cette issue souterraine, qu'il allait tenter de se frayer, mais eût-il été certain d'échouer, il aurait encore tenté cette entreprise.

C'était une occupation, un besoin, que dire ; le désespoir l'eût gagné s'il n'avait donné un but à cette fièvre qui le dévorait.

Les choses en étaient là, quand les faits que nous allons raconter se passèrent.

Une nuit, Georges venait de se mettre à l'œuvre avec son ardeur accoutumée : il avait déplacé le lit de camp sur lequel il couchait, et bien que l'obscurité fût profonde, il travaillait sans relâche, et comme si le soleil l'eût éclairé de sa lumière.

Il ne savait pas où le conduirait cette issue qu'il commençait à s'ouvrir dans le sol, mais il s'en préoccupait peu : pour lui, c'était évidemment une tâche qu'il avait cherchée avant tout, et il remettait au seul hasard le succès de son entreprise !

Il y avait déjà une heure qu'il travaillait ainsi, et bien que le froid fût vif et que le vent pénétrât dans son cachot par les fenêtres ouvertes, la sueur mouillait ses cheveux et coulait le long de ses tempes brûlantes.

De temps en temps, par une mesure de prudence bien entendue, il s'arrêtait tout à coup, abandonnait l'œuvre commencée et courait à la porte, pour voir si on ne le surveillait pas. — Mais le silence le plus profond régnait dans les corridors, et l'on n'entendait que le pas monotone et régulier des sentinelles qui allaient et venaient.

Il regagnait alors son poste, reprenait ses outils, et c'était avec une nouvelle fièvre qu'il se remettait à la besogne !

Dans un de ces moments, où l'inquiétude et la crainte d'être découvert le poussaient tout à coup vers la porte pour observer ce qui se passait au dehors, il fit quelques pas vers le corridor et s'arrêta effrayé.

On venait d'introduire une clef dans la serrure, et déjà la porte tournait silencieusement sur les gonds.

Georges se rejeta effaré dans un coin, et attendit !...

Il était perdu ! On allait tout découvrir; il allait être jeté dans les bas fonds de la prison, et surveillé avec une vigilance qui ne lui permettrait même plus de concevoir le moindre espoir !

Dans l'espace d'une minute, il remua tout un monde dans son cœur épouvanté; il songea à Dehlie qu'il ne reverrait plus, à la liberté qu'il allait perdre pour jamais, et un moment sa main frémissante, chercha à sa ceinture une arme qu'elle ne pouvait y trouver.

Avec quelle joie enthousiaste n'eût-il pas risqué sa vie, à cette heure solennelle, où son sort se jouait ! mais il n'avait aucune arme, et d'ailleurs, c'eût été un meurtre inutile.

Cet homme une fois tué, vingt autres lui eussent succédé.

Georges se rejeta donc derrière la porte, et attendit le cœur plein d'angoisses, haletant, éperdu, l'effet qu'allait produire la découverte de sa tentative d'évasion.

Cependant, l'homme qui était entré, referma la porte avec les mêmes précautions qu'il avait prises pour l'ouvrir, et après avoir hésité un instant, pour laisser à son regard le temps de s'habituer à l'obscurité qui régnait dans le cachot, il marcha enfin vers l'endroit où devait se trouver le lit de Georges.

Arrivé là, il s'arrêta.

— Ah ! ah ! s'écria-t-il en se baissant vers le sol, comme pour examiner l'état des lieux, il paraît que ce n'est pas l'intention qui manque !...

Pendant qu'il parlait ainsi, Georges se disait qu'avec la moindre épée, il eût été facile d'avoir raison de cet homme ; que le trou qu'il avait creusé, pouvait servir à le faire disparaître; qu'en recouvrant de terre son cadavre, nul ne songerait à l'y venir chercher; qu'enfin avec un peu d'audace, rien ne serait aussi facile que de saisir sa clef et de s'enfuir...

Mais il n'avait pas d'arme, et d'ailleurs, il eût hésité à commettre un semblable crime !

Le nouvel arrivé s'était relevé, et promenait maintenant son regard dans tous les coins du cachot.

Ce ne fut qu'après quelques instants, qu'il finit par découvrir celui qu'il cherchait.

— Bon ! dit-il d'une voix basse, mais où l'on devinait un certain enjouement, est-ce que le sire chevalier aurait peur de moi ?

— Je n'ai peur de personne, répondit Georges, en faisant quelques pas vers lui.

— Et moins encore de vos amis, je l'espère, que de vos ennemis.

— Qui donc êtes-vous ?

— Vous ne devinez pas?

— Ce cachot est si obscur.

— A-t-on besoin de voir ses amis pour les reconnaître?

— Coquastras! s'écria Georges avec joie, et en saisissant les mains du jeune homme.

— Empereur du haut et souverain empire de Galilée, pour le moment déguisé sous les habits de guichetier, et sous le nom de Bertrand.

— Mais que signifie ce mystère? demanda Georges étonné.

— Ah ! il n'est pas toujours facile de faire le bien, sire chevalier, repliqua l'empereur Coquastras, et si je n'avais pas promis à certaine jeune femme de vous rendre à la liberté.

— Dehlie!... interrompit Georges.

— Elle-même.

— Vous l'avez vue !

— Il y a quelques heures.

— Ah ! mon ami, parlez-moi d'elle !... dites-moi ce qu'elle fait, ce qu'elle pense, et comment elle a supporté les douleurs de cette cruelle séparation.

Coquastras dégagea ses mains de l'étreinte du jeune chevalier, et alla s'asseoir sur le bord du lit.

— Pardon, bien humblement, dit-il alors, pardon, sire chevalier, mais ce sont là des choses dont nous pourrons parler plus tard, et quand nous aurons réglé les affaires graves pour lesquelles je me trouve dans ces lieux.

— Quelles affaires ? fit Georges.

Vous allez le savoir ; et d'abord répondez-moi, et sans ambiguité; voulez-vous vous évader?

— Vous voyez que je ne vous avais pas attendu pour concevoir ce désir, repartit Georges, en montrant le commencement de son travail.

— En effet, poursuivit Coquastras, et c'est bien naturel; à votre place il me semble que j'en aurais fait au moins autant ; mais je regrette de vous dire que tout cela ne vous mènera à rien.

— En vérité !... dit Georges avec chagrin.

— En vérité... et même vous voudrez bien, s'il vous plaît, remettre tout cela dans l'état où vous l'avez trouvé.

— Cependant... voulut objecter Georges.

— Cependant, sire chevalier, si vous ne le faites pas, il est probable que demain, ou dans quelques jours, vous serez découvert;

que vous serez, par conséquent, jeté dans un cachot spécial, où vous ferez bien de renoncer au monde et à Dehlie.

— Dehlie! répéta Georges.

— Voilà donc qui est entendu, et ce n'est pas le moins important... Une fois cette opération terminée, vous attendrez avec patience, et, quand je reviendrai, je vous dirai ce que vous aurez à faire.

— Vous reviendrez donc? demanda Georges.

— Le plus tôt que je pourrai.

— Je crois en vous et je vous attendrai.

— Un mot encore cependant, ajouta Coquastras, qui s'était dirigé vers la porte; êtes-vous bien décidé à tout pour vous évader?

— Vous le demandez!...

— Je le demande, parce qu'il peut se présenter certains cas graves, et que je tiens à savoir si vous aurez le courage d'aller jusqu'au bout!

— Expliquez-vous!

— Dans quelques jours, quand je viendrai vous prendre, je vous remettrai un poignard; n'hésiterez-vous pas s'il faut en frapper une sentinelle, peut-être innocente?

Georges ne répondit pas et tressaillit.

— Vous ne répondez pas! fit Coquastras. Vous hésitez!... Aimez-vous mieux mourir dans ce cachot, sans rien tenter pour en sortir?

Georges gardait toujours le silence.

Pour la troisième fois, Coquastras prononça le nom de Dehlie.

Georges dit :

— Pour Dehlie, je ferai tout!

— S'il fallait frapper?...

— Eh bien! je frapperais!

Coquastras se leva sur ces mots, prit la main du chevalier :

— A bientôt donc, dit il alors, en introduisant doucement la clef dans la serrure, et, d'ici là, songez, pour prendre patience, que vos bourreaux préparent votre mort, et que votre fiancée vous attend.

Il partit, laissant Georges en proie à mille répugnances, à mille hésitations.

Cependant, dès le lendemain, il suivit, avec résignation, les recommandations de Coquastras, remit toutes les choses dans l'état où elles étaient, et attendit avec impatience le jour où Coquastras devait revenir.

Ce fut long, du moins au gré de ses désirs. Il craignait toujours que quelqu'obstacle imprévu ne vînt déranger leurs plans; il craignait surtout que de nouvelles tortures le missent dans l'impossibilité de profiter du secours qui lui serait apporté.

A quelques nuits de là, Georges était assis pensif, inquiet, l'oreille ouverte sur le bord de son lit. Depuis quelque temps, il ne prenait de repos que dans le jour pour pouvoir se trouver plus dispos au moment probable où se présenterait Coquastras.

Quand venait la nuit, il s'asseyait ainsi dans quelque coin de son cachot, et là, sourdement agité, il écoutait, avec une anxiété poignante, tous les bruits qui venaient du dehors.

Jusqu'alors, le plus profond silence avait régné autour de lui, et déjà il commençait à concevoir des soupçons sur la sincérité de Coquastras. Il lui semblait qu'il était bien lent à tenir ses promesses, et doutait de sa volonté ou de son courage.

En ce moment, il entendit quelques coups qui retentissaient sourdement contre la muraille du cachot voisin du sien.

Il se releva et écouta.

C'était un prisonnier sans doute, mais un prisonnier plus résolu que lui; un malheureux qui avait vraisemblablement passé de longues années dans cette terrible forteresse; peut-être un Templier dont les tortures avaient exalté le courage, et qui tentait de fuir de nouveaux supplices.

Georges était violemment ému : chaque coup qui résonnait contre la muraille éveillait un écho dans son cœur ; et il faisait des vœux ardents pour que nul que lui n'entendît ce bruit.

Il se demandait quel était cet homme assez insensé pour tenter une fuite pour ainsi dire impossible, et il se disait que d'un moment à l'autre il allait être entendu, surpris, jeté dans les souterrains de la prison.

Il comprenait combien Coquastras avait eu raison de le dissuader de continuer son entreprise, car il était évident que d'un moment à l'autre, son malheureux voisin allait être découvert, et qu'il serait perdu à jamais !...

En ce moment, son attention fut tout à coup détournée, et il frissonna dans tout son corps.

La porte de son cachot venait de s'ouvrir lentement, et Coquastras entra.

Georges réprima un cri de joie, et courut à lui.

— Vous m'attendiez, à ce que je vois, fit Coquastras d'un ton de bonne humeur qui sembla d'excellent augure à Georges ; je vous en félicite, car nous n'avons pas trop de temps à perdre.

— Nous allons donc sortir d'ici ?

— A l'instant même.

— Mais on me reconnaîtra ?

Coquastras déroula aussitôt un paquet qu'il portait sous son bras, et présentant les objets qu'il renfermait à Georges :

— Voici de quoi vous déguiser, sire chevalier, répondit-il.

— Qu'est-ce que cela ?

— Un vêtement complet de guichetier.

— Mais, en acceptant votre offre généreuse, je vous expose à la colère de mes ennemis.

V.   29

— Vraisemblablement.

— C'est la mort peut-être pour vous, si nous sommes découverts.

— A n'en pas douter !

— N'y a-t-il donc aucun moyen d'empêcher que cela n'arrive?

— Il y en a un !

— Lequel?

— C'est de faire notre possible pour ne pas être découverts !

Et pendant que le jeune chevalier s'affublait à la hâte des vêtements qu'on venait de lui apporter :

— Voyez-vous, ajouta l'empereur Coquastras avec une certaine complaisance, j'occupe près des légistes qui entourent le roi une position qui a pu seule me permettre de jouer le rôle que je joue; ils ont pleine confiance en moi, parce que j'ai toujours eu l'air de les servir avec dévouement, et, dans ce moment, je pourrais faire évader cinquante Templiers, si l'envie m'en prenait.

— Il paraît, objecta Georges, qu'il y a certains habitants de cette sombre demeure qui n'attendent pas votre concours pour tenter de s'en évader. Avant votre arrivée, j'entendais quelque bruit contre cette muraille.

— Je sais ce que vous voulez dire.

— Connaîtriez-vous ce malheureux?

— Beaucoup !

— Un Templier, sans doute !

— Non, mais un de leurs valets.

— Que dites-vous?

— Il paraît qu'il s'ennuie.

— Mais son nom ! son nom ! dit Georges avec insistance.

— Il s'appelle Bourguignon !

— Georges s'arrêta, en poussant un cri!...

— Bourguignon, répéta t-il, est-ce possible!

— C'est comme je vous le dis...

— Le malheureux est perdu !...

— Peut-être bien.

— Et il n'y a aucuns moyens de lui venir en aide?

Coquastras ne répondit pas, mais il aida le jeune chevalier à achever sa toilette.

— Allons, allons, Georges de Nevers, dit-il enfin, ne nous laissons pas attendrir inutilement par le sort des autres; chacun pour soi dans ce moment, et Dieu pour tous! sauvez-vous d'abord, et nous verrons après ce qu'il est possible de faire pour Bourguignon.

Georges restait cloué à sa place.

— Quand vous serez libre, reprit Coquastras avec impatience, — vous pourrez travailler pour lui.

Ceci détermina Georges, qui n'hésita plus.

Il était affublé de son nouveau costume, Coquastras lui dit de le suivre, et ils partirent.

Une joie indicible s'empara du cœur de Georges, quand il passa le seuil de son cachot, pour entrer dans le corridor : il lui semblait qu'il était libre déjà, que tout danger avait fui, que les rudes épreuves auxquelles il avait été condamné jusqu'à ce jour étaient finies, et qu'une ère de bonheur allait immédiatement s'ouvrir pour lui?

Etre libre! respirer à pleine poitrine, voir le ciel, marcher sans être suivi, ni observé!...

Georges allait rapidement, et s'il n'avait écouté que son cœur, il aurait devancé Coquastras — mais ce dernier n'oubliait aucune des sévères conditions que la prudence lui imposait, et il ne marchait qu'à pas lents et comptés!

Ils passèrent ainsi successivement devant chaque sentinelle, Coquastras parla à toutes, sans émotion, et il arriva de la sorte à la dernière porte de la dernière cour.

Avant d'atteindre cette suprême issue, il s'arrêta et se tourna brusquement vers Georges.

— Sire chevalier, dit-il alors à voix basse, c'est ici le moment le plus difficile de notre voyage; prenez mon bras, que vos jambes chancellent, que votre corps s'appuie sur le mien, et faites que l'on vous prenne pour un homme complètement ivre.

Georges suivit scrupuleusement les prescriptions de son compagnon, et quelques secondes après, ils passaient tous les deux, devant les sentinelles qui ne purent s'empêcher de rire et de les railler.

Une fois dans la rue, Georges demanda à Coquastras l'explication de cette comédie, et Coquastras répondit :

— Depuis quatre jours, je la joue tous les soirs, j'ai fait entrer dans la prison, comme guichetier, un homme dont je connaissais parfaitement les habitudes et les goûts : chaque soir, je l'ai fait ainsi sortir de la prison, maugréant contre cette obligation qui m'était imposée — aujourd'hui, vous avez remplacé mon protégé!...

Georges serra les mains de Coquastras avec effusion, et ils pressèrent le pas pour rejoindre Dehlie qui les attendait.

- IV.

Georges et Dehlie avaient fui, mais ils n'étaient point accompagnés de Bourguignon.

Et si le lecteur s'étonne de voir un héros de roman abandonner ainsi son fidèle valet dans l'embarras, nous ferons observer que ce héros de roman, Clameçon de naissance, avait deviné peut-être le fameux dicton de sa ville natale.

Chacun chez soi, chacun pour soi!

C'est à Clamecy en effet que cette sublime sentence a vu le jour.

Le pauvre Bourguignon n'était pas à la fête!

ÉVASION DE GEORGES.

Malgré toute la bonne volonté de Coquastras, l'évasion du jeune chevalier ayant donné l'éveil à ses juges, la surveillance était devenue plus active, et il avait été impossible de tenter la moindre entreprise dont le but eût été de rendre l'honnête valet à la liberté.

Bourguignon avait dû lui-même renoncer momentanément à tout espoir à ce sujet, et il avait abandonné ses projets de fuite, comptant bien, cependant, les reprendre plus tard, c'est-à-dire, dès que l'on se serait relâché de la surveillance que l'on exerçait.

Les deux amants avait gagné la frontière à toute vitesse, et ils avaient été assez heureux pour arriver à Calais; un bateau les conduisit en Angleterre, et là, du moins, ils furent à l'abri du danger qui les avaient menacés.

Ils ne pouvaient croire à leur bonheur; Dehlie qui avait pleuré si souvent l'absence de Georges, qui l'avait cru perdu à tout jamais, était ivre de joie.

Elle ne se souvenait plus d'avoir souffert, et remerciait Dieu, avec effusion, d'avoir éloigné tous ces malheurs, d'avoir béni son existence, et de lui permettre de vivre heureuse, sous le regard confiant de son amant.

Cependant la procédure entamée contre les chevaliers du Temple, avançait sur tous les points du royaume, et de toutes parts, les légistes déployaient une habileté, une activité, une cruauté dignes de la mission qu'ils accomplissaient, et de l'éternel venin qui coule dans leurs veines depuis le commencement du monde.

Quelquefois cependant, ils éprouvaient de singuliers désappointements.

Ce sont les commissaires eux-mêmes qui racontent ce qui s'est passé, et voici ce qu'ils disent.

« Nous l'invitames (un chevalier du Temple) à dire la vérité et à sauver son âme, plutôt que de s'en tenir à ses aveux, s'ils n'étaient pas sincères; nous l'assurames qu'il ne courait aucun risque de dire

enfin la vérité, parce que ni nous ni les notaires présents ne révéle-
rions, en aucune manière, sa déposition.

« Après quelque intervalle, il répondit.

« Je déclare donc au péril de mon âme, et sous le serment que
j'ai prêté, que dans ma réception, je n'ai ni renié Dieu, ni craché sur
la croix, ni commis les indécences dont on nous accuse, que je
n'en ai point été requis. Il est vrai que j'ai fait des aveux devant
les inquisiteurs, mais par crainte de la mort, et parce que Gilles de
Rotange m'avait dit en pleurant, ainsi qu'à plusieurs autres, qui
étaient avec moi dans la prison de Montreuil, que nous payerions de
notre vie, si nous ne concourions par nos aveux à la destruction de
l'ordre.

« Je cédai ; et ensuite je voulus me confesser à l'évêque d'Amiens ;
il m'adressa à un frère mineur, je m'accusai de ce mensonge et j'en
obtins l'absolution, à condition que je ne ferais plus de fausse déposition dans cette affaire.

« Je vous dis donc la vérité : je persiste à l'attester devant vous,
quoiqu'il puisse m'en arriver ; je préfère mon âme à mon corps. »

Mais un témoignage bien plus important allait être donné à l'ordre
par les évêques eux-mêmes.

En effet, pendant que ces faits se passaient à Paris, un concile
œcuménique, réuni à Vienne, absolvait en partie les malheureuses
victimes !

Les vénérables prélats avaient été scandalisés de l'espèce de déni
de justice que l'on opposait aux Templiers. Un de ces évêques, dit
M. Raynouard, s'était levé tout à coup au milieu de l'auguste
assemblée, et il s'était écrié d'une voix touchante et grave :

« Réunis en concile œcuménique, nous formons une assemblée
de laquelle la chrétienté attend la justice et l'édification, l'Église une
gloire nouvelle et les âges futurs un grand exemple. Nous avons à
prononcer sur le sort d'un ordre religieux, fameux et puissant en

deçà et au delà des mers, dont l'illustration, les services et les richesses ont sans doute excité l'envie, et qui, par un malheur inséparable de la condition humaine, peut avoir été entraîné à de grands abus, parce qu'il avait un grand pouvoir.

« Vous connaissez les chefs d'accusation, on vous a lu les informations faites contre les particuliers et contre l'ordre. Déjà des condamnations nombreuses, précipitées et terribles ont propagé dans l'esprit des peuples une grande prévention, mais j'ose le dire, plus l'infortune et les préjugés pèsent sur l'ordre et les chevaliers, plus je regarde comme un devoir de ne pas prononcer sur leur sort définitif, sans avoir entendu les défensenrs qui se présentent pour la justification de l'ordre. Le droit naturel, la loi civile et religieuse, les maximes de tous les temps, de tous les lieux, consacrent ce privilége de l'accusé.

« Mais ces chevaliers ont-ils besoin de l'invoquer ? Une promesse solennelle faite par le saint-père, en présence et au nom de toute la chrétienté, a pris à témoin Dieu et les hommes, et a déclaré que ce dernier refuge des opprimés ne leur manquerait pas. C'est dans l'espérance que votre jugement définitif les vengerait des fers, des tortures et des bûchers qu'ils ont persisté, jusqu'à la mort, à soutenir l'innocence de l'ordre. Accablés, opprimés en tous lieux, vous seuls vous leur restiez sur la terre, et Dieu dans le ciel.

« Ils ont souffert et ils sont morts. Je propose qu'on détache les fers dont on a chargé si indignement les neuf chevaliers et qu'on les entende. Je dis même plus : le grand maître, qu'on semble avoir condamné au malheur, au tourment de survivre à ses braves chevaliers, je le cherche parmi nous : je le demande, sinon comme membre de ce concile, ainsi que ces chefs d'ordre que je vois à mes côtés [1], du moins comme ayant, dans cette grande affaire, à défendre

---

[1] Il y avait au concile, le grand maître de l'ordre de Saint-Jacques, le commandeur de l'ordre de Calatrava, etc.

l'intérêt général de son ordre, et l'intérêt personnel de sa vie et de son honneur. »

Le vénérable évêque parlait avec une chaleur, une conviction qui émut profondément l'assemblée ; mais nul n'osait élever la voix, on craignait Philippe le Bel, on craignait le pape lui-même dont toute la conduite dans cette affaire avait été hésitante.

L'évêque comprit tout, et il ajouta d'une voix frémissante :

« Pensons à l'avenir !... Les chrétiens qui savent défendre la religion et mourir en combattant pour elle, ne sont plus en assez grand nombre, pour que vous ne deviez craindre de le réduire encore. Réformez l'ordre des Templiers, s'il le faut, mais ne le détruisez pas ! Je désire me tromper dans mes conjectures, mais il me semble qu'une fermentation sourde agite les esprits. Ces sectes que le dernier siècle a vu s'élever, et qu'on a eu tant de peine à détruire ; l'affaire même qui nous rassemble, où l'on a la maladresse de présenter comme des impies à des hérétiques, tant de braves chevaliers qui, en tous temps et en tous lieux, ont passé pour les champions de la foi, les soldats de la religion ; cette grande lutte que nous avons vue de nos jours, entre l'autorité royale et le pouvoir pontifical, bien d'autres motifs, que je ne puis ni ne dois divulguer ici, m'autorisent à présumer que tôt ou tard, des sectes nouvelles s'élèveront contre notre saint culte, soumettront au doute et à l'examen l'autorité de la foi, la vérité des dogmes, les lettres du pontificat. Tant que nous n'aurons à combattre que des opinions et des erreurs, nous pourrons sans doute avec les armes spirituelles suffire à la victoire, mais si Dieu permet que les dissidents ou les incrédules tentent de renverser le temple matériel, de détruire le marbre périssable de nos autels, qui combattra pour les défendre et les sauver? Sera-ce nous, pontifes, qui ne savons, qui ne pouvons que lever les mains au ciel, pendant que les Israélites ensanglantent le glaive de la victoire... Réfléchissez, pensez, avant de vous priver de cette milice catholique qui, répandue dans toute l'Europe, dévouée au pontife et au pontificat, trouve à la fois la fortune, la gloire et le bonheur à faire cause commune avec nos saints autels; qui, éprouvée par de longs combats au dehors, saura garantir à l'Église la paix au dedans. Oui, j'en atteste la cause de Dieu même! ici la politique humaine s'unit au sentiment de la justice et de la vertu pour protéger les droits, les titres, et les malheurs des chevaliers opprimés ! »

Cette harangue fut accueillie par les bravos unanimes de l'assemblée, et nul doute qu'il ne fût sorti de cette réunion de courageux prélats, une décision éclatante qui eût mis Philippe le Bel dans l'obligation de briser les fers des malheureuses victimes.

Mais Nogaret et Plusian étaient à Vienne, ils virent quel coup cette sympathie ouverte et franche du concile pour l'ordre condamné, allait porter à leur politique.

Ils entourèrent Clément V, l'effrayèrent de mille fantômes, lui rappelèrent les promesses imprudentes qu'il avait faites au roi, et pendant que les saints prélats délibéraient, le pape termina brusquement la session, et remit la nouvelle convocation qui devait être faite à une époque éloignée.

Toutes ces tergiversations devaient aboutir en dernier lieu à une abolition définitive de l'ordre qui fut enfin prononcée dans une seconde session du même concile, à laquelle assistaient le roi de France, et ses trois fils.

Dès que la bulle d'abolition fut obtenue, les légistes n'en demandèrent pas davantage, et s'enfuirent en toute hâte vers Paris, où la plus illustre de leurs victimes était encore enfermée !

Il y avait six années déjà que le malheureux Jacques Molai, grand maître de l'ordre, gémissait dans les prisons de l'État.

Languissant dans les fers, manquant du nécessaire, privé des secours et des bienfaits de la religion, il était resté séparé de ses chevaliers : on avait refusé sa présence à leurs demandes réitérées.

On l'avait conduit devant le pape, qui était à Poitiers, puis on avait pris le parti de le faire ramener dans les prisons de Paris.

Fort de son innocence, il avait demandé vainement à être admis à se défendre devant le pape lui-même; les légistes l'avaient impitoyablement repoussé.

Alors l'énergie qui l'avait d'abord abandonné plus d'une fois dans le cours de cette longue et douloureuse captivité, lui revint tout à coup, et un jour, qu'on l'avait fait comparaître devant ses juges, il prit audacieusement à témoins tous les spectateurs :

« — Il est bien juste, dit-il tout à coup d'une voix ferme, et en paraissant défier ses bourreaux, il est bien juste que, dans un si terrible jour et dans les derniers moments de ma vie, je découvre toute l'iniquité du mensonge, et que je fasse triompher la vérité :

« Je déclare donc à la face du ciel et de la terre, et j'avoue, quoiqu'à ma honte éternelle, que j'ai commis le plus grand des crimes, mais ce n'est qu'en convenant de ceux qu'on impute avec tant de noirceur à notre ordre; j'atteste, et la vérité m'oblige d'attester, qu'il est innocent. Je n'ai même fait la déclaration contraire que pour suspendre les douleurs excessives de la torture, et pour fléchir ceux qui me les faisaient souffrir.

« Je sais tous les supplices qu'on a infligés aux chevaliers qui ont eu le courage de révoquer une pareille confession, mais l'affreux spectacle qu'on me présente n'est pas capable de me faire confirmer un premier mensonge par un second : «A une condition si infâme, je renonce de bon cœur à la vie! »

Cette déclaration, faite d'un ton solennel, émut l'assemblée et irrita les juges.

La nouvelle en fut portée aussitôt au roi; le conseil s'assembla à l'instant; et sans réformer la sentence des commissaires du pape, sans faire prononcer un autre tribunal ecclésiastique, ce conseil condamna lui-même le grand maître aux flammes!...

Une fois la sentence rendue, on comprend de quelle importance il y avait à ce qu'elle fût promptement exécutée.

Dès le soir même, l'affaire fut réglée. Et c'est l'*île aux Juifs*, *à la Gourdaine*, que l'on choisit pour le lieu du supplice.

Cette île a porté différents noms : il est difficile de lui assigner tous ceux qu'elle a reçus sans craindre de les confondre avec les noms d'une île voisine pareillement inhabitée, et à laquelle, lors de la construction du Pont-Neuf, elle a été réunie.

L'*île aux Juifs* avoisinait le jardin du palais, et le couvent ou le quai des Augustins.

Le soir, un bûcher fut dressé dans cette île.

Tout le peuple fut convoqué pour la cérémonie que l'on préparait, et une foule immense se trouva au rendez-vous.

Ce dut être un terrible spectacle.

La Seine, privée de ses quais, occupait alors une largeur imposante.

A droite, s'élevait le vieux Louvre; à gauche, le couvent des Augustins, et non loin de là la tour de Nesle, que les mélodramaturges épileptiques ont fait servir aux prétendues débauches de tant de fabuleuses princesses.

Le peuple se pressait à l'envi sur les deux rives.

De toutes parts la Seine était sillonnée de barques nombreuses, et à chaque instant s'élevaient, de toute cette foule, de sourdes rumeurs qui montaient, les unes, vers Philippe le Bel, les autres, vers le pape, celles-ci, vers les commissaires ecclésiastiques, celles-là, vers Jacques Molai lui-même.

Quand l'infortuné vieillard parut, un silence de mort se fit de tous côtés.

La barque qui l'entraînait vers le bûcher marchait lentement; elle était remplie d'hommes d'armes, et c'est à peine si, au milieu de tous ces hommes qui la surchargeaient, on pouvait distinguer de

temps à autre la robe blanche du grand maître que l'on conduisait au supplice, ainsi que Guy d'Aquitaine, son compagnon.

Chacun attendait avec une impatience frémissante ce qui allait se
passer.

Bientôt la barque atteignit les bords de l'île, et Jacques Molai et
Guy d'Aquitaine mirent pied à terre.

Le peuple les vit alors s'agenouiller et prier. Puis, les bourreaux
s'approchèrent, et, bientôt après, une colonne de fumée s'éleva dans
l'air, et déroba à tous le spectacle déchirant des tortures des malheureuses victimes!

On dit que le peuple ne put assister sans une grande émotion à
cette scène lugubre, à l'horreur de laquelle les premières ombres de
la nuit semblaient encore ajouter. Pendant la nuit, on vit, dit-on,
des barques mystérieuses glisser sur la Seine, et deux hommes abor-
dèrent dans l'île pour y recueillir, comme de pieuses reliques, les
cendres des deux derniers Templiers!...

L'un était un vieillard à cheveux blancs; l'autre conservait la force
de l'âge.

Le vieillard avait nom Bourguignon; l'autre s'appelait Coquastras.

CHAPITRE IX.

I.

Le 13 novembre de l'année 1364, deux cavaliers, montés sur deux des plus beaux chevaux de l'Espagne, s'avançaient au pas régulier de leur monture sur la route qui mène à travers la campagne, de Burgos au château des comtes portugais de Vasconcellos.

Il régnait un froid vif; le vent soufflait avec violence, et faisait tourbillonner de toutes parts la neige fine et fraîche qui était tombée dans la journée sur le chemin, et la lune qui montait au firmament ne jetait que quelques pâles rayons sur le tableau nu et désolé qu'offrait en ce moment la plaine.

L'un de ces deux cavaliers avait vingt-cinq ans à peine, l'autre en comptait plus de cinquante : le plus jeune s'appelait Henri de Vasconcellos et Souza, le plus âgé portait le nom retentissant d'Hector de Joyeuse-Garde.

Quelques mots suffiront à faire connaître ces deux personnages à nos lecteurs.

Henri sortait comme nous le disions, de la première jeunesse, c'était le dernier rejeton de l'illustre famille portugaise des Vasconcellos et Souza, venue en Espagne par suite de son alliance avec les Guzman, et quoique bien novice, il avait compris toute l'importance de la mission qu'il avait à accomplir. Il avait perdu sa mère, quand il était encore enfant; il y avait à peine deux années, qu'il avait accompagné son père à sa suprême demeure. Le jeune comte s'était trouvé seul, au milieu des graves complications dans lesquelles l'Espagne était alors plongée, n'ayant pas un ami qui pût le conseiller, ne pouvant puiser que dans son cœur, ou sa raison, le courage et la force de supporter dignement le malheur qui le frappait.

Du vivant de son père, Henri avait été fiancé, tout jeune encore, à une des plus riches et des plus charmantes héritières du pays de Guyenne, mais les malheurs qui étaient survenus, d'une part, et de l'autre, les guerres continuelles qui agitaient profondément la Castille, l'avaient détourné de cet hymen, et malgré la douce sympathie qu'il avait ressentie pour la jeune fille qu'on lui destinait, il s'était vu contraint de demeurer à Burgos, ou dans la forteresse redoutable qu'il occupait à quelques lieues de là.

Quant à son compagnon, Hector de Joyeuse-Garde, c'était le type le plus complet du routier de cette époque.

Il était grand, robuste, large des épaules et de la poitrine, et portait à toute heure, et dans toute circonstance, un vêtement original qui avait été taillé dans une peau de buffle.

Hector de Joyeuse-Garde avait fait presque tous les métiers qui exigent de la force, de l'audace, de la ruse, et jamais, dans les positions difficiles où il s'était trouvé, il n'avait perdu ce fonds de belle humeur, qui éclatait incessamment sur son visage et dans toute sa personne!

Il allait et venait, à pied ou à cheval, tirait son épée ou la remettait au fourreau, avec la même gaieté et la même insouciance : il avait ainsi vécu sans vieillir, par le vent et la pluie, ne connaissant d'autres demeures que les grands chemins, n'ayant le plus souvent pour tente, que le dôme du ciel, mangeant ce qu'il trouvait ou ce qu'il prenait, et saisissant avec l'empressement le plus chevaleresque, les occasions qui se présentaient de pourfendre ses semblables.

Hector de Joyeuse-Garde avait d'abord servi dans les compagnies anglaises de la Guyenne, il avait passé de là en France, puis en Italie, en Palestine, puis enfin, il était venu chercher du service auprès de Don Pèdre *le cruel!*...

Tous les rois de l'Espagne méritaient alors ce surnom, dit M. Michelet qui, cette fois par hasard, rencontre juste.

En Navarre, régnait Charles le Mauvais, le meurtrier, l'empoisonneur.

En Portugal, Don Pèdre le justicier, celui qui fit une si atroce justice de la mort d'Inès de Castro.

En Aragon, Don Pèdre le cérémonieux qui, sans forme de procès, fit pendre par les pieds un légat chargé de l'excommunier.

De même, Don Pèdre le Cruel avait fait brûler vif un moine qui lui prédisait que son frère le tuerait. Il faut voir dans la chronique d'Ayala, ce qu'était l'Espagne, depuis qu'ayant moins à craindre les Maures, elle cédait à leur influence, devenait moresque, juive, tout, plutôt que chrétienne. Les guerres sans quartier contre les mécréants avaient rendu les mœurs féroces ; elles le devenaient encore plus sous la dure fiscalité juive.

Pierre le Cruel était une espèce de fou furieux. Les deux éléments discordants de l'Espagne se combattaient en lui et en faisaient un monstre. Il se piquait de chevalerie, comme tout castillan, et en même temps, il ne régnait que par les juifs, il ne se fiait qu'à eux et aux sarrasins.

On le disait fils d'une juive, sinon d'une louve.

Sans cette particularité, les communes lui auraient su gré de sa cruauté à l'égard des nobles.

Cet homme sanguinaire aimait pourtant; il aimait avec passion.

Il avait pour maîtresse, la Dona Maria de Padilla. « Petite, jolie et spirituelle, » dit le contemporain. Pour lui plaire il enferma sa femme Blanche, belle sœur de Charles V, et finit par l'empoisonner.

C'était ainsi qu'on plaisait à la Dona Maria.

Il avait déjà fait périr je ne sais combien des sœurs qu'il avait. Son frère D. Enrique de Transtamare ou mieux de Trastamara, qui avait tout à craindre, se sauva, et alla solliciter le roi de France de venger sa belle-sœur.

Telle était la situation de l'Espagne.

Les nobles que le roi décimait chaque jour en Castille ne savaient quel parti prendre; on s'attendait à voir bientôt revenir Enrique de Transtamare, mais, malgré le mécontentement universellement répandu, malgré la haine profonde, implacable, que les castillans portaient à leur roi, bien peu cependant osaient se déclarer ouvertement contre lui, et prendre parti pour Enrique, avant de connaître les démarches de ce dernier.

Les choses en étaient là, quand cette histoire commence.

Henri de Vasconcellos et Hector de Joyeuse-Garde avançaient péniblement, et soit que le mauvais temps les eût rendus taciturnes, soit que de sombres préoccupations fussent venues momentanément les distraire l'un et l'autre, depuis leur sortie de Burgos, c'est à peine s'ils avaient échangé quelques paroles.

Cependant cette taciturnité de son compagnon ne plaisait que médiocrement à Hector de Joyeuse-Garde, et comme le vent soufflait toujours aussi âpre, que les tourbillons de neige leur fouettaient le visage, il ramena les plis flottants de son manteau, et enfonça davantage son chapeau sur ses yeux.

— Diable de temps, dit-il en se tournant vers le jeune Henri de Vasconcellos comme pour l'inviter à la conversation, m'est avis, mon jeune seigneur, que vous avez laissé votre langue à Burgos, ou que le froid l'a glacée dans votre poche !

Henri secoua la tête à ces paroles, comme un homme réveillé en sursaut; quand il aperçut Hector de Joyeuse-Garde à ses côtés, il sourit :

— Vous êtes toujours le même, maître Hector lui répondit-il, vous passez, vous, à travers la vie comme un spectateur indifférent; rien ne vous attire, ni ne vous repousse ; rien ne vous charme, rien ne vous attriste; et depuis que je vous connais, je vous ai vu rire de tout, sans jamais vous prendre d'admiration, d'enthousiasme, ou de pitié pour quoi que ce soit.

— Eh que voulez-vous donc que l'on aime ici bas? répliqua Hector de Joyeuse-Garde. Les hommes? ils sont tous vains, poltrons, vanteurs, ou fourbes. Les femmes? elles sont toutes frivoles, fausses, sottes ou méchantes; la vie n'a qu'une face, et elle est laide ; pourquoi s'y attacher? Je n'aime et n'admire qu'une chose, mon jeune ami, et c'est vous.

— Moi! s'écria Henri étonné.

— Vous mêmes, entendez-le bien; vous êtes jeune, votre cœur est naïf, votre esprit enthousiaste, vous voyez la vie à travers un prisme; vous êtes généreux, plein de courage, de vertu, de noblesse! à votre âge, ce sont des qualités qu'il faut louer, car bien peu les ont! — Dans dix ans, tout cela sera changé, je le sais; vous deviendrez comme tout le monde, défiant, soupçonneux, jaloux; les nécessités mêmes de la vie vous jetteront dans cette voie, et vous y marcherez sans vous douter du changement qui se sera opéré en vous... Tenez, mon cher seigneur, j'ai vu cela de bonne heure, moi qui vous parle; j'ai connu bien des hommes, j'ai été aimé par bien des femmes; ce qui a fait ma force, ce qui a conservé mon cœur jeune, mon esprit libre et vif, c'est précisément l'insouciance que j'ai apportée dans chacune de mes actions; faites comme moi, et vous obtiendrez le même résultat!

— Et si je ne le puis... fit Henri.

— Comment! déjà là, murmura le routier.

— Ah! vous ne comprenez point cela, Hector, poursuivit le jeune homme, d'un ton de douloureuse desespérance, moi j'ai été rudement éprouvé dans le cours de ma vie;. chaque jour a eu sa douleur, son doute, son désespoir!... mon esprit est toujours inquiet, soit qu'il se reporte vers le passé, soit qu'il aille à l'avenir; depuis que je suis seul au monde, j'ai eu mille inquiétudes, mille troubles, et dans ce moment même, vous ne sauriez croire quelles sensations j'éprouve au moment de pénétrer dans le château de mon père!...

— Auriez-vous regret de ce que vous avez fait?

— Nullement.

— Craindriez-vous l'entreprise dans laquelle vous vous êtes engagé.

— En aucune façon!

— Qu'est-ce donc alors?

— Eh! le sais-je moi même, mon vieux routier, s'écria Henri de Vasconcellos, certes, je n'ai aucun regret d'avoir donné, ce soir, rendez-vous à tous nos amis au château vers lequel nous allons; je poursuivrai notre but avec courage, jusqu'au bout, sans crainte que l'hésitation me prenne sur la route!... mais, depuis quelques jours surtout, je ne sais quel suprême dégoût s'est emparé de moi, quelle sourde inquiétude est entrée dans mon cœur, et pourquoi, je tremble, pourquoi j'ai peur, pourquoi enfin, quand ce soir je suis parti de Burgos, il m'a semblé qu'on m'enlevait toute mon ardeur, qu'un voile sombre descendait sur ma pensée, et qu'un affreux déchirement se faisait dans mon cœur!...

Pendant que le jeune comte parlait, Hector de Joyeuse-Garde le regardait du coin de l'œil : quand il eut fini, il secoua la tête d'un air mécontent.

— Tristes symptômes, dit-il bientôt, tristes symptômes.

— Que dites-vous? demanda Henri.

— Est-ce donc la première fois que vous éprouvez de semblables émotions.

— C'est la première fois.

— Tant pis encore, mon cher comte!... Tristes symptômes, cela peut devenir très-sérieux...

— Expliquez-vous.

— L'amour, mon ami, sans vous tâter le pouls, je reconnais l'amour!

— Vous voulez rire!

— Hélas non!

— Amoureux! moi!

— Et pourquoi donc pas!... n'évite pas la fièvre qui veut!

— Ne suis-je donc pas engagé? n'a-t-on pas ma parole? puis-je songer à une autre femme que Berthe!...

Hector haussa les épaules, et se mit à fouetter son manteau que la neige couvrait, du bout flexible du fourreau de son épée.

— Bah! dit-il avec insouciance et en souriant finement, voyons, mon petit comte.., dites-moi bien vite le nom de la beauté mystérieuse et charmante, qui jette ainsi le trouble dans votre cœur ; je jure Dieu que demain j'irai à Burgos, et que je saurai vous dire s'il y a lieu d'espérer quelque bon dénoûment; mais d'ici là, mort-diable, voyons que la gaieté revienne sur votre front, dans vos yeux; que le sourire renaisse sur vos lèvres, et soyez encore le compagnon courageux, plein d'audace et de folie aventureuse que j'ai aimé la première fois que je l'ai vu!... Songez que des amis dévoués vous attendent, et que ces amis comptent sur vous! gardez-vous de leur présenter un visage sombre, et qui leur paraîtrait cacher une trahison! Allons!... monseigneur!...

Henri parut soutenir un combat contre lui-même, mais la jeunesse prit enfin le dessus.

—. Au fait, s'écria-t-il, vous avez raison Hector, et je ne sais pourquoi je m'attriste ainsi, malgré moi; c'est une folie.., arrière les folies, parlons de choses sérieuses.

— Il y a donc vraiment une femme sous jeu.

— Je ne sais.

— Comment, vous ne savez!...

— C'est un être mystérieux, comme vous le disiez, invisible, insaisissable, jolie comme un ange, prenant mille formes comme un démon, tantôt ici, tantôt là, à laquelle, enfin, il m'a été impossible de parler, bien que cent fois cependant elle ait cherché, elle ait fait naître elle-même, j'en ai eu la preuve, des occasions de me rapprocher d'elle!

— Et quelle est cette femme?

— Je l'ignore.

— Vous ne savez pas son nom?

— Nul n'a pu me le dire.

— Cependant vous l'avez vue?

— Cent fois.

— Et vous n'avez pu lui parler? Cette femme, devait avoir une duègne, et les duègnes ne sont pas muettes d'ordinaire, et le seraient-elles d'ailleurs, qu'il suffirait de quelques pièces d'or pour leur délier la langue...

— Il y avait une duègne en effet.

— Eh bien !

— Eh bien, je l'ai entretenue plusieurs fois, je sais que l'on m'aime, je sais que l'on est disposé à me voir, à me prouver l'amour que l'on éprouve pour moi, mais voilà tout.

— C'est beaucoup cela, et ce n'est rien... votre bourse n'était donc pas suffisament lourde!

— Au contraire.

— Alors, c'est que vous avez rencontré une chose qu'on ne trouva jamais.

— Quoi donc.

— Une duègne incorruptible, accompagnant une sénora vertucuse!...

Henri essaya un sourire qui vint mourir sur ses lèvres.

— Je ne sais, répondit-il tristement, mais cette femme est belle, et je l'aime ; et comme vous l'avez dit, maître Hector de Joyeuse-Garde, c'est ce sentiment qui m'a si fort changé depuis quelques jours!

— Allons, reprit le routier, allons, mon jeune seigneur, il ne faut pas se laisser abattre ainsi ; songeons d'abord aujourd'hui aux affaires sérieuses, et demain, si vous le voulez bien, je me mettrai en quête de votre belle inconnue !

— Crois-tu réussir mieux que moi qui l'aime.

— Je le jure par mes aïeux que je n'ai pas le plaisir de connaître, Hector de Joyeuse-Garde vous dira demain le nom de la femme que vous aimez !

Ils étaient alors arrivés à un endroit où la route devenait tout à coup montueuse et d'un accès difficile. Une montagne s'élevait à quelque distance, et sur la pointe escarpée de cette montagne, une véritable forteresse.

On appelait cette forteresse le château de Vasconcellos!

Les deux cavaliers poussèrent énergiquement leurs chevaux, et un quart d'heure après environ, ils arrivaient au terme de leur voyage.

II.

Quand ils entrèrent au château de Vasconcellos, des domestiques et des gens d'armes apostés dans les cours d'honneur vinrent les y recevoir; des palefreniers les débarrassèrent de leurs montures, et ils furent conduits avec tous les honneurs dûs au maître de la maison, et au compagnon qu'il amenait avec lui, dans la salle de réception, où un splendide souper les attendait.

Mais ils touchèrent à peine à la collation qui leur fut servie, et quelques minutes après Henri de Vasconcellos se levait de table, et invitait Hector de Joyeuse Garde à le suivre.

Ce dernier eût voulu faire honneur plus amplement aux excellents mets étalés devant lui, mais il ne fit cependant aucune objection, suivit l'exemple qu'on lui donnait, et marcha sur les pas de son jeune Cicérone.

— Je ne connais point le château dans lequel vous m'avez introduit, dit-il alors au duc, mais je me confie entièrement à vous; d'ailleurs, si je ne m'abuse, la nuit est déjà fort avancée, et nos amis doivent être déjà réunis.

— Ne perdons pas de temps, dit Henri.

Et il ordonna en même temps à un valet de prendre une torche et de les précéder.

Ils partirent.

Le chemin qu'ils suivirent descendait rapidement vers les étages inférieurs du château, c'est-à-dire, dans les entrailles même de la terre. A mesure qu'il avançaient, l'escalier devenait plus étroit, plus raide, plus difficile; le mur les étreignait plus étroitement, et le sol devenait d'instant en instant plus glissant.

Ils traversèrent plusieurs salles souterraines, bon nombre de corridors humides, et descendirent des escaliers sans fin, taillés dans le roc vif.

Ils n'arrivèrent qu'après une longue marche à une grande porte de fer rouillé, laquelle était fermée et gardée à l'extérieur, par deux hommes armés de pied en cap.

Un des deux hommes envoya son épée à deux doigts de la poitrine de Henri, et lui fit signe de s'arrêter.

— Qui êtes-vous? demanda-t-il brusquement d'une voix haute et ferme.

— Henri de Vasconcellos y Soya, répondit le jeune comte.

— Et votre compagnon?

— Hector de Joyeuse-Garde.

— Que venez-vous faire ici?

— Unir nos efforts à ceux de nos frères.

— Et quel est votre but?

— Délivrer l'Espagne du tyran qui l'opprime.

— Passez donc, et que le ciel vous donne le courage d'accomplir votre périlleuse mission !

Henri et Hector passèrent, et aussitôt la porte de fer s'ouvrit devant eux avec fracas.

Ils entrèrent.

La porte de fer ouvrait sur une salle immense, où les lumières, répandues à profusion, jetaient de toutes parts un éclat vif et éblouissant.

Le comte et le routier s'arrêtèrent étonnés.

C'était, pour le routier surtout, un spectacle nouveau et inouï : jamais, encore, il n'avait assisté à une pareille scène, et, dans le premier moment, il n'eut que des yeux pour regarder et admirer toutes ces splendeurs d'un autre monde !

La salle était taillée dans le roc vif, comme tous les corridors, toutes les salles qu'ils avaient parcourus pour y arriver. Elle était soutenue d'un bout à l'autre par quatre-vingts colonnes, auxquelles l'art avait donné le poli et le fini du marbre le plus pur.

A droite et à gauche s'ouvraient de grandes travées, du haut desquelles pendaient des draperies d'un travail merveilleux : au fond s'élevait un trône d'or massif, qui étincelait sous l'éclat des lumières ; enfin, des glaces de Venise, des lustres resplendissants jetaient de tous côtés une lumière vive, devant laquelle le regard était d'abord contraint de se voiler.

La salle était remplie déjà, quand ils y pénétrèrent, d'une foule tumultueuse, partagée en groupes également agités.

L'arrivée du comte et du routier parut produire un effet inattendu : les conversations se turent comme par enchantement, chacun courut à Vasconcellos, et ce dernier fut conduit par le plus agé d'entre les conjurés présents, jusqu'au trône où il dut prendre place!

Hector de Joyeuse-Garde ne l'avait pas quitté, et quand il vit le comte s'asseoir, il s'assit à ses côtés.

Le silence s'était rétabli dans l'assemblée; Henri promena un instant son regard assuré sur toute cette foule, et quand il eut reconnu dans cette réunion, la plupart des amis qu'il avait convoqués au rendez-vous, il se leva :

— Messeigneurs! dit-il alors d'une voix sonore et forte, je m'applaudis d'autant plus en ce moment, d'avoir provoqué cette réunion de toutes les forces vives et jeunes de la Castille, que nul n'a manqué au rendez-vous assigné! Notre malheureux pays souffre depuis assez longtemps des cruautés de son roi ; le dégoût m'avait pris au spectacle des honteuses turpitudes dont il est l'instigateur, et j'ai voulu vous faire partager mon indignation : nous avons tous été plus ou moins insultés par ce monomane couronné que l'on appelle Don Pèdre le Cruel, et j'ai tenté de vous inspirer à tous ce désir de vengeance qui avait germé dans mon cœur; eh bien, je suis heureux de voir aujourd'hui avec quel empressement vous avez répondu à mon appel, et je ne doute pas, en présence de ce résultat, que le succès ne couronne bientôt tous nos efforts! Je ne me suis pas contenté de demander aux seuls castillans l'appui de leur courage et de leur bonne volonté; j'ai fait plus, mes seigneurs, j'ai sollicité et j'ai obtenu le concours des hommes qui ont une longue habitude des combats, je me suis attaché les soldats qui entourent Pierre le Cruel lui-même, et qui connaissent les détours du palais qu'il habite; à mes côtés vous voyez le capitaine Hector de Joyeuse-Garde qui commande la plus grande partie de ces compagnies royales.

Hector s'inclina à ces paroles, et toute l'assemblée éclata en applaudissements qui ne purent manquer de flatter cet honnête traîneur de sabre.

Henri reprit un moment après que le bruit se fut calmé :

— Cette réunion ne sera que préparatoire ; que chacun apporte sans crainte son avis et ses objections, et quoique je sois bien jeune encore, l'amour de mon pays m'éclairera, je l'espère, et nous pourrons arrêter le principe de l'entreprise que nous projetons en commun!

Henri s'assit, et aussitôt les conversations reprirent leur cours. Quelquefois un membre plus audacieux élevait la voix, et proposait une mesure, qui était aussitôt accueillie ou repoussée.

Tantôt, c'était à Don Pèdre le Cruel que le conjuré s'en prenait; il avait assez ensanglanté l'Espagne, il fallait user de représailles à son égard, et aller le surprendre jusque dans son palais même.

Tantôt, c'était à sa maîtresse, à Dona Maria de Padilla, que l'on en voulait; c'était elle, disait-on, c'étaient ses conseils perfides qui avaient égaré le roi, et lui avaient suggéré les cruautés sans nom dont il s'était rendu coupable, il fallait s'emparer de sa personne, l'éloigner à jamais de la Castille; quelques-uns même proposaient des moyens plus violents, qui n'étaient pas, il faut le dire, repoussés avec trop d'énergie.

Enfin, les derniers, et les plus prudents, prétendaient que l'on devait attendre le résultat des démarches de Don Enrique de Transtamare auprès du roi de France. Sans nul doute, disaient-il, Charles V tenterait quelque chose pour sa belle-sœur, il enverrait des soldats, Don Pèdre serait vaincu, et l'on se trouverait débarrassé du tyran, sans avoir la moindre violence à se reprocher.

Ce dernier avis est toujours celui des nobles bourgeois qui veulent bien la bagarre, mais qui n'y veulent point être.

De tous ces sentiments divers, il ressortait bien évidemment que l'on avait le plus vif désir de se débarrasser de Don Pèdre le Cruel, mais qu'en réalité on ne savait à quel parti s'arrêter.

Hector de Joyeuse-Garde souriait tout bas de ces hésitations qui cachaient certes la crainte de se compromettre, et la poltronnerie : quand on eut bien débattu toutes les hypothèses, quand chacun eut exprimé son avis, son doute, son désir, Hector se leva, et réclama le silence de l'auditoire.

Dès qu'on le vit disposé à prendre la parole, le silence se rétablit, comme un instant auparavant, et tous s'apprêtèrent à écouter.

— Ce que je viens d'entendre, dit alors le routier, prouve surabondamment une chose, messeigneurs, c'est que vous êtes tous d'accord sur le but, mais que vous différez d'opinion sur les moyens de l'atteindre ; eh bien, je vous le dirai, moi, qui ai quelque habitude de ces sortes d'affaires, qui ai vieilli dans les combats, et qui en sais depuis longtemps toutes les ruses, je vous le dis, l'hésitation est une cause de désordre, et le désordre peut tout perdre ; mieux vaut abandonner tout de suite, et sans vous engager davantage, le projet que vous avez formé, plutôt que de vous exposer à être demain plus malheureux, et plus esclaves que vous ne l'êtes aujourd'hui : si au contraire, vous persistiez dans votre intention, je n'ai qu'un conseil à donner ici, un seul, c'est d'aller droit à Don Pèdre le Cruel, et de le frapper courageusement, dans quelque lieu qu'il se trouve, quelque danger qu'il y ait d'ailleurs à exécuter un pareil projet ! Don Pèdre mis à mort, la Castille est à vous ; les compagnies ne tiennent pas une heure, le peuple vous entoure avec acclamations, et Enrique de Transtamare monte sur le trône, avec la reconnaissance qu'il doit à ceux qui le lui auront donné ! Voilà mon avis... Ne perdez donc pas un temps inutile, en discours qui ne mènent à rien, ou ne servent qu'à vous diviser profondément ; marchez droit au but ; que le sort désigne celui qui devra frapper, et dès que le sort aura parlé, que tous s'inclinent devant sa décision. Si vous suivez mon conseil, avant huit jours, la Castille sera libre ; si au contraire, vous le repoussez, demain peut-être, un traître vous aura vendus, et vous serez à jamais perdus !

Ces quelques paroles furent suivies d'un long et profond silence ; chacun semblait se consulter, tous hésitaient, nul n'osait prendre la parole.

Enfin un vieillard se détacha du groupe silencieux des auditeurs, s'avança vers une tribune que l'on avait élevée au milieu de la salle, et en monta lentement les degrés :

— Messeigneurs, dit-il alors d'un ton grave, le conseil qui vient de vous être donné, me semble bon à suivre, et je remercie le capitaine Hector de Joyeuse-Garde d'avoir eu le courage de le donner !... Pourquoi attendre de la France une liberté que nous pouvons conquérir nous-mêmes ; pourquoi perdre un temps précieux à frapper la maîtresse de Don Pèdre, quand nous pouvons le frapper lui même ? Que Maria de Padilla succombe, qu'importe à l'Espagne ?... le lendemain du jour où elle aurait succombé, le roi prendrait une autre maîtresse, et qui sait si elle n'aurait à notre égard plus de haine, si elle ne rêverait pas d'autres vengeances ? Que le sort désigne donc le bras qui devra frapper, et que chacun s'incline devant le nom qui aura été désigné.

Le vieillard avait à peine parlé, que toute l'assemblée se porta vers le trône sur lequel était assis Henri de Vasconcellos, et on le pressa de tous côtés de procéder à l'opération.

Mais au moment où déjà Hector de Joyeuse-Garde allait se conformer aux prescriptions qui lui étaient données, la porte d'airain s'ouvrit avec bruit, et un homme, les cheveux et les vêtements en désordre, se précipita au milieu de l'assemblée.

Chacun avait repris instantanément sa place ; Henri s'était levé, et Hector avait mis la main sur son épée, qu'il s'apprêtait déjà à tirer du fourreau.

— Qu'y a-t-il? demanda vivement Henri de Vasconcellos à celui qui venait d'entrer, et pourquoi vient-on troubler nos réunions?

— Maître, répondit l'homme, quelques soldats du château viennent d'arrêter aux environs deux femmes, que leur costume désigne comme appartenant à la haute classe de Burgos.

— Eh bien! que nous importent ces deux femmes, interrompit brusquement Hector de Joyeuse-Garde.

— L'une des deux, poursuivit le nouvel arrivé, s'est réclamée du maître du château, et quand on lui a dit qu'il appartenait au comte Henri de Vasconcellos, elle a manifesté le désir de lui être présentée.

— Mais on a sans doute répondu, fit observer Henri, que je n'étais point au château en ce moment?

— En effet, monsieur le comte, et nous n'aurions point pénétré jusqu'ici, si l'un des soldats qui l'accompagnent ne nous avait assuré que cette femme était...

— Qui donc? fit Hector.

— Dona Maria de Padilla!...

Un singulier frémissement parcourut l'assemblée à cette réponse, et mille voix s'élevèrent à la fois pour demander que l'on amenât la maîtresse de Don Pèdre, et surtout qu'on la retînt prisonnière!..

Henri, pressé par Hector lui-même, dut céder au vœu général, malgré sa répugnance, et des ordres furent aussitôt donnés pour que la jeune maîtresse de Don Pèdre fût introduite.

L'ordre fut exécuté immédiatement.

Elle arriva, suivie de sa duègne, qui, plus morte que vive, et ne sachant pas où on l'entraînait, jetait les hauts cris, et appelait à son secours tous les saints du paradis : Maria, au contraire, était jolie, heureuse, et elle souriait.

On eût dit qu'une confiance mystérieuse la soutenait, et elle bravait le danger auquel elle pouvaît se croire exposée avec une gaieté qui n'était certainement pas sans courage.

Quand elle se vit au milieu d'une réunion d'hommes, elle baissa son voile, et continua d'avancer vers Henri d'un pas ferme et assuré.

Henri s'était levé, et réclamant d'un geste le silence :

— Des hommes d'armes vous ont arrêtée tout à l'heure, à quelque distance du château, dit-il d'une voix qui tremblait d'une émotion singulière; l'un d'eux a prétendu vous reconnaître, et c'est là le motif pour lequel j'ai ordonné qu'on vous arrêtât... Quel est votre nom?

— Maria Padilla!

— Elle l'avoue! s'écrièrent cent voix irritées.

— Et pourquoi le cacherais-je? répondit la jeune femme.

— Vous ignorez le lieu où le hasard vient de vous jeter, prononça tout bas Vasconcellos.

— Pardon, monsieur le comte, répondit Maria, sans paraître éprouver la moindre terreur, et en promenant son regard sur l'assemblée attentive et muette, je m'aperçois que l'on m'a introduite dans une salle souterraine du château de Vasconcellos, et que dans cette salle on conspire sous les regards du maître ; mais ce qui m'étonne, monsieur le comte, et j'ai bien le droit de le dire, c'est que les plus illustres personnages de la Castille aient consenti à jouer ce rôle ténébreux et sans courage de conspirateur et d'assassin, au lieu d'essayer de reconquérir leurs droits et leur liberté en plein jour et à la face du ciel. — Si cette conspiration prouve leur adresse, elle donne une bien faible idée de leur audace !...

Un murmure de colère parcourut tous les rangs à cette boutade de la jolie courtisane ; mais Henri fit un signe, et les murmures cessèrent.

— Je m'aperçois, dit-il alors, que vous n'avez pas une idée bien vraie de la situation dans laquelle vous vous trouvez! Vous êtes ici notre prisonnière...

— Je le vois.

— Votre vie est entre nos mains?

— Je le sais.

— Et vous ne devriez pas oublier que beaucoup de Castillans ne séparent pas toujours dans leur haine, le roi, de sa trop coupable maîtresse.

Maria Padilla releva fièrement le front à ces mots, et jeta sur l'assemblée un regard frémissant de colère et d'indignation.

— Eh bien! dit-elle d'une voix qui tremblait d'émotion mal contenue, que les gentilshommes de la Castille qui n'ont de courage que pour conspirer dans l'ombre, et qui n'osent pas affronter le regard d'un maître qu'ils abhorrent, viennent à moi et me frappent... Je me suis préparée à mourir ; que vos épées sortent du fourreau, messeigneurs, frappez!... voici le sein d'une femme sans défense! et vous verrez que Maria de Padilla sait attendre la mort sans pâlir !

Et en parlant ainsi, la jeune femme détacha brusquement les aiguilles d'or qui retenaient son voile à son front, et son visage apparut aux regards de tous, frais, pur, gracieux, comme un visage d'ange !

— Ciel ! s'écria Henri de Vasconcellos.

— Qu'avez-vous donc? demanda Hector de Joyeuse-Garde.

— C'est elle!... murmura le jeune comte.

— Elle !... qui !...

— La femme que j'aime !

— Diable! fit Joyeuse-Garde, pendant que Vasconcellos se laissait tomber sans force sur son trône. — L'ange et le démon !.. Diable ! diable !...

— A mort ! à mort ! criaient les conjurés au fond de la salle.

La duègne donnait son âme à tous les saints du paradis.

Maria souriait fière et belle.

— Messeigneurs, s'écria Hector, avez-vous confiance en moi?

— Oui, oui! lui fut-il répondu de toutes parts.

— Eh bien ! je demande la garde de la captive.

— Et si tu la laisses échapper, tu consens à mourir?

— Oui, messeigneurs ; si je la laisse échapper, je donne ma vie à qui viendra la prendre!

Les torches s'éteignirent, et la foule tumultueuse s'écoula dans les profondeurs du souterrain.

CHAPITRE X.

Huit jours s'étant passés, depuis la scène que nous venons de raconter ; les conjurés s'étaient séparés en prenant rendez-vous pour un jour prochain ; Henri de Vasconcellos était resté avec Hector de Joyeuse-Garde dans sa forteresse, et Maria de Padilla y était retenue prisonnière, ainsi que la duègne qui l'accompagnait.

Depuis huit jours cependant, Henri n'avait pas revu Maria ; il hésitait, ne savait à quel parti s'arrêter, et se demandait en vain ce qui lui restait à faire dans cette extrémité.

Le jeune comte était amoureux. — Peut-être son amour avait-il augmenté depuis qu'il savait que la belle inconnue était la maîtresse du roi.

Mais son cœur loyal s'arrêtait devant le serment qu'il avait fait aux conjurés.

Hector de Joyeuse-Garde le quittait peu, le routier ne comprenait rien, ou ne voulait rien comprendre à la situation du jeune comte, et ses conseils ne pouvaient guère l'aider dans cette circonstance.

Un soir, les deux amis étaient réunis dans une salle basse du château, et assis l'un près de l'autre, devant une haute cheminée, où brûlait un feu ardent, ils devisaient ensemble sur les événements accomplis, et sur les précautions à prendre pour prévenir toute trahison, et atteindre le but que l'on s'était proposé.

— Nous n'avons plus de temps à perdre, disait Hector de Joyeuse-Garde, le roi Don Pèdre est maintenant averti par la disparition de sa maîtresse ; d'un instant à l'autre, il connaîtra la retraite de Maria de Padilla, et viendra, avec des forces redoutables, l'arracher de nos mains ; il faut le prévenir ; il faut qu'avant de sortir de Burgos, il trouve sur le seuil de son palais, un de nos conjurés qui l'arrête et nous en délivre à jamais ?

Henri remua tristement la tête, à cette proposition.

— Non, dit-il, non, l'assassinat répugne à ma conscience, et je vous avoue que j'aimerais mieux renoncer pour toujours à la liberté, s'il fallait l'acheter par un crime !

— Nous sommes dans un cas de légitime défense, objecta Hector.

— C'est vrai, mais rien ne justifie l'assassinat à mes yeux... pour mon compte, je tirerai l'épée du fourreau, avec un saint enthousiasme, si notre cause n'est point souillée au début par un meurtre... Que Don Pèdre vienne chercher Maria de Padilla jusque dans le château des Vasconcellos, et je jure Dieu que je le recevrai, comme il convient à un gentilhomme qui porte mon nom, mais d'ici là, qu'il vive.

— Voilà bien les hommes d'aujourd'hui! interrompit Hector de Joyeuse-Garde, en se rejetant au fond de son fauteuil à haut dossier, et en présentant ses jambes à la flamme qui grimpait claire et vive dans la cheminée, vrai Dieu, monsieur le comte, les hommes de mon temps ne se consultaient pas si longtemps pour tirer leur épée du fourreau. Tenez, laissez-moi vous le dire, le crime que vous entrevoyez au début, n'est pas précisément ce qui vous blesse; ce qui retient votre bras, ce qui fait trembler votre cœur, ce qui trouble votre esprit, c'est la Padilla, mon jeune ami, ni plus ni moins...

— Que voulez-vous dire?

— Je m'entends. C'est la Maria de Padilla, c'est la maîtresse du roi, c'est l'inconnue des rues de Burgos, c'est, en un mot la femme que vous aimez, et dont l'amour égare votre raison!

— Si tout autre que vous!...

— Oh! vous vous défendez en vain... je le sais, je le vois... interrompit Joyeuse-Garde, eh bien! je veux mettre aujourd'hui votre cœur et votre esprit à l'aise, mon cher comte, nous ne pouvons rester ainsi éternellement dans le doute... Que Maria de Padilla retourne ce soir même à Burgos, qu'elle soit rendue à son amant, et que demain les conjurés soient rassemblés de nouveau loin d'ici, dans un lieu où nul ne pourra soupçonner notre présence, et que des mesures énergiques soient enfin prises, pour délivrer votre malheureux pays... le voulez-vous?

— Y songez-vous!... dit Henri, — vous avez répondu de Maria sur votre tête.

— A la condition qu'on viendrait la prendre sur mes épaules, répliqua le routier en riant; je vous prie, ne vous inquiétez point de ma tête...

— Cependant.

— Oui ou non, monseigneur, voulez-vous en finir?

Henri de Vasconcellos allait répondre, mais la porte de la salle s'ouvrit, et un homme d'armes du château vint trouver le jeune comte, et le prévenir que Maria de Padilla lui faisait demander la faveur d'un court entretien.

Henri tressaillit dans tout son être et regarda Hector. — Ce dernier fit un signe d'assentiment, et le comte s'empressa de se rendre aux désirs de Maria.

L'appartement qui avait été assigné pour prison à Maria de Padilla, était situé au second étage de la forteresse, et dominait toute la plaine environnante ; le tableau que l'on apercevait de cet endroit n'a rien au monde qui puisse lui être comparé ; à ce moment surtout, la neige qui était tombée depuis quelques jours, donnait au paysage, un aspect dont on ne saurait rendre le charme triste et pittoresque.

A droite et à gauche, une plaine immense, coupée çà et là par des ruisseaux artificiels que le froid vif de l'hiver avait glacés ; de distance en distance, quelques arbres rabougris, et couverts de neige ; au loin, la silhouette noire et informe de la grande ville de Burgos, qui lançait hardiment vers le ciel gris, les flèches dentelées de ses hauts clochers.

Enfin, à l'horizon perdu, les montagnes aux pentes douces qui fermaient le tableau et lui donnaient, en l'encadrant, un aspect de grandeur qui ajoutait encore à sa beauté.

Bien que Maria de Padilla fût, depuis huit jours retenue au château des Vasconcellos, et que son regard eût parcouru et détaillé bien souvent, le paysage qu'elle avait devant elle, elle y trouvait cependant, chaque fois qu'elle y revenait, un plaisir toujours vif. La jeune femme ne songeait point à fuir cette prison qu'on lui avait donnée ; elle s'y trouvait heureuse, n'aurait point demandé à la quitter, et aurait volontiers oublié le reste de la terre, si on lui eût donné la satisfaction que son cœur était venu y chercher.

Maria aimait Henri de Vasconcellos.

Maria était jeune. C'était la première fois qu'un pareil sentiment était entré dans son cœur, et il s'en était emparé avec une plénitude souveraine...

Maria ne se demanda pas si Henri l'aimait, ni s'il devait l'aimer jamais, mais elle s'abandonna à sa tendresse victorieuse avec toute l'ardeur de son caractère, et toute la vivacité de son cœur.

Que fut-ce donc quand elle s'aperçut que Henri l'aimait, et que, malgré la défiance instinctive, le trouble profond que cet amour jetait en lui, il n'avait pu cacher la joie qu'il en éprouvait? Une sorte d'enivrement s'empara de sa pensée, et si elle n'avait écouté que son cœur, elle aurait été au-devant de l'amant de son choix, et aurait aplani les obstacles qui s'opposaient à leur rencontre. Heureusement pour elle, elle mit sa duègne dans sa confidence, et cette dernière suppléa à la prudence qui manquait à sa maîtresse.

Nous saurons plus loin, comment Maria de Padilla s'était trouvée à point nommé, auprès du château des Vasconcellos, et comment il s'était fait qu'elle n'avait pas même tenté de fuir, ou de se défendre, ce qui lui eût été facile, puisqu'elle était escortée d'une compagnie d'au moins quinze hommes d'armes, qui l'eussent protégée jusqu'à la mort.

Ce même soir, pendant que Henri de Vasconcellos devisait dans une salle basse du château, en compagnie de maître Hector de Joyeuse-Garde, Maria accoudée tristement à la fenêtre de sa chambre, laissait son regard flotter au loin, vers cet horizon aux lignes confuses que la nuit commençait déjà à envahir.

Maria avait de la mélancolie dans le cœur.

Ce n'était point sa captivité qui la préoccupait, car elle ne prenait pas sa captivité au sérieux ; mais depuis huit jours, qu'elle était au château, Henri n'avait pas demandé à la voir ; elle était restée constamment seule, et dans cette situation, ce n'était pas seulement l'ennui qui l'avait gagnée, mais encore la crainte de s'être trompée, la pensée que le jeune comte ne l'aimait peut-être pas.

Alors, les projets les plus disparates s'emparaient de son esprit; elle voulait partir, retourner à Burgos; l'ardeur de la vengeance s'allumait dans son sein, et elle se promettait de revenir bientôt avec Don Pèdre, pour raser cette forteresse où elle avait souffert, et s'emparer de la personne de Vasconcellos, pour le jeter en prison à son tour, et lui faire endurer toutes les tortures.

Mais elle s'arrêtait presqu'aussitôt; des larmes venaient mouiller ses paupières, et le soir, quand elle voyait Henri passer dans la cour du château, et chercher du regard sa fenêtre sombre, l'espoir renaissait dans son cœur, elle revenait à la vie, et attendait le lendemain avec confiance!

Huit jours s'écoulèrent ainsi : la dona Niceta, la duègne, ne quittait pas sa maîtresse, et la consolait de son mieux quand le désespoir s'emparait d'elle; mais elle n'y réussissait pas toujours, et alors, elle envoyait le château, Henri de Vasconcellos, Hector de Joyeuse-Garde à tous les diables, et priait le ciel de les délivrer au plus tôt de la situation critique dans laquelle elles se trouvaient.

Que voulez-vous qu'une duègne fasse de mieux !

L'homme d'armes que Maria avait dépêché vers Henri, venait de s'éloigner, et la jeune femme attendait son retour avec anxiété.

— Pourvu qu'il se rende à cette invitation, pensait-elle en tremblant; pourvu que ce sentiment qui le tient éloigné de nous depuis huit jours ne l'arrête pas encore aujourd'hui... Niceta!... nous avons mal fait de venir, peut-être.

La vieille duègne branla le chef avec componction; elle joignit les mains, et leva les yeux au ciel.

— Ah! senora, s'écria-t-elle, que le ciel vous entende, et ne vous punisse pas cruellement de l'imprudence dans laquelle vous m'avez entraînée. Oui, oui, nous avons mal fait de venir!... Et je n'ai pas attendu cette heure pour le proclamer !... Pourvu encore que le roi ne découvre pas le vrai motif !... Si le roi venait à savoir...

— Et que veux-tu donc qu'il découvre ?

— Que vous avez quitté la maison de plaisance où Don Pèdre devait vous aller trouver ; que vous êtes venue ici où vous saviez rencontrer le comte maudit ; qu'enfin, senora, Henri de Vasconcellos vous a inspiré un de ces amours qui doivent faire le malheur du roi, le vôtre, le sien, et celui de la pauvre Niceta par-dessus le marché !

Maria de Padilla ne put s'empêcher de sourire en écoutant l'homélie de la duègne : elle lui prit les mains et les lui serra avec bonté.

— Bonne Niceta, dit-elle, tu m'es dévouée, toi, tu m'aimes, et si tu trembles ainsi, si tu as peur, c'est à cause de moi, je le sais bien ; mais rassure-toi, toutes nos précautions ont été prises pour donner le change à l'esprit le plus soupçonneux : le hasard seul nous a conduites ici ; nous avons été surprises par des hommes d'armes du château ; je me suis réclamée du jeune comte, et nous sommes tombées au milieu de conspirateurs... Tout s'explique, et le roi lui-même y sera trompé ; et puis, qu'importe, qu'il le sache, s'écria-t-elle en changeant de ton ; qu'importe qu'il apprenne que je l'ai trahi, s'il m'aime, lui, don Henri ; si sa main s'oublie un jour dans la mienne, si mon cœur peut battre une heure contre le sien... Ah ! ma pauvre Niceta, je ne me rappellerai plus ce que j'ai souffert, et je ne demanderai au ciel rien autre chose.

— Et s'il ne venait pas ! fit la duègne.

— Que dis-tu ?

— Si le comte Henri de Vasconcellos, qui conspire contre le roi, a horreur de la maîtresse du roi ?

— C'est impossible !... Impossible, te dis-je !... Et s'il en était ainsi, Niceta, s'il me fallait renoncer à être aimée de lui, demain je serais morte !

La duègne se leva vivement à cette parole, et courut saisir les mains de sa maîtresse.

— Mourir! s'écria-t-elle d'une voix altérée, mourir, vous, senora, et pourquoi donc, je vous prie; parce qu'un jeune gentilhomme n'aura pas été sensible à votre beauté, parce qu'il aura refusé de vous venir voir!... Et qu'est-ce donc après tout que ce seigneur de Vasconcellos, un enfant, un fou, un écervelé qui s'amuse à conspirer, qui ne comprend pas l'honneur que vous lui faites, en prenant garde à lui; un sot, peut-être, qui s'imagine que nous ferons son caprice... Non, non, senora, il n'en sera pas ainsi, ou...

Maria interrompit la duègne au milieu de sa phrase, qui menaçait de se prolonger, et secoua tristement la tête.

— Pauvre Niceta, lui dit-elle, tu comprends bien peu ce qui se passe en moi, si tu penses qu'un mot de toi peut désormais changer ma destinée; non, mon amie, ç'en est fait; mon sort est lié au sien, et s'il doit me repousser, je mourrai!

La duègne courba la tête.

— C'est la première fois que je vous entends parler ainsi, murmura-t-elle.

C'est la première fois aussi qu'un pareil sentiment a ému mon cœur.

— Il faut prendre un remède violent, senora, dit Niceta; il faut quitter Burgos, quitter l'Espagne, fuir loin d'ici... Songez-y, l'amour! mais c'est ce qu'il y a de plus dangereux dans notre pauvre monde, et si vous n'y prenez garde, ce sentiment vous perdra.

— Ah! me perdre avec lui, ce serait le bonheur!

— Pauvre senora! s'écria la duègne, que ce mauvais alexandrin remplit de frayeur; je regrette de n'avoir pas ouvert les yeux plus tôt!...

— Qu'aurais-tu fait?

— Je vous aurais sauvée...

— Je n'aurais pas voulu être sauvée... Mais, silence; tiens, le ciel a entendu ma prière, il exauce mes vœux, car j'entends des pas, et je sens à mon cœur que c'est Henri qui approche.

Maria de Padilla ne s'était pas tompée; un instant après, le jeune comte entrait dans la chambre qui servait de prison à la favorite du roi.

Dona Maria Padilla éloigna d'un geste la vieille duègne et resta seule avec son amant.

Elle lui indiqua un siége de la main, et Henri s'y assit.

Henri de Vasconcellos était vivement ému.

C'était la première fois qu'il se trouvait seul en présence de Maria de Padilla; c'était la première fois qu'il lui était donné de lui parler...

Henri aimait la jeune femme avec toute la passion, tout l'enivrement d'un premier amour : tant qu'il avait pu croire qu'elle était digne de son amour, il s'y était abandonné sans contrainte; mais depuis qu'il savait que la femme qu'il aimait n'était autre que la maîtresse du roi, il avait cherché avec courage à combattre ce sentiment qui remplissait son cœur !

On sait ce que vaut le courage des amoureux !

Malgré ce qu'il avait pu faire, rien n'avait étouffé la passion que Maria lui avait inspirée; il le sentait bien, il ne pouvait en douter; mais il se promettait du moins de n'en laisser rien voir à la jeune femme.

Il s'inclina donc avec respect, et s'étant assis près de Maria :

— Vous m'avez fait appeler, senora, lui dit-il, d'une voix où malgré la contrainte qu'il s'imposait, un reste d'émotion tremblait encore; je me suis empressé de me rendre à votre appel, heureux, si je puis faire quelque chose qui adoucisse votre captivité.

Maria de Padilla sourit. — Elle avait deviné ce qui se passait dans le cœur de Henri.

Cette aimable femme avait en effet une très-grande expérience.

— Je vous remercie, seigneur cavalier, répondit-elle d'un ton dégagé ; votre empressement m'est on ne peut plus sensible, mais je ne me dissimule pas cependant que je le dois bien plus à la politesse avec laquelle tout gentilhomme accueille une femme, qu'à la sympathie que ma captivité eût dû vous inspirer.

— Qui peut vous faire penser ainsi?

— Tout, seigneur cavalier. Votre réserve depuis huit jours, d'abord, et je crois que plus qu'aucune autre femme j'aurais le droit de m'en étonner et de m'en plaindre.

— Madame!... balbutia Vasconcellos avec embarras.

— Ce n'est pas seulement d'aujourd'hui que nous nous connaissons, seigneur cavalier, reprit Maria, et il me semble que vous avez bien vite oublié le passé?

— Que voulez-vous dire?

— Ah! Seigneur! murmura Maria en baissant les yeux, j'aurais mauvaise grâce à vous rappeler des souvenirs que vous paraissez vouloir oublier..; oublions donc, oublions-les tous, puisque vous le désirez, et ne parlons en ce moment que du présent.

Henri écoutait la jeune femme, et à mesure qu'elle parlait, il sentait sa fermeté se fondre.

Il s'était hasardé à lever les yeux vers Maria de Padilla, et il les avait aussitôt baissés, comme s'il eût été ébloui de tant de beauté et de tant de grâces.

Elle était adorablement belle, cette Maria !

Et ce soir elle semblait être encore plus charmante que de coutume.

Maria de Padilla reprit peu après :

— Seigneur comte, êtes-vous bien sûr de tous les hommes qui vous entourent?

— Pourquoi me faites-vous cette question ? demanda Henri.

— Répondez-y d'abord.

V.   31

— Jamais je n'ai eu occasion de suspecter leur dévouement.

— Et le capitaine Hector de Joyeuse-Garde.

— C'est mon meilleur ami.

— Eh bien, vous me rassurez, seigneur comte, car je ne vous le cacherai pas, j'ai conçu, ces jours-ci, des craintes sérieuses pour votre personne, et c'est ce qui m'a fait vous demander une entrevue.

— Pourquoi ces craintes?

— Vous conspirez, seigneur comte, vous avez réuni autour de vous des hommes, que je veux croire sincères, et qui ont juré de délivrer l'Espagne du joug odieux qui pèse sur elle. Mais en vous voyant, vous si jeune, si confiant, si généreux, au milieu de ces hommes que le métier des armes a rompus depuis longtemps à toutes les ruses, j'ai tremblé pour vous et j'ai craint quelque trahison.

— Je vous rends grâce, madame, mais vous avez eu tort de craindre.

— Tenez, seigneur comte, s'écria tout à coup Maria, vous n'avez pas réfléchi assez mûrement à la position dans laquelle vous vous mettiez, en m'arrêtant et en me retenant prisonnière dans cette forteresse! Le roi Don Pèdre doit être averti à l'heure qu'il est, par les hommes qui m'accompagnaient; le retard que vous avez apporté à me faire reconduire à Burgos aura éveillé des soupçons dans son esprit, et pendant que je vous parle, peut-être le roi lui-même vient-il m'arracher de ces lieux.

— Et dans ce moment, senora, c'est pour moi seul, que vous concevez de l'inquiétude.

— Et pour qui donc?

Regardez alors autour de vous, poursuivit le jeune comte en souriant, et voyez cette forteresse qui domine orgueilleusement la plaine! Tous les rois de Castille ont tenté de la soumettre, elle a résisté fièrement à tous les rois de Castille; dans ce moment même, j'ai calculé toutes les chances d'une lutte: j'ai cent hommes d'armes près de moi ; tous courageux et dévoués, et s'il plaît au roi Don Pèdre de venir, il trouvera des guerriers prêts à le recevoir !

Henri de Vasconcellos s'était levé ; Maria l'imita.

— Mais rassurez-vous, senora, ajouta-t-il alors, avec une froide courtoisie, toute l'Espagne connaît le caractère du roi Don Pèdre, et on le sait aussi lâche que cruel... Malgré le désir qu'il peut avoir de vous arracher de nos mains, je doute qu'il ose venir jusqu'ici, pour atteindre son but.

— Ainsi, dit Maria de Padilla, vous comptez me retenir dans ces lieux?

— J'ai un devoir à accomplir, repartit Henri de Vasconcellos, et je l'accomplirai, quoiqu'il puisse m'en coûter.

— Quoiqu'il puisse vous en coûter! répéta la jeune femme. Cependant, ne dépendrait-il pas de vous de me rendre à la liberté?...

— Les conjurés me demanderaient compte de ma conduite.

— Ah! seigneur comte... fit Maria, — c'est donc la crainte qui vous guide..? J'étais loin de m'attendre, je puis bien vous le dire maintenant, à tant de cruauté de votre part.

— Madame... de la cruauté!... moi!... envers vous!...

— Et de quel nom voulez-vous que j'appelle cette indifférence que vous me témoignez depuis que je suis ici..? Qu'ai-je donc fait, moi, seigneur, pour autoriser une pareille conduite! et me faudra-t-il n'emporter de ces lieux que le souvenir de votre déloyauté?

Vasconcellos voulut détourner les yeux, mais il vit que la jeune femme pleurait.

— Seigneur! seigneur! prononça-t-elle d'une voix tremblante, ce n'est point ainsi que je comptais vous voir...

Henri voulut se raidir, mais sa main rencontra la main de la jeune femme.

Au moment où il allait la porter à ses lèvres, un grand bruit se fit entendre de toutes parts, un mouvement inusité se manifesta dans les cours de la forteresse, et Hector de Joyeuse-Garde entra dans la chambre de Maria de Padilla.

Après tout, malgré sa longue brette et son nom fanfaron, cet Hector de Joyeuse-Garde n'était qu'un âne et un fâcheux. — Nous espérions mieux de lui.

Peut-être se relèvera-t-il : jusqu'à présent c'est peu de chose.

II.

Si cet Hector de Joyeuse-Garde ne fait pas quelque chose de très-joli d'ici à peu temps, nous l'appellerons Hector de Triste-Garde, et nous en ferons le héros d'un roman populaire.

La cause de ce mouvement soudain qui avait lieu au château était prévue depuis longtemps, et cependant elle avait répandu dans tous les rangs un frémissement d'inquiétude.

Le roi Don Pèdre arrivait suivi de quelques compagnies de routiers.

Une sentinelle placée en vedette sur le haut des tours les avait aperçus de loin, et déjà les soldats avaient couru aux armes, et occupaient les principaux postes de défense.

Henri de Vasconcellos se précipita aussitôt vers la fenêtre et regarda.

A la lueur douteuse de la lune, on pouvait distinguer à quelque distance le petit corps qui s'avançait en bon ordre ; les pointes des pertuisanes, les armures d'acier et les casques de fer, reluisaient et jetaient de temps à autre, dans la nuit, de vifs éclairs : ils n'étaient plus déjà qu'à une demi-lieue de la forteresse, Henri se retourna vivement vers l'homme d'armes.

— Eh bien, lui dit-il, qu'ils viennent, qu'ils nous offrent une occasion de lever ouvertement l'étendard de notre cause! c'est une lutte que j'accepte avec joie, et dont nous sortirons victorieux, j'en suis sûr! allez, Hector, je vous suis, et que toutes les mesures soient prises pour que rien ne manque à la défense.

Hector de Joyeuse-Garde allait se retirer, et Henri se disposait déjà à le suivre, quand Maria le retint :

— Henri, lui dit-elle, en pâlissant, la lutte que vous allez entreprendre est insensée : Don Pèdre est puissant; il est cruel; il emploiera tous les moyens pour vous réduire; et si la force ne suffit il fera usage de la ruse, de la trahison.

— Nous connaissons notre ennemi, répondit Henri de Vasconcellos, et nous agirons en conséquence.

— Eh bien, si vous le voulez, Henri, moi j'ai un moyen sûr de vous donner le succès; dites un mot, et dans quelques heures, votre ennemi sera vaincu!

Aux premières paroles que Maria de Padilla avait prononcées, Hector de Joyeuse-Garde s'était arrêté; il fit quelques pas vers la jeune femme, et posa la main sur l'épaule d'Henri.

— Écoutez, lui dit-il à voix basse.

Puis s'approchant de la maîtresse de Don Pèdre :

— Un moyen, ajouta-t-il; vous prétendez avoir entre vos mains la victoire assurée, et vous proposez de donner ce moyen; voyons, senora, j'ai le plaisir de vous apprendre que je vous ai sauvé la vie l'autre soir, et aujourd'hui la position est assez critique, en effet, pour que nous ne négligions aucun avis : parlez, et je jure Dieu que je suivrai votre conseil, s'il est bon.

Henri n'avait pas partagé l'empressement peu chevaleresque de son compagnon; mais les paroles de Maria l'avaient vivement intrigué, et il ajouta ses instances à celles du vieux routier.

— Dès que Don Pèdre sera aux pieds des murs du château, dit alors la jeune femme, rendez-moi la liberté, messeigneurs; le roi croira facilement ce que je lui rapporterai, et voici ce que je me propose de lui dire : A une heure donnée, j'aurai trompé la vigilance de mes gardiens, je me serai échappée de la forteresse par une issue que nul ne connaît, que personne ne songeait à garder, par laquelle il m'a été possible de fuir!... Le roi, si méfiant envers les autres, est confiant jusqu'à l'excès envers moi... Il ajoutera foi à mes paroles...

— Eh bien ! interrompit Hector.

— Eh bien, je puis vous le dire à vous, mais à vous seul, Henri, il y a autour du roi Don Pèdre des haines implacables, de violents désirs de vengeance, et, bien souvent, j'ai été sollicitée par des hommes puissants, pour leur ouvrir, le soir, à une heure dite, l'appartement de mon royal amant.

Henri était stupéfait.

— Oh ! je comprends, je comprends, répondit Hector ; Maria de Padilla a raison ; c'est peut-être le seul moyen d'en finir, et c'est de cette façon seulement que nous atteindrons le but.

— Un meurtre!... murmura Henri, — et par la main de Maria!...

— Ne prononçons jamais de ces mots-là, répliqua le routier, ces mots gâtent les situations et ôtent tout entrain dans les affaires; il n'y a point d'ailleurs de meurtre, il y a des hommes qui se vengent et débarrassent leur pays d'un tyran !

Maria de Padilla attendait. C'était une coquine d'une certaine énergie. — Je pense que M. Scribe a dû faire quelque couplet historique sur elle.

On peut dire qu'elle l'a bien mérité !

Comme Vasconcellos, jeune seigneur honnête et réservé, se taisait, Triste-Garde lui secoua le bras.

Nous trouvons bien joli d'appeler cet Hector ennuyeux, tantôt Joyeuse-Garde, tantôt Triste-Garde.

Cela ne s'est pas encore fait.

Nous ouvrons peut-être en ce moment une voie nouvelle à la littérature contemporaine.

Donc. Triste-Garde secoua le bras de Vasconcellos, gentilhomme d'origine portugaise, plein de délicatesse et de libéralisme.

— Reculez vous? dit Hector en fronçant les sourcils, qu'il avait roux et très-gros.

Henri se redressa.

— Jamais je ne me prêterai à une pareille action! dit-il énergiquement.

— Alors, répondit Hector de Joyeuse-Garde, d'un ton de mauvaise humeur non équivoque, nous pouvons être certains de jouer éternellement avec ce tigre royal; jamais nous ne sortirons de cette forteresse, à moins qu'une maladie ne nous délivre de lui!

Et ayant dit ces mots, il salua Henri, et sortit.

Ce dernier était resté mécontent de l'allure d'Hector et des sentiments qu'il avait exprimés.

Il lui répugnait souverainement de s'engager dans une affaire qui n'avait d'autre issue qu'un lâche assassinat, et pour lui, plein de loyauté et d'honneur, il ne pouvait descendre à toutes ces misérables distinctions que les nécessités suggèrent aux hommes égarés ou coupables.

Maria de Padilla avait vécu au milieu du courant des crimes de cette époque terrible; elle avait peine à comprendre l'hésitation de Vasconcellos, et cependant, elle sentait que cette hésitation avait sa source dans un sentiment d'honneur et de chevalerie.

Elle se rapprocha de Vasconcellos, et se suspendit à son bras.

— Henri, lui dit-elle, d'une voix douce et insinuante, ma proposition vous a offensé?

— Je la comprends encore à peine, répondit le comte.

— Cette proposition, c'était vous cependant qui me l'aviez inspirée.

— Moi !

— Henri, je connais Don Pèdre, et je vous le dis, avant huit jours,
il aura trouvé un traître autour de vous !...

— Ne croyez pas cela...

— Le traître y est peut-être déjà !

— Mais qui donc? Maria ; parlez! parlez!

— Demain, Henri, vous reconnaîtrez la justesse de ma prédic-
tion...

Cependant, la troupe que commandait Don Pèdre en personne
avançait toujours vers la forteresse : une heure après avoir été signa-
lée, elle arrivait aux pieds du château, et s'y établissait.

Les hommes qui étaient postés sur les remparts ne perdaient aucun de ses mouvements, et observaient le mieux possible tout ce qui
se passait.

Ils virent les routiers du roi de Castille se partager les diverses
positions les plus avantageuses ; Don Pèdre lui-même parcourait les
environs, et enfin, quand les premières lueurs du jour éclairèrent
l'horizon, un homme se détacha du camp royal, et se dirigea, seul et
à pied, vers le château.

On le vit pendant quelque temps gravir lentement le sentier rude
et difficile qui tournait autour du rocher sur lequel la forteresse était
assise, et un quart d'heure après, il demandait aux sentinelles apos-
tées à l'entrée, d'être introduit près du seigneur comte Henri de
Vasconcellos.

On alla immédiatement prévenir ce dernier, qui donna l'ordre de
laisser pénétrer le parlementaire dans le château.

L'entrevue qui eut lieu entre Henri et l'envoyé de Don Pèdre fut
courte, et vraisemblablement ce n'était point là le but précis de la
visite de cet homme. — Il s'expliqua en peu de mots sur le motif de
l'expédition du roi, réclama Maria de Padilla, et finit en annonçant à
Henri et à Hector de Joyeuse-Garde que Don Pèdre était décidé à

passer plutôt le reste de l'hiver aux pieds de la forteresse que de s'en retourner sans avoir obtenu la jeune femme qu'il était venu chercher.

Henri répondit qu'il ne tenait point précisément à garder Maria de Padilla; mais qu'il était las de voir peser sur l'Espagne le joug honteux d'un roi sans vertu; qu'il garderait cet ôtage, tant qu'il lui resterait une goutte de sang dans les veines; qu'enfin il était heureux d'avoir saisi cette occasion de lever l'étendard de la révolte, et qu'il ne la laisserait certainement pas échapper.

Ainsi se termina cet innocent entretien.

L'envoyé salua Henri de Vasconcellos, l'assura qu'il allait porter sa réponse au roi Don Pèdre, et il partit accompagné d'Hector de Joyeuse-Garde.

Cet envoyé était un vieillard : c'était un des conseillers habituels du roi, et il avait, dans tout le cours de sa carrière, déployé une activité peu commune.

Chemin faisant, il reprocha doucement à Hector de Joyeuse-Garde sa défection ; il lui dit que le roi lui avait toujours porté une réelle affection; qu'il ne lui en voulait pas; que d'ailleurs il serait facile de lui faire croire qu'il avait été contraint de rester dans la forteresse; qu'enfin le roi le reverrait encore, malgré cette absence de quelques jours, avec le plaisir le plus vif.

— Songez! ajouta-t-il, que tôt ou tard, le roi triomphera des embarras que lui suscitent, en ce moment, quelques mécontents : d'ici là, cependant, vous êtes contraint de rester entre les murailles de cette forteresse; ce n'est ni gai, ni digne d'un soldat comme vous! d'ailleurs, je vous le dis, Don Pèdre est disposé à faire pour vous plus qu'il n'a fait encore... les compagnies sont nombreuses en Espagne elles ont besoin d'un chef actif, courageux, entreprenant, et ce n'est pas la première fois que l'on jette les yeux sur vous; — que serait-ce donc si votre concours nous assurait le succès!

Hector écoutait le vieil envoyé sans répondre; il paraissait se consulter, on eût dit qu'il hésitait.

Remarquez que le rôle de ce Triste-Garde devient de plus en plus fâcheux. Il n'était qu'assommant, le voilà détestable !

— Voilà de belles propositions, dit il enfin à son interlocuteur, et certes si j'étais sûr...

— Et qui peut vous faire douter? s'écria l'envoyé avancé en âge.

— Ah! ah ! le roi Don Pèdre est un sournois, dit Hector, et ce ne serait pas la première fois...

— Mais il a besoin de vous. Ses compagnies l'inquiètent; il a eu bien de la peine à les décider à le suivre.

— Vraiment! et il ne serait pas fâché de prendre le comte de Vasconcellos.

— Ainsi que le reste des conjurés.

— Il les connaît donc?

— Depuis le premier jusqu'au dernier... ne savez-vous pas le proverbe qui dit : *deux conjurés quatre traîtres?*...

Tout en devisant ainsi, ils étaient arrivés à quelques pas de la porte, et déjà les hommes d'armes s'apprêtaient à baisser le pont-levis, quand Hector les arrêta d'un geste, et les appela près de lui!

— Que faites-vous donc ? demanda l'envoyé avec une terreur instinctive.

— Je veux que ces hommes vous accompagnent.

— Mais vous avez empêché que l'on baissât le pont...

— C'est que vous allez prendre un autre chemin.

Sans savoir pourquoi, le malheureux vieillard avait pâli; une sueur froide coula le long de ses tempes, et il recula de quelques pas, cherchant, d'un regard effrayé, une issue pour fuir. Mais déjà les hommes d'armes s'étaient emparés de lui, et d'après l'ordre de Hector de Joyeuse-Garde, ils le montèrent sur les remparts.

— Pitié! pitié! grâce! criait le malheureux en se tordant avec désespoir.

— Qu'il aille rejoindre son maître, répondit Hector.

Et les hommes qui n'attendaient que cette cruelle parole, le balancèrent un moment, et le lancèrent enfin dans le vide.

Le corps roula quelque temps de rochers en rochers, et finit par tomber devant le camp des royaux.

Un mouvement d'horreur se manifesta dans la troupe ennemie, les routiers allèrent à la hâte chercher le cadavre du conseiller ordinaire du roi Don Pèdre, et le rapportèrent à ce dernier ; — puis, bientôt, tout rentra dans l'ordre : chacun reprit le chemin de la position qu'il occupait, et toute la journée se passa dans le plus grand calme.

Seulement, le lendemain, quand les hommes d'armes accoururent sur les remparts, un spectacle plein d'horreur s'offrit à leurs regards : — un long et épouvantable cordon de têtes coupées entourait la forteresse!...

C'étaient tous les conjurés que nous avons vus figurer aux premiers chapitres de cette histoire. — Le roi Don Pèdre avait vengé son conseiller intime.

S'il faut dire ici notre sentiment, nous ne regrettons ni le conseiller intime ni les conjurés, — mais il est déplorable qu'Hector de Joyeuse-Garde n'ait pas profité de l'occasion pour aller une bonne fois à tous les diables.

III.

Pendant que Don Pèdre le Cruel échangeait ainsi des politesses avec ses sujets révoltés, coupant deux ou trois douzaines de têtes d'hidalgos pour un chef branlant de vieux diplomate, d'autres événements encore plus étonnants se passaient.

Nous allons voir apparaître le héros du siècle, le géant breton, Bertrand Duguesclin.

Don Enrique de Transtamare était arrivé en France, et s'était jeté aux genoux du roi, le suppliant de venger Blanche, et de lui rendre le trône que son frère souillait des crimes les plus honteux.

Le roi de France lui donna de bon cœur les compagnies de routiers qui désolaient le pays ; Duguesclin fut nommé chef de l'expédition, mais le célèbre capitaine était encore prisonnier des anglais qui ne voulaient pas le rendre à moins de 100,000 francs, et Charles V dut débourser lui-même cet argent, pour l'enlever aux mains qui le retenaient captif.

Quelques mots d'éclaircissement sont ici nécessaires pour bien saisir la physionomie de ces temps.

La vie de Duguesclin, dit M. Michelet, l'existence de ce fameux chef de compagnie qui délivra la France des compagnies et des anglais, a été chantée, c'est-à-dire, gâtée et obscurcie par une sorte d'épopée chevaleresque que l'on composa probablement pour ranimer l'esprit militaire de la noblesse.

Nos histoires de Duguesclin ne sont guère que des traductions en prose de cette épopée.

Il n'est pas facile de dégager de cette poésie, ce qu'elle présente de sérieux, de vraiment historique ; nous en croirons volontiers le poëme et les romans en tout ce qui touche le caractère breton. Nous pourrons les croire encore dans les aveux qu'ils font contre leur héros. Ils avouent d'abord qu'il était laid : « *de moyenne stature, le visage brun, le nez camus, les yeux verts, large d'épaules, longs bras et petites mains.* » Ils disent qu'il était dès son enfance, mauvais garçon, rude, *malicieux et divers en couraige*, qu'il assemblait les enfants, les partageait en troupes, qu'il battait et blessait les autres.

Il fut quelque temps enfermé par son père.

Cependant une religieuse avait prédit de bonne heure que cet enfant serait un fameux chevalier.

Il fut encouragé par les prédictions d'une sainte demoiselle, Tiphaine Raymonde que les bretons croyaient fée, et que plus tard il épousa.

Cet intraitable batailleur était pourtant, comme sont volontiers les bretons, bon enfant et prodigue, souvent riche, souvent ruiné, donnant parfois tout ce qu'il avait pour racheter les hommes; mais en revanche avide et pillard, rude en guerre et sans quartier.

Comme les autres capitaines de ce temps, il préférait la ruse à tout autre moyen de vaincre, et restait toujours libre de sa parole et de sa foi. Avant la bataille, il était homme de tactique, de ressource et d'engin subtil. Il savait prévoir et pourvoir. Mais une fois qu'il y était, la tête bretonne reparaissait, il plongeait dans la mêlée, et si loin, qu'il ne pouvait pas toujours s'en retirer!

La plus grande misère de la France, à cette époque, c'était le brigandage des compagnies.

Licenciées par l'Angleterre, repoussées de l'île de France, de la Normandie, de la Bretagne, de l'Aquitaine, ces bandes refluaient sur le centre; elles se promenaient par le Berri, le Limousin etc...

Les brigands étaient là comme chez eux.

C'était leur chambre, disaient-ils insolemment!

Ils étaient de toute nation, mais la plupart, anglais et gascons, bretons encore; ces derniers en petit nombre.

C'était une charge permanente, une crainte, une menace de tous les jours, et, à vrai dire, on ne savait trop comment s'en débarrasser.

Une fois, on leur avait proposé d'aller à la croisade. L'empereur leur avait obtenu le passage par la Hongrie, et il offrait de les défrayer en Allemagne. Mais la plupart ne se souciaient pas d'aller si loin. Ceux qui s'y décidèrent dans l'espoir de piller l'Allemagne, chemin faisant, y parvinrent à peine. Menés par l'archi-prêtre jusqu'en

Alsace, ils y trouvèrent des populations serrées, hostiles, qui de
toutes parts, tombèrent sur eux. Il n'en réchappa guère.

Mais cette issue n'en avait vu partir qu'un nombre fort restreint.
Il en restait encore assez pour piller la France, et tenir les campagnes dans une terreur permanente. Charles V vit donc dans les
propositions d'Enrique de Transtamare, une occasion d'en écouler
une grande partie en Espagne, et il s'empressa de le faire : les lettres
qu'il fit remettre à cette occasion à Bertrand Duguesclin prouvent
surabondamment que là était bien le fond de sa pensée.

En voici la teneur :

« A tous ceuls qui ces présentes lettres verront, Bertran Dugues-
« clin, chevalier, comte de Longueville, chambellan du roy de
« France, mon très redouté et souverain seigneur, salut. Savoir fai-
« sons que parmi certaine somme de deniers que le dit roy mon sou-
« verain seigneur nous a pieça fait bailler en prest, *tant pour mettre*
« *hors de son royaume, les compagnies qui estaient es parties de Bre-*
« *taigne, de Normandie et de Chartrain et ailleurs es basses marches.*
« comme pour nous aidier à paier partie de notre rançon à noble
« homme messire Jehan de Champdos, vicomte de saint Sauveur et
« connestable d'Aquitaine duquel nous sommes prisonnier, nous
« avons promis et promettons au dit roy, mon souverain seigneur
« par nos foy et serment *mettre et emmener hors de son royaume les*
« *dictes compagnies* à notre pouvoir le plus hativement que nous
« pourrons, sans fraude ou mal engin, et aussi sans les souffrir ne
« souffrir demeurer ne faire arrest en aucune partie du dit royaume,
« se n'est en faisant leur chemin, et sans que nous, ou les dictes
« Compaignies, demandions ou faissions demander au dit roy, mon
« souverain seigneur, ou à ses subgéez ou bonnes villes, finances ou
« autre aide quelconque etc...

S'il nous était permis de placer ici une humble réflexion, qui n'a
aucun trait aux lettres-patentes du bon roi Charles V, nous nous

demanderions si la gloire n'est pas la plus misérable de toutes les
billevesées !

A quoi sert d'avoir été grand comme Ajax, d'avoir conquis des
villes et sauvé des royaumes, pour être jugé sans façon, après des
siècles, et traité haut la main par un professeur névralgique et fou !

Vanité des vanités ! et n'est-ce point depuis que la fête des ânes est
morte que florit la faculté des lettres ?...

En vertu des pouvoirs qui lui étaient conférés, Duguesclin prit le
commandement des aventuriers qui infestaient le pays ; mais pour ne
rien perdre, il les mena en Espagne, en passant par Avignon, pour
faire *financer* le pape.

Il en tira, dit-on, deux cent mille francs en or, et une absolution
générale pour les siens.

L'armée grossissait sur la route.

Quoique le roi d'Angleterre eût défendu à ses sujets de prendre
part à cette guerre, une foule d'aventuriers, anglais et gascons, n'en
tenaient compte. Duguesclin les emmenait tous, au grand déplaisir
de l'Anglais.

Du reste, ces gens, qui avaient commencé par rançonner le pape,
n'en donnaient pas moins à cette guerre d'Espagne un faux air de
croisade.

Quand ils furent en Aragon, ils envoyèrent dire au roi de Castille
qu'il eût à donner le passage et les vivres « aux pèlerins de Dieu, qui
avaient entrepris par grand' dévotion d'aller au royaume de Grenade,
pour venger la souffrance de Notre-Seigneur, détruire les incrédules
et exhausser notre foi. »

Mais le roi Don Pèdre ne broncha pas, et ne fit que rire de cette
plaisanterie ; il fit répondre qu'il n'obéirait jamais à cette *truandaille !*...

Don Pèdre le Cruel était, comme on le voit, du même avis que nos
philosophes en Sorbonne.

Duguesclin était pour lui un truand.

Mais, bon Dieu ! Don Pèdre, non plus que Barbanchet, ne peut rien contre les mollets des colosses.

La grande armée avançait, et bientôt elle menaça les frontières du royaume de Castille.

Une nuit, la plupart des hommes d'armes qui défendaient la forteresse de Vasconcellos se trouvaient réunis dans la grande salle, où se tenait d'ordinaire le jeune comte.

Ce dernier avait été blessé dans un des précédents combats, et il était étendu sur son lit de repos.

A sa droite était le médecin du château ; à sa gauche le chapelain ; à deux pas, Hector de Joyeuse-Garde et les principaux officiers castillans qui suivaient la fortune de Vasconcellos.

Bien des événements s'étaient accomplis depuis quelques jours

Le roi Don Pèdre avait reçu du renfort, et, maintenant, il faisait à la forteresse une redoutable ceinture, qui allait chaque jour se rétrécissant d'un pas.

D'un autre côté, les hommes qui entouraient Henri de Vasconcellos avaient été décimés dans les combats acharnés qui avaient eu lieu ; le découragement avait gagné insensiblement tous les esprits ; on ne pouvait prévoir une heureuse issue à cette lutte évidemment inégale, d'un instant à l'autre, le roi devait triompher du courage des assiégés, et alors, quelle cruauté n'exercerait-on pas envers les prisonniers ?

Henri, se voyait à la veille d'être abandonné par les siens, et malgré l'assurance que Hector de Joyeuse-Garde n'avait cessé de montrer, la position devenait à chaque minute plus critique.

Henri était accoudé sur son lit, et il paraissait réfléchir profondément. Tous faisaient silence autour de lui ; nul n'osait troubler ses méditations, et cependant chacun était diversement agité par de sombres inquiétudes.

Hector de Joyeuse-Garde seul avait conservé la sérénité de son maintien, et il promenait de temps à autre un regard souverainement méprisant sur tous les hommes d'armes qui l'entouraient.

Pourquoi Hector de Triste-Garde méprisait-il les autres conspirateurs de carton qui emplissaient le château de Vasconcellos? — On n'a jamais pu le savoir.

— Or çà, dit-il, mon brave, il me semble que nous mettons bien du temps à réfléchir pour des hommes d'armes, qui font métier de leur épée..; nous n'avons cependant point à hésiter ainsi longuement, dans les circonstances critiques où nous nous trouvons, et je puis en deux mots, résumer la question, comme on dit dans les livres. — Il y a dans les souterrains de la forteresse un chemin inconnu à tous, et surtout au roi Don Pèdre et à ses gens ; ce chemin conduit à deux lieues du château de Vasconcellos, et peut offrir à ceux qui le suivront, une fuite assurée et sans dangers ; — que les lâches qui veulent abandonner la partie prennent donc ce chemin, et que ceux qui ont encore assez de courage pour aller jusqu'au bout de la partie, restent avec nous !... Voilà, ce me semble, les seules propositions qui puissent être faites, ce sont les seules du moins, qui puissent être acceptées !...

Aucune voix ne répondit à ces paroles du routier, et comme nul ne bougeait, Henri de Vasconcellos se leva sur son lit, et serra la main d'Hector.

— Le capitaine de Joyeuse-Garde, dit-il alors, a parlé comme je l'eusse fait moi même..; il n'y a plus d'hésitation possible désormais, et vos incertitudes me seraient fatales mille fois plus que votre défection... Partez donc, réunissez ceux des hommes d'armes qui sont au château, et qui voudront vous suivre. Je ne vous en voudrai point ; pour mon compte, je comprends qu'en face d'une catastrophe inévitable, l'homme le plus courageux puisse un jour se troubler... Par-

tez!... et Dieu veuille que vous ne poussiez pas au moins la crainte
du roi, jusqu'à aller lui offrir vos services!...

Les quelques chefs qui se trouvaient près de lui, protestèrent de
leur dévouement ; ils l'assurèrent que leurs soldats seuls les avaient
contraints à cette résolution suprême, qu'ils n'eussent jamais prise
d'eux-mêmes.

— D'ailleurs, ajoutèrent-ils, Maria de Padilla est partie depuis
deux jours déjà et nous n'en n'avons aucune nouvelle... Qu'est-elle
devenue...? qu'a-t-elle fait...? Elle avait promis d'éloigner Don Pèdre
de la forteresse.., et cependant Don Pèdre a, au contraire, doublé ses
efforts, il a augmenté le nombre de ses soldats ; c'est une guerre
acharnée, une lutte qui n'aura de fin que le jour où les défenseurs
manqueront au château de Vasconcellos. Pourquoi donc tenter une
chose impossible ? Un chemin souterrain nous offre une fuite assurée,
profitons-en pour aller dans le pays, chercher de nouvelles forces,
ramener de nouveaux révoltés. — Henri de Vasconcellos, vous voulez attendre encore, eh bien, nous vous le disons, vous vous englou-
tirez avant peu sous les ruines du château de vos ancêtres !...

Ils se retirèrent sur ces paroles ; ils auraient bien mieux fait d'emporter leur discours avec eux.

Hector de Joyeuse-Gardè les accompagna avec Henri jusque dans
la cour de la forteresse ; ils espéraient, par leur présence, retenir ou
arrêter la défection du peu d'hommes qui leur étaient restés fidèles.

Mais rien ne fit : les routiers aimaient leurs chefs ; ils ne les avaient
jamais quittés ; ils savaient qu'avec eux, le butin était toujours considérable, et d'ailleurs, depuis qu'ils défendaient la forteresse, ils
n'avaient vraiment eu que déboire ; et à part leur solde qui leur était
fidèlement comptée par Henri de Vasconcellos, aucune aubaine
n'était venue distraire leurs ennuis de prisonniers.

Toutefois, depuis qu'ils avaient connu Hector de Joyeuse-Gardè,
ils s'étaient singulièrement attachés à lui : Henri de Vasconcellos avait

toujours été généreux, ils les quittèrent tous deux, avec des protestations de dévouement que l'on pouvait croire sincères.

Henri et Hector les virent s'éloigner avec regret.

Sans eux en effet, sans leur concours, la défense allait devenir impossible, et tôt ou tard, ils devaient succomber sous les efforts de leurs ennemis; ils les accompagnèrent jusqu'à l'endroit où commençait le chemin souterrain, et ils allaient enfin se séparer, pour ne plus se revoir, quand la porte qui fermait la voie souterraine s'ouvrit tout à coup, livrant passage à quelques hommes qui, d'une main portaient une torche allumée, et de l'autre une hache.

Les routiers crurent d'abord à une trahison, et s'apprêtèrent à vendre chèrement leur vie ; Hector et Henri avaient déjà même mis l'épée à la main, quand Maria de Padilla sortit des rangs de la petite troupe, et courut se précipiter dans les bras de Henri.

— Henri!... s'écria-t-elle avec enivrement, vous êtes sauvé !

— Vasconcellos demeurait immobile et stupéfait.

— Vous êtes sauvé, vous dis-je, répéta la jeune femme dont le regard était mouillé de larmes, le ciel a entendu mes prières et les vôtres, et dès ce jour vos ennemis ont fui.

Et comme Henri, Hector et les routiers semblaient douter de la réalité de la nouvelle qu'on leur apportait :

— Venez! poursuivit Maria, en entraînant le jeune comte; aux dernières clartés de la lune, vous pourrez juger si je vous trompe, ou si ce que je dis n'est pas la vérité.

Tout le monde s'empressa autour de la maîtresse du roi, et chacun la suivit sur les remparts, précisément en face des positions qu'occupaient les soldats de Don Pèdre.

Un spectacle inattendu les y vint surprendre.

Grâce aux clartés de la lune, on pouvait distinguer, bien que confusément, tout ce qui se passait à quelque distance.

Le camp de Don Pèdre était abandonné à la plus grande confusion, chacun allait et venait; les trompettes sonnaient; les gens de pied descendaient à la hâte les chemins qui côtoyaient la forteresse et se dirigeaient vers Burgos ; les cavaliers prenaient le plus long, mais il était évident cependant, qu'ils apportaient une grande précipitation dans leur retraite.

Henri se retourna vivement vers Maria de Padilla.

— Ainsi le roi Don Pèdre retourne à Burgos, dit-il, avec l'espoir sur le front.

— Le roi Don Pèdre se hâte d'aller défendre ses frontières menacées, répondit Maria de Padilla.

— Et qui donc les menace? demanda Hector de Joyeuse-Garde.

— Le capitaine Bertrand Dugesclin.

Duguesclin! ce nom remplissait déjà le monde.

Le *Truand* de Duguesclin était déjà grand comme la gloire.

Le nom de Bertrand Duguesclin produisit un effet magique sur tous les assistants, et après le premier moment d'étonnement passé, un cri d'enthousiasme s'éleva du groupe des routiers qui, tout-à-l'heure se disposaient à fuir.

— Allons! allons! dit alors Hector de Joyeuse-Garde, ne perdons pas de temps; notre ennemi décampe, ses troupes sont en désordre, il est juste que nous profitions de ce moment favorable pour rendre la déroute complète, aux armes! et que chacun me suive. — Aux armes ! répétèrent les routiers en chœur.

Car, partout où l'on voit des routiers, il y a des voix assorties pour chanter tous les chœurs fameux : aux armes!... buvons, amis buvons!... vive l'amour, etc.

Tenors, barytons et basses tailles. — c'est une condition *sinè quâ non*, pour être reçu routier.

Comme Henri de Vasconcellos, malgré ses blessures, se dirigeait vers ses appartements pour s'armer, Maria de Padilla l'arrêta.

— Vous pouvez à peine vous soutenir, lui dit-elle à voix basse, et vous penseriez à vous exposer à de pareils dangers...

— Restez avec moi, Henri!... c'est pour vous seul que je suis revenue.

Henri de Vasconcellos voulut passer outre, mais la force le trahit, et tous les compagnons qui défendaient la forteresse partirent immédiatement, s'élançant à la poursuite de Don Pèdre, qui avait déjà sur eux bien de l'avance.

Henri de Vasconcellos étant resté en tête à tête avec Maria de Padilla, nous ne sommes pas autorisé à dire ce qui se passa entre eux.

— Mais le pauvre roi Don Pèdre, était assurément battu sur toutes les coutures.

Force avait donc été à ce roi de Castille, de compter avec la *truandaille* qui marchait sur son royaume. Don Pèdre avait commis tant de cruautés, il avait semé tant de haines, de colères, de ressentiments implacables autour de son trône, que lorsque les compagnies conduites par Duguesclin parurent sur la frontière, ce fut, pour ainsi dire, une désertion générale : — il fut abandonné.

Il ne trouva d'asile qu'en Andalousie chez ses amis les maures. De là il passa en Portugal, en Galilée, et enfin à Bordeaux, où il fut bien reçu par les anglais.

Quand il y a au monde un coquin couronné, les anglais se font ses protecteurs, depuis que l'Angleterre fut infligée au monde en punition de ses trop grands péchés.

Les anglais, d'ailleurs, jaloux alors comme aujourd'hui, ces derniers étaient outrés de colère et d'envie contre Duguesclin. Ils se chargèrent de ramener Don Pèdre !

Le prince de Galles qui régnait à Bordeaux, était tellement infatué de sa puissance, qu'il ne se contentait pas de vouloir rétablir Don Pèdre en Castille; il promettait au roi dépouillé de le ramener en Aragon.

Les seigneurs gascons, qui ne se souciaient pas d'aller si loin faire les affaires des anglais, hasardèrent de lui dire qu'il était plus difficile de rétablir Don Pèdre que de le chasser : « Qui trop embrasse mal étreint, disaient-ils encore ; nous voudrions bien savoir qui nous paiera les frais de la guerre ; on ne met pas des gens d'armes hors de chez eux sans les payer. »

Don Pèdre leur promettait tout ce qu'ils voulaient. Il avait laissé des trésors cachés dans des lieux que lui seul connaissait ; et leur donnerait six cent mille florins. Pour le prince de Galles, il devait lui donner la Biscaye, c'est-à-dire, l'entrée des Pyrénées — et Calais pour l'Espagne !...

Que le lecteur nous permette de lui dire en quelques mots comment finit cette guerre. Les détails qui vont vous suivre sont nécessaires pour l'intelligence de cette histoire.

Tout ce qu'il y avait d'aventuriers gascons dans l'armée de Don Enrique de Transtamare, fut rappelé en Guyenne. Ils partirent bien payés par Enrique, pour revenir le battre, et gagner autant au service de son ennemi, c'est la loyauté de ce temps, dit M. Michelet, dans sa naïve et sublime partialité.

Au bout d'un certain temps, le prince de Galles eut plus de gens d'armes qu'il n'en voulait. La difficulté était de les nourrir.

Ils partirent cependant : au départ, l'espoir d'un riche butin les animait, ils ne prirent pas garde à la rigueur de la saison.

Arrivés sur l'Ebre, dans un maigre pays , par le vent, la pluie et la neige, les vivres leur manquèrent. Ils en étaient déjà à payer le petit pain un florin.

Duguesclin souriait tout bas, et conseillait à Enrique de refuser la bataille ; Hector de Joyeuse-Garde était de son avis ; c'était évidemment la meilleure tactique. Le succès en était certain.

On pouvait faire garder les passages et affamer l'ennemi. — L'orgueil castillan ne le permit pas.

Don Enrique se voyait d'ailleurs trois mille armures de fer, six mille hommes de cavalerie légère, dix mille arbalétriers, soixante mille communeros avec des lames, des piques et des froudes.

La bataille fut résolue, et il fallait bien se soumettre à la détermination arrêtée par les principaux d'entre les castillans.

Malheureusement les archers anglais valaient mieux que les frondeurs castillans; les lances anglaises portaient plus loin que les dagues et les épées dont les français et les aragonais aimaient à se servir.

La bataille fut conduite par le brave et froid Jean Chandos, qui avait déjà fait gagner aux anglais les batailles de Poitiers et d'Auray.

Malgré les efforts de Don Enrique, qui ramena les siens trois fois sur le champ de bataille, malgré les prodiges effectués par Duguesclin, les espagnols ne purent soutenir le choc mesuré et savamment combiné de leurs ennemis, et ils prirent la fuite.

Tout fut tué ou pris.

Hector de Joyeuse-Garde seul parvint à s'échapper, mais Duguesclin avait été, pour la seconde fois, fait prisonnier par Jean Chandos!...

Je vous demande s'il n'eût pas mieux valu vingt fois que Triste-Garde eût avalé sa langue!

Quand donc mourra-t-il, cet homme! espérons que cela ne tardera pas!

CHAPITRE XI.

Quelques mois s'étaient passés : Bertrand Duguesclin avait été emmené à Bordeaux, où on le retenait prisonnier, et Henri de Vasconcellos était enfermé à quelques lieues de la capitale de la Guyenne, dans une forteresse défendue, en ce moment, par une compagnie de bandits à la solde de l'Angleterre.

Par une soirée du mois d'automne de l'année 1367, dans une misérable cabane, située au milieu des landes, à une faible distance de Buch, quatre hommes étaient réunis autour d'une table, et tous les quatre causaient avec vivacité. Ces quatre hommes étaient les principaux chefs des compagnies de cette époque, et on les connaissait sous les noms de Robert Briquet, de Lamit, du petit Meschin, et du bâtard Lebourg.

Ces hommes représentaient à eux seuls, la plus grande somme des forces dont l'Angleterre disposait sur le continent, et ils suffisaient avec les gens qu'ils commandaient, à jeter le trouble, et à entretenir la terreur dans les provinces limitrophes de la Guyenne.

Pour le moment cependant, les trèves leur avaient fait une existence misérable, et ils appelaient de tous leurs vœux une bonne guerre qui devait garnir leur bourse, et varier la monotonie de leur vie.

— Or ça, compagnon, disait Robert Briquet, au gros homme que les fatigues de la guerre n'avaient pu faire maigrir, il serait temps cependant d'aviser au moyen de sortir de cette famine dans laquelle la paix nous a rejetés ; voilà que ma bourse est vide déjà, et l'anglais ne paraît pas disposé à reprendre de si tôt les hostilités ; le paysan ne rend plus ; la vie devient difficile ; un bon avis, et que tout cela finisse.

— Pour moi, ajouta le bâtard Lebourg, grand gaillard aux robustes épaules et à la voix de stentor, je suis d'avis que nous réunissions nos hommes au plus tôt, et que nous allions rançonner les bourgeois des villes voisines ; c'est un métier où l'on gagne plus d'horions que d'écus, mais enfin, cela distrait , et je ne serais pas fâché d'avoir quelques distractions.

— Mauvais moyen, opina le petit Meschin, en regardant tour à tour ses trois compagnons, avec ses petits yeux ronds, clairs et vifs, mauvais moyen.

— Et quel est déjà ton avis, à toi ? demanda Lamit.

— Mon avis, repartit le petit Meschin, est que nous attendions la venue de notre maître à tous, messire Hector de Joyeuse-Garde.

— Crois-tu qu'il nous tire de là ?

— Peut-être! c'est un homme de bon conseil, et qui a plus de ressources dans son petit doigt, que nous quatre dans nos pauvres cervelles; je l'ai vu ce matin, et il m'a promis d'être exact au rendez-vous... nous voici à la minuit, je gage qu'il ne se passera longtemps avant que nous l'entendions.

Le petit Meschin achevait à peine ces paroles, que la porte de la chambre dans laquelle se tenait ce conciliabule s'ouvrit, et que le capitaine Hector de Joyeuse-Garde entra.

Une exclamation s'échappa en même temps des lèvres des quatre chefs de compagnies, et chacun s'empressa d'aller serrer la main au nouvel arrivé.

Il paraît que ces quatre drôles étaient de bien pauvres sires, puisqu'ils faisaient tant de bruit pour l'arrivée d'un paltoquet comme notre Triste-Garde.

Enfin, n'importe : dans le pays des borgnes, les louches sont empereurs.

— Salut à vous, mes compagnons, dit Hector avec cet accent avantageux qui lui était particulier, j'arrive tard au rendez-vous, mais il faut s'en prendre aux chemins qui sont mauvais, et aux précautions obligées, qui sont nombreuses, nous nous sommes créé de dangereux ennemis dans cette contrée, et bientôt nous ne pourrons plus faire un pas sans être inquiétés.

— Le fait est, répondit Robert Briquet, que le pays commence à n'être plus tenable : cette paix nous rend ridicules, et nul n'a peur de nous maintenant.

— Il faut y prendre garde, fit Hector en jetant son feutre à terre, et en posant son épée sur la table.

— Et que faire ?

— Se rendre redoutables de nouveau.

— Comment?

— Ah ! ah ! il y a mille moyens.

— Lesquels?

— J'ai une affaire à vous proposer, compagnons, dit Hector en s'accoudant nonchalamment sur la table.

— Voyons! voyons! s'écrièrent avidemment Lamit, Robert Briquet et le bâtard Lebourg.

— J'en étais sûr, murmura le petit Meschin.

— Une bonne affaire, poursuivit Hector, un coup qui nous rendra riches tous les cinq, et inspirera peut-être à ceux qui nous entourent une terreur lucrative.

— Parlez!

— Ah! ce n'est pas un jeu d'enfant que je vous propose ; mais si le succès couronne nos efforts, il y en aura pour longtemps!

Les quatre chefs firent silence ; ils se rapprochèrent d'Hector, et s'apprêtèrent à écouter de leur mieux.

Hector reprit :

— Voici ce dont il s'agit : Il y a à quelques lieues d'ici, trois lieues au plus, un château, dans lequel habite le vieux comte de Preignac, avec son fils et sa fille... le château est défendu par une douzaine de Gascons armés, qui ne présenteraient pas une heure de résistance, si nous étions accompagnés par quelques-uns de nos braves ; mais pour que l'affaire soit bonne, pour qu'elle se fasse sans éveiller de soupçons dangereux, il importe que nous y allions nous seuls, et que nous pénétrions dans le château, sans avoir autour de nous le moindre homme d'armes.

— Pourquoi cela? demanda Robert Briquet.

— Parce que les hommes que nous emmenerions avec nous gâteraient l'affaire en tuant le comte et son fils, et qu'il ne faut tuer personne.

— Cependant... fit Lamit.

— Cependant, compagnon, c'est mon avis, et il arriverait malheur à celui qui ne le partagerait pas : d'ailleurs, je veux bien vous faire comprendre les raisons qui me font agir ainsi, afin que vous n'alliez pas commettre une imprudence qui nous compromettrait ou rendrait notre campagne inutile.

— Parlez! fit le petit Meschin, je crois vous comprendre.

— Le comte est un vieillard, qui n'a d'amour que pour sa fille et les écus qui emplissent ses coffres... C'est là sa vie; il ne sort jamais; le jour, sa fille est à ses côtés; la nuit, il est à côté de ses écus : en dehors de ces deux objets, il n'y a rien pour lui; le monde n'existe pas : il va, vient, court à travers son manoir; mais quoiqu'il dise, quoiqu'il fasse, quoiqu'il pense, il a toujours un œil sur sa fille, et l'autre sur ses trésors... Tel est le vieux comte de Preignac... Saisissez-vous?

— Pas encore, fit le bâtard Lebourg, qui ne se piquait pas d'intelligence.

— Eh bien! nous pénétrerons dans le château du comte, nous assommerons ses hommes d'armes, s'ils tentent d'opposer la moindre résistance; ceux-là je vous les abandonne, car le vieillard ne donnerait pas un écu pour les racheter; mais quant à sa fille, c'est différent, nous nous précipiterons dans la chambre, nous l'enlèverons, et demain elle peut être au château de Buch, où nul ne viendra la chercher.

Ah! Triste-Garde! Triste-Garde! quel coquin fatigant vous étiez! J'ai honte de raconter votre histoire!

Et cependant, le discours d'Hector eut un plein succès auprès des quatre soudards qui l'entouraient.

— C'est parfait, fit observer le petit Meschin.

Et les autres répétèrent :

— C'est parfait.

Triste-Garde continua d'un air fat :

— Une fois la fille enlevée, nous tenons le père; et malgré l'amour qu'il porte à ses coffres, il faudra bien que ces derniers passent par nos mains, s'il veut revoir son enfant.

— Et quand irons-nous au château de Preignac? demandèrent vivement tous les chefs à la fois.

— A l'instant même, si vous le désirez.

— Partons! partons! s'écrièrent-ils d'une même voix.

Et ils se levèrent, saisirent leurs armes à la hâte, et se précipitèrent hors de la misérable cabane.

Une fois là, ils montèrent à cheval, et disparurent bientôt au galop, suivant Hector de Joyeuse-Garde, qui les précédait dans la direction du château de Preignac.

Quand ils arrivèrent au terme de leur course, l'aube blanchissait déjà à l'horizon, et le manoir de Preignac détachait sa silhouette grise sur le fond clair du ciel.

Les cinq cavaliers s'arrêtèrent sur l'ordre d'Hector.

— Pourquoi ne profitons-nous pas des dernières heures de la nuit pour attaquer le château, demanda aussitôt Robert Briquet, qui venait de se rapprocher de Joyeuse-Garde.

— Chut!... fit ce dernier.

Et il ajouta, en désignant le manoir de la main :

— Je ne sais, mais il me semble avoir vu remuer quelque chose de ce côté.

— Qu'est-ce donc? fit Lamit.

— Attendons, et nous allons le savoir.

Ils se rejetèrent d'un même mouvement sur le revers de la route, et tous les cinq attendirent les yeux fixés sur le manoir.

Ainsi qu'Hector l'avait annoncé, ils ne furent pas longtemps sans apercevoir de singulières choses.

La petite porte cintrée du manoir s'ouvrit peu après, et une dizaine d'hommes, portant le costume de seigneurs du pays, sortirent un à un de la demeure du comte de Preignac. Leurs chevaux les attendaient à peu de distance ; ils montèrent, et prirent le pas jusqu'à l'endroit où les cinq chefs de compagnie se tenaient cachés.

Le bâtard du comte, qui les accompagnait, s'arrêta, et leur ayant serré la main à tous, il les salua une dernière fois du geste, leur recommanda d'être exacts le lendemain, et regagna à la hâte le manoir.

Les seigneurs enfoncèrent aussitôt leurs éperons dans le ventre de leurs montures, et disparurent dans diverses directions.

Chacun avait dit *à demain* avant de se séparer.

Ceci intrigua beaucoup nos malandrins. Ils venaient chercher une jeune fille blonde et une cassette ; ils trouvaient dix épées et une grosse intrigue.

— Par les cornes du diable ! s'écria le bâtard Lebourg, dès que les cavaliers eurent disparu, et que l'on n'entendit même plus le bruit des pas de leurs chevaux, voilà qui m'intéresse au dernier point. Il y a là-dessous quelque méchanceté ténébreuse : qu'en dites-vous, capitaine Hector ?

Triste-Garde secoua la tête, d'un air capable.

— Bah ! dit-il tout à coup, en faisant franchir à son cheval le fossé qui le séparait de la route, c'est ce que j'éclaircirai demain ; venez !

— Où allons-nous donc ? demandèrent les chefs qui suivaient son exemple.

— Au château, par dieu ! au château, répondit Hector, qui entraîna ses amis vers la demeure du vieux comte de Preignac.

Tous avaient tiré l'épée du fourreau ; ils atteignirent le but avec la rapidité de la foudre.

II.

L'affaire s'était passée comme l'avaient espéré les chefs des compagnies de routiers ; ils n'avaient trouvé qu'une faible résistance au manoir de Preignac, dont la porte fermait mal par suite du mauvais état d'une serrure à combinaisons, inventée par Daniel Piment, de Libourne, plus connu sous le non de Cramassol, et qui fit sa fortune dans les cadenas.

Ce Cramassol ou Piment était si adroit de ses mains, que Sublot de château-neuf du Pape, son beau-père, avait coutume de dire de lui : mon gendre est fort adroit de ses mains !

Il avait eut plusieurs amourettes avant d'épouser la fille de Sublot de château-neuf du Pape.

Du reste nous ne vous parlons de lui qu'à cause de sa serrure à combinaisons, qui n'allait pas bien, et qui fut la cause innocente de la prise du château de Preignac.

Les routiers s'étaient emparés du bâtard, qu'ils avaient mis immédiatement dans l'impossibilité d'agir, en l'attachant au pied d'une chaise, et Robert Briquet, secondé par Lamit, avait enlevé la jeune fille du comte, pendant que le petit Meschin tenait compagnie au dit comte.

Tout cela avait à peine duré quelques minutes, et le jour n'avait point encore tout à fait paru à l'horizon, qu'ils reprenaient au galop la route de Buch, emportant leur précieux dépôt.

Il fut convenu alors, que le petit Meschin et Briquet resteraient avec quelques hommes au château de Buch, que Lamit et le bâtard Lebourg battraient les environs pour prévenir toute surprise, et Hector de Triste-Garde, après s'être revêtu d'un costume de pèlerin, prit la route du château de Preignac, où il arriva à la tombée de la nuit !...

L'hospitalité était pratiquée au moyen âge, avec un empressement des plus louables, envers les voyageurs qui avaient fait le voyage de Terre-Sainte ; malgré le désordre que l'événement de la nuit avait jeté dans la demeure du comte de Preignac, Hector de Triste-Garde fut accueilli immédiatement, et introduit dans une des principales salles du manoir.

Le routier ne venait pas précisément chez le comte pour obtenir de lui cette rançon qu'il avait fait espérer la veille à ses compagnons, et qui seule avait déterminé ces derniers à concourir à l'enlèvement de la jeune héritière de Preignac.

Depuis la veille, Hector de Triste-Garde avait singulièrement modifié ses plans, et c'était un autre intérêt qui le poussait maintenant.

Toutefois, il ne fit rien paraître de ses intentions, et se contenta d'attendre la nuit, sans demander à être présenté ni au comte ni à son fils illégitime.

Le lecteur sera fier d'apprendre que le vieux Preignac avait eu ce fils dans un âge moins avancé, par suite de rapports intimes qu'il avait noués avec une anglaise.

Il n'avait pu résister à la passion que lui inspirait cette anglaise qui, comme les anglaises d'aujourd'hui, vivait de clair de lune et de bœuf saignant.

Le fils qui dut le jour à ces circonstances romanesques, avait nom Minoche, comme bien des gens de Libourne, et les cors qu'il eut aux pieds toute sa vie, lui firent une destinée bien amère.

La nuit venue, cependant, Triste-Garde changea d'attitude.

Le fils Minoche qui était parvenu à se détacher de son pied de chaise, avait battu les environs toute la journée avec des hommes d'armes ; quand il rentra, il alla faire connaître à son père le résultat négatif de ses recherches, puis il disparut de nouveau, et on ne le revit plus au château.

Minoche avait ses petites affaires.

C'est alors que Hector de Triste-Garde se décida à commencer ses opérations.

Il fit prévenir le vieux comte, qu'un homme portant le costume de pèlerin, désirait l'entretenir quelques minutes, et d'après son ordre, on ajouta que cet homme lui apportait des nouvelles de sa fille.

Il fut introduit aussitôt.

Le comte était un petit vieillard sec et maigre, qui pouvait bien avoir alors soixante-neuf ans au moins..; l'âge l'avait courbé; il était fort abattu et souffrait d'un rhumatisme. L'enlèvement de sa fille l'avait brisé; il eût donné tous ses trésors, disait-il, pour la revoir une heure seulement!

L'arrivée d'Hector parut le réveiller un moment.

Dès qu'il le vit entrer, il se précipita vers lui, les bras tremblants, le regard avide, et lui saisit les mains avec empressement.

— Ma fille! ma fille!... s'écria-t-il avec des larmes dans la voix, vous l'avez vue, où est-elle?... Pourquoi ne me la rend-on pas? Parlez! je vous en supplie!

Hector dégagea ses mains de l'étreinte du vieillard.

— Votre fille, répondit-il lentement, a été déposée en lieu sûr, par des hommes qui ne sont guère disposés à vous la rendre, messire comte...

— Que dites-vous?

— La vérité!

— Mais, s'écria le bonhomme, je suis prêt à payer sa rançon cependant. J'ai peu d'argent, mais tout ce que je possède, je le donnerai aux scélérats... je veux dire aux bons seigneurs qui...

Hector de Joyeuse-Garde l'interrompit, en secouant tristement la tête.

— Non, dit-il, ce n'est point de cela qu'il s'agit, et si vous voulez m'écouter avec calme, je vous dirai à quelle condition seulement votre fille pourra vous être rendue!...

— Ah! parlez! parlez, dit le malheureux vieillard en se laissant retomber accablé sur son siège.

Emérance était le petit nom de la fille du comte. Elle était blonde et même ardente, ressemblant en ceci à sa tante Ermengarde qu'on appelait Queue-de-vache, dans l'aimable abandon de l'intimité de famille.

V.   38

Elle était pure et sans tache, bien quelle eût fréquenté des officiers.

Elle soignait avec douceur le rhumatisme aigu de son respectable père.

Hector ne prit pas garde à l'attitude désespérée du comte, il alla chercher une chaise de paille à quelque distance, et revint s'asseoir à ses côtés, avec beaucoup de calme et de sang-froid.

— Monsieur le comte, dit-il enfin après quelques instants de réflexion, les hommes qui ont enlevé, cette nuit, l'héritière de Preignac sont des lurons puissants, qui ont entre les mains de bonnes armes, et qui n'ont d'abord eu d'autres intentions que celle de vous arracher les trésors que vous amassez dans ce manoir.

— Moi! fit le vieux comte avec un cri d'effroi, je suis plus pauvre que Job!

— Oh! ne vous récriez pas, seigneur comte, ces hommes avaient pris tous les renseignements nécessaires, et ils savent à quoi s'en tenir; n'eussiez-vous pas de trésors, qu'ils vous contraindraient bien à en trouver.

— Mais c'est horrible! s'écria le malheureux vieillard.

— Ce sera tout ce que vous voudrez, seigneur comte, toutefois, si je suis venu vers vous aujourd'hui, vous devez bien penser que j'avais un motif spécial pour demander à vous entretenir, et j'ai, moi, d'autres propositions à vous faire.

— Et quelles sont ces propositions? demanda le comte, qui sentit une lueur d'espoir traverser son esprit.

— Elles sont simples; en deux mots, je suis chargé de vous rendre votre fille, mais à une condition.

— Laquelle?

— Cette nuit, au moment où nous allions nous précipiter sur ce manoir, nous en avons vu sortir quelques hommes, qui avant, de se séparer, se sont donné rendez-vous pour aujourd'hui même.

— Eh bien!

— Eh bien ! j'ai un intérêt personnel, moi, à connaître pourquoi ces hommes se réunissent, et ce qu'ils trament ainsi, loin des regards de tous, et j'ai espéré que vous consentiriez.

— A vous les livrer?...

— Non, seigneur comte, mais à me laisser pénétrer dans le lieu où ces hommes tiennent leur séance, et à me permettre d'entendre leur entretien.

Le comte se gratta l'oreille. — Et ma fille! dit-il, mon Emérance chérie!...

—' Votre fille, je le répète, seigneur comte, est déposée en lieu sûr; mais elle se trouve, en ce moment, entre les mains d'hommes violents que toute résistance pourrait exaspérer ; si vous n'obéissez pas cette nuit, Dieu seul sait le sort qu'ils réservent à la jeune Emérance de Preignac!... Si au contraire, vous consentez à m'introduire dans la salle où vont tout à l'heure se réunir votre fils et ses mystérieux compagnons, avant deux jours, je le jure, Emérance rentrera au manoir de ses pères, aussi pure qu'elle en est sortie!...

Pendant qu'Hector de Joyeuse-Garde parlait, le vieux comte se mettait les oreilles en sang ; il désirait ardemment revoir sa fille, son Emérance chérie, mais il craignait de livrer son fils illégitime à un traître, en dévoilant ses secrets. Toutefois, il n'y avait pas à hésiter, et le routier ne paraissait pas homme à revenir sur ce qu'il avait dit.

Le malheureux père se leva donc en tremblant, et après avoir parcouru deux ou trois fois la chambre, malgré son rhumatisme, avec une agitation pleine de fièvre :

— Ainsi, dit-il en levant les mains vers les cieux, vous n'avez point de compassion! les hommes qui m'ont enlevé ma fille, ma pauvre Emérance, seront impitoyables jusqu'au bout; ils veulent encore perdre mon fils!... J'avais là quelque argent, je l'aurais donné avec joie, si on me l'avait demandé; mais ce n'est point là ce que vous voulez, soit... je vous conduirai, vous verrez, vous entendrez, mais avant deux jours, vous l'avez dit, vous le jurez, ma fille me sera rendue.

— Je le jure !

— Je vous crois !... Pauvre Emérance !... elle pleure sans doute, cette chère enfant ; c'est la première fois qu'elle quitte ce toit où elle est née, où elle a grandi... Allons donc, messire, et Dieu veuille que cette épreuve soit la dernière que le sort réserve à ma vieillesse !...

Il parla ainsi durant très-longtemps, et dit toutes sortes de vieilles fadeurs.

Enfin, il se détermina à agir.

Mais, comme il allait entraîner Hector de Joyeuse-Garde, ce dernier le retint.

— Qu'y a t-il encore? demanda le comte.

— Un simple avertissement, répondit le routier.

— Quoi donc?

— Nous allons descendre au lieu ordinaire de leur rendez-vous?..

— A l'instant même.

— Je désire que nul ne soit prévenu de ma présence ; tous doivent ignorer que nous serons là ; songez-y, messire comte, car la moindre indiscrétion de votre part serait suivie des plus cruelles représailles.

Le comte baissa la tête et ne répondit pas.

Puis, après un moment d'hésitation, il sortit de la salle, invitant Hector de Joyeuse-Garde à le suivre, et ils entrèrent dans les souterrains du château.

La route qu'ils suivirent alors fut longue.

Le chemin était sombre, éclairé seulement de distance en distance, par des torches résineuses, qui jetaient sous les voûtes presqu'autant de fumée que de clarté.

Quelquefois ils rencontraient inopinément quelques hommes armés au détour du chemin ; ces hommes les arrêtaient par un qui vive inattendu, et croisaient contre eux le fer de leurs hallebardes ; mais le comte de Preignac ne s'était pas plus tôt fait connaître, qu'on leur ouvrait aussitôt le passage, et qu'ils pouvaient librement poursuivre leur route.

Rien n'est plus facile que de circuler dans ces affreux souterrains, malgré les hallebardes et les précipices. Le souterrain est l'ami de l'homme.

Enfin Triste-Garde et son hôte arrivèrent, et grâce aux précautions prises par le vieillard, ils trouvèrent place dans une sorte de tribune élevée, où nul regard ne devait assurément les aller chercher.

Cette tribune dominait une salle, bâtie ou creusée par les anciens habitants de ces contrées, à une époque qu'il nous serait aisé d'indiquer.

Elle était soutenue par trente sept piliers de marbre gris commun, dont dix huit parfaitement bien conservés.

Les dix neuf autres pouvaient encore servir.

Dès que Hector de Joyeuse-Garde se fut assis dans sa tribune, il écouta avec la plus profonde attention ce qui se disait au-dessous de lui.

Un homme, un vieillard, à la voix ferme, à la haute stature, occupait en ce moment une sorte de chaire, placée au milieu de la vaste salle, et le regard tourné vers les membres dont cette réunion étrange était composée, la main étendue, il parlait.

Cet homme, comme la plupart des assitants, portait le costume des chevaliers hospitaliers de Saint-Jean de Jérusalem.

— Mes frères, disait-il, c'est assez supporter la condition qui nous est faite!... L'ordre auquel nous appartenons a toujours occupé une position secondaire parmi les défenseurs de la chrétienté, il est temps de le relever : nos ennemis ne se sont pas lassés de nous humilier, de nous entourer de vexations ; quoiqu'abattus, ils ont sourdement miné notre ordre; malgré la bulle sacrée qui les a rayés du nombre des vivants, ils tentent encore de renaître à la vie ; aujourd'hui ils ont leur grand maître, leurs cérémonies occultes ; avant peu sans doute, ils se relèveront, et c'est sur nos débris qu'ils édifieront, soyez-en sûrs, le nouveau TEMPLE qu'ils ont rêv... nous ne devons pas le souffrir...

— Non ! non, répondirent cent voix à la fois.

— Si vous êtes tous persuadés de cette nécessité, notre cause triomphera sans peine ; mais il ne faut pas que vos cœurs hésitent, ou que votre main tremble... Les Templiers renaissent, et sans nous désigner encore, ils nous menacent déjà ! il faut opposer la ruse à la ruse, et les devancer, en les effrayant par une vengeance éclatante :

— Parlez ! parlez ! dirent les chevaliers de Saint-Jean de Jérusalem.

— Pour moi, je ferai sans crainte ce que l'ordre aura commandé de faire, mais si mes frères veulent me prêter leur attention, je leur dirai quel moyen me semble le plus propre à atteindre promptement le but que nous nous proposons.

— Dites ! dites!

Hector de Joyeuse-Garde ne perdait pas un mot de ce qui se disait ; le malheureux vieillard, au contraire, aurait voulu être bien loin : il comprenait qu'il allait se passer quelque chose de grave, qu'une détermination compromettante allait être prise ; il aurait donné quelques ducats, — le moins possible, — pour qu'il lui fût permis d'arrêter l'élan imprudent des chevaliers de Saint-Jean.

Quant à Hector de Joyeuse-Garde, il était toujours aussi calme en apparence, aucune émotion ne se trahissait sur son visage, et cependant, son regard plongeait au milieu de la foule, avec un avidité singulière, et de temps en temps, sa main cherchait sous sa robe de pèlerin, une arme qu'il y avait cachée.

Pourquoi cela ? Qu'avait de commun avec les Templiers ce vieux maraud d'Hector?

Nous le saurons sans doute.

Cependant le chevalier qui avait parlé un instant auparavant, venait d'ouvrir un petit écrin ; il en tira « *une image de cire enveloppée d'un quevre-chief crespé, laquelle image était à la semblance d'une figure d'un homme moult laid, et était bien de la longueur d'un pied et demi, ce li semble, et si, le virent bien clèrement par le quevre-chief qui était moult deliez, et avait entour le chief semblance de cheveux aussi comme un homme qui porte chief.* »

Cette image fut aussitôt passée de main en main, et déposée en dernier lieu sur une table recouverte d'un velours noir à franges d'or.

L'orateur poursuivit :

— Cette image, dit-il, est celle de Duguesclin.

— Duguesclin ! répétèrent plusieurs chevaliers.

— Oui, Duguesclin, notre implacable ennemi !... celui qui seul peut mettre un obstacle puissant à la régénération de notre ordre : elle m'a été envoyée par nos amis de France... c'est enfin, un *voult*, une *manie*, une image de cire que l'on fait baptiser pour *grever* ceux que l'on veut *grever*.

Personne dans l'assemblée n'était sans ignorer les terribles effets de cette cérémonie magique.

Un mouvement de répugnance se manifestait dans tous les rangs.

L'homme continua :

— Eh quoi ! nous commençons à peine notre œuvre, et déjà vous avez peur ! vous pâlissez ! vous reculez !... Pour mon compte, chevaliers, j'aime mieux étrangler le diable que d'être étranglé par le diable !...

Un silence succéda à ces paroles, et le jeune Gilbert de Preignan, fils illégitime du comte, voyant les dispositions des auditeurs se refroidir, se hâta de monter lui-même à la tribune.

— Chevaliers, dit il d'une voix exaltée, car il avait largement dîné ; pourquoi vous taisez-vous devant les paroles de sire d'Albi ? Qu'a-t-il dit qui soit de nature à vous étonner et à vous blesser ? Le capitaine Duguesclin est notre ennemi ; les succès qu'il a obtenus dans le métier des armes, ont donné à son nom une importance dangereuse ; s'il tente de réhabiliter, de relever l'ordre du Temple, il réussira, c'est à nous à l'en empêcher, et, pour mon compte, je le déclare à haute voix, je ne reculerai devant aucun moyen pour atteindre le but que je me suis proposé !... Que chacun donc consulte son courage, comme moi, qu'il tire son poignard de sa ceinture, et qu'il l'enfonce sans pâlir et sans trembler dans cette image qu'un prêtre a baptisée, et qui nous représente ses traits.

Voilà enfin un vrai gaillard ! Vive Dieu ! ce bâtard était un courageux jeune homme !

Et avez-vous remarqué, citoyenne, que les enfants de l'amour sont toujours bien plus jolis que les autres ?

Courage, jeune guerrier ! *sic itur ad astra !*

Le bonhomme Preignac dut être fier de son enfant naturel !

Le mouvement d'hésitation et de répugnance qui s'était manifesté dans l'assemblée avait disparu ; les amis de Gilbert de Preignac, ceux de sire d'Albi, les plus exaltés parmi les chevaliers, tirèrent leur poignard, comme l'invitation leur en était faite, et ils marchèrent un à un, d'un pas ferme, vers l'endroit où l'image de cire avait été déposée.

Cette marche lente et régulière avait un caractère particulièrement lugubre.

Les uns allaient droit ; les autres boitaient d'une jambe ou de deux ; quelques-uns avaient même des défectuosités de taille, soit de naissance, soit d'accidents, mais tout cela disparaissait dans un ensemble très-dramatique.

Le vieux comte de Preignac, accablé de rhumatismes, se sentit remué jusqu'au plus profond de son cœur, et une pâleur livide se répandit sur ses traits ridés par l'âge : un moment en proie à une agitation qu'il n'était plus maître de comprimer, il se leva, et étendit la main vers l'assemblée; mais Hector de Joyeuse-Garde avait vu ce mouvement, il lui arrêta énergiquement le bras, et le força à se rasseoir.

— Songez à votre fille Emérance, lui dit-il à voix basse et rapide, et souvenez-vous que le moindre mouvement de votre part peut la perdre à tout jamais !

Le vieux comte retomba accablé sur son siége, et prit avec désespoir sa tête dans ses mains.

— Emérance ! Gilbert ! mon fils naturel ! ma fille légitime ! s'écriat-il en sanglottant, — l'une perdue, l'autre égaré !... Seigneur ! seigneur ! ayez pitié d'un vieillard dans l'embarras !

Hector de Triste-Garde ne fit aucune attention au malheureux vieillard, et son regard, ardemment ouvert, suivit la scène qui se passait dans l'immense salle.

Combien cet Hector était dur et dépourvu d'entrailles !

Chaque chevalier s'avançait vers l'image de cire; tous étaient armés d'un poignard, et en passant chaque poignard s'enfonçait lentement au cœur même de l'effigie.

Quand la lugubre procession eut fini de défiler, tous allèrent se ranger en silence autour du jeune Gilbert de Preignac, qui tenait encore son poignard à la main, et jetait autour de lui des regards effarés.

Il y avait de quoi ! le petit bonhomme de cire était percé de part en part !

— L'œuvre est consommée, dit Gilbert d'une voix un peu enrouée, malheur à celui qui trahira notre sainte cause; qu'il soit maudit et rejeté du sein de notre communion, et que jamais il ne puisse y rentrer : chevaliers, ce sera pour moi un éternel honneur d'avoir été choisi par vous pour accomplir cette mission dangereuse ! Demain je partirai pour Bordeaux : l'amitié qui me lie au prince de

V.   39

Galles me permet d'y agir en toute liberté; dans huit jours, quand je reviendrai, le capitaine Duguesclin n'existera plus!

Le lendemain de cette scène, Gilbert de Preignac s'éloignait du château de son père, et prenait seul, et sans même emmener un valet avec lui, le chemin de Bordeaux.

Hector de Joyeuse-Garde était parti la nuit même, avait passé au château de Buch, et s'était dirigé ensuite vers la capitale de la Guyenne.

III.

Cependant la fille du comte de Preignac, la blonde et innocente Emérance, était enfermée au château de Buch, livrée aux mains du petit Meschin et de Robert Briquet.

Le captal de Buch, de la maison de Foix, seigneur du château, était parti depuis quelques semaines pour la cour de France, et il avait remis la garde de son château aux chefs que nous avons vus enlever l'héritière de Preignac; ces chefs étaient pour la plupart dévoués à Duguesclin, bien que payés pour le moment par son ennemi le prince de Galles, et ils se tenaient d'habitude dans cette forteresse, qui, située à quelque distance seulement de Bordeaux, pouvait servir admirablement leurs projets, dans le cas où Duguesclin parviendrait à s'échapper.

Il ne faut jamais oublier que ces chefs et leurs soldats avaient servi sous Duguesclin, et que le grand capitaine les avait toujours menés à la victoire.

Hector de Joyeuse-Garde était bien plus avant que les autres dans une sorte de conspiration, dont le but était de rendre Duguesclin à la liberté. Sans doute, ce coquin d'Hector n'avait pas eu de lui-même cette bonne pensée, et il faut croire qu'on lui avait promis quelque os à ronger pour cela.

Toujours est-il qu'il avait fait des pieds et des mains auprès des gardiens ordinaires du héros breton, tant et si bien qu'il pouvait espérer qu'avant peu, par un moyen ou par un autre, il parviendrait à rendre la liberté au seul homme qui pût replacer Enrique sur le trône de son frère.

C'est donc dans cette forteresse, où l'on pensait donner asile à l'illustre fugitif, qu'Emérance avait été conduite, et Hector n'avait pas cru pouvoir la remettre en des mains plus sûres que celles de Meschin et de Robert Briquet.

En ce qui concerne le petit Meschin, la confiance était assez bien placée; mais pour ce qui regarde Robert Briquet, Hector s'était étrangement trompé.

Robert Briquet n'avait jamais vécu que dans les camps; son éducation première avait été négligée; il avait toutes les allures d'un soudard, et ne poussait pas extrêmement loin la délicatesse.

Jamais encore il n'avait connu que des filles folles, et il n'avait point l'idée d'une jeune personne si blonde et si candide.

Dès qu'il avait vu Emérance, il s'était senti venir l'eau à la bouche, et de coupables projets avaient germé dans son esprit. Il n'avait encore rien rencontré d'aussi agréable que la fille du comte de Preignac, et quand il apprit qu'Hector lui en confiait la garde, il se promit bien de profiter de la liberté qui allait lui être laissée.

L'exemple de cet homme débauché ne doit pas être imité.

Dom Guiscard, auteur contemporain, dit formellement que le libertinage est une chose honteuse.

Nous ajouterons que les excès en tous genres sont généralement condamnables.

Quant à Emérance, la pauvre et douce enfant, elle avait passé les premières heures de sa captivité à pleurer, à appeler à son secours son père, son frère illégitime, tous ceux qu'elle avait connus, tous ceux qu'elle avait aimés.

Séparée des êtres au milieu desquels elle avait grandi, elle s'était crue perdue : ce château lui avait paru sinistre ; c'était en quelque sorte une tombe dans laquelle on l'enfermait vivante.

L'idée du déshonneur ne lui vint même pas. La pauvre jeune fille était trop chaste et trop pure pour comprendre les horreurs d'une violence semblable à celle que méditait Robert Briquet.

Incidemment, qu'il soit maudit ce Briquet (Robert)!

Mais il y avait pour Émérance un autre sujet de douleur, une cause plus amère de désespoir.

Émérance aimait ! hélas! oui.

Elle n'avait vu que bien rarement celui qui était son fiancé, l'homme qui devait être son époux, mais son cœur s'était laissé gagner par la douce sympathie qu'il lui avait inspirée.

Il était jeune comme elle, noble, généreux, enthousiaste; il portait noblement le nom illustre de ses ancêtres. Son image ne quittait jamais Émérance, et souvent, dans le secret de sa pensée émue, elle l'avait appelée près d'elle.

Depuis qu'elle était seule et abandonnée au château de Buch, l'amour d'Émérance s'était accru, comme l'amour s'accroît toujours dans le malheur. Mais son fiancé était loin ; les troubles du pays qu'il habitait ne lui permettaient pas d'accourir à son secours, et Henri de Vasconcellos était trop éloigné, trop préoccupé d'ailleurs des malheurs de l'Espagne, pour songer à la pauvre captive.

Émérance était, en effet, cette fiancée qu'Henri avait pu oublier un moment dans sa folle passion pour Maria de Padilla, mais qu'il aimait encore de toutes les forces de son cœur, et dont lui aussi désirait se rapprocher, et déplorait l'absence.

Un homme comme Henri de Vasconcellos, qui possède un château avec des souterrains, ne peut se passer de deux amours : un amour décent et un amour coupable.

C'est le moins.

Sans cela, point de roman !

Mais arrivons aux grandes aventures.

Une nuit, Émérance était seule dans sa chambre ; sa fenêtre était ouverte, et son regard mélancolique et rêveur plongeait dans les profondeurs pleines d'ombre du paysage qui se déroulait à ses pieds.

La nuit était douce et calme ; le ciel était plein d'étoiles ; il régnait de toutes parts une sorte d'harmonie molle qui invitait doucement au sommeil.

Émérance se laissa gagner peu à peu par cette paresse qui était dans l'air, elle appuya nonchalamment son front sur la main, ferma ses beaux yeux, et rêva.

En un instant, elle revit tout son passé ; son enfance heureuse sous les regards de son père ; sa joie folle quand elle courait à travers les prairies embaumées, pourchassant les papillons diaprés, ou cueillant les fleurs agrestes sur le bord des sources vives.

Heureux souvenirs !... époque enchantée !...

Aucun souci n'était venu plisser encore sa lèvre rieuse, aucune ombre n'avait passé sur son front éclatant, aucune larme n'était tombée de ses yeux dans cette coupe d'or où l'enfance lui versait le bonheur.

Hélas ! tout avait disparu !... Voilà que maintenant elle se trouvait seule, sans défense, à la merci de soldats qui ne devaient respecter ni sa douleur ni son amour ; elle pensait à son père qui se mourait de désespoir, à son frère naturel qui allait sans doute se faire tuer pour la délivrer dès qu'il connaîtrait sa retraite, à son amant enfin, à Henri de Vasconcellos, dont elle était peut-être séparée à tout jamais et qu'elle ne devait plus revoir.

Émérance écoutait ainsi sa propre pensée ; son cœur battait, ses tempes se mouillaient, une émotion indicible la faisait trembler.

Quand elle r'ouvrit les yeux, un homme, qu'elle n'avait point entendu entrer, était debout devant elle.

Cet homme, c'était Robert Briquet.

Méfiance! Robert Briquet n'avait pas de bonnes intentions.

Depuis quelques minutes, le routier avait pénétré dans l'appartement, et, en apercevant Émérance dans cette attitude pensive, il s'était arrêté et la contemplait.

Émérance était belle.

Un de ses bras était posé sur sa poitrine, qui se soulevait avec force; ses rondes épaules demi-nues semblaient avoir été taillées par l'amoureux ciseau d'un habile sculpteur.

Robert Briquet ne respirait plus; il regardait.

S'il avait pu étouffer encore! mais il avait l'haleine bonne.

Cependant, quand Émérance aperçut cet homme, debout près d'elle, le regard allumé, une terreur instinctive la fit frissonner; elle se leva tremblante et fit quelques pas en arrière.

— Qui êtes-vous? que me voulez-vous? demanda-t-elle avec effroi et en croisant ses deux bras sur son sein.

Robert Briquet étendit la main vers elle, comme pour la rassurer.

— Ne craignez rien, répondit-il d'une voix émue, je ne suis point un ennemi, et je suis venu pour vous sauver.

— Me sauver? répéta Émérance incrédule.

Robert s'approcha de la jeune fille, et lui prit la main avec douceur.

— Émérance, poursuivit-il, vous êtes jeune, vous naissez à peine à la vie, vous ignorez tout ce que les passions mauvaises peuvent inspirer d'horreurs à l'esprit d'un homme : quelques-uns ici, en vous voyant si belle, n'ont pas reculé devant la pensée d'un crime, et dès que j'ai appris ces projets, j'ai pris la résolution de vous protéger, de vous défendre et de vous sauver.

— Votre intention est généreuse, messire, répondit Émérance en dégageant sa main de l'étreinte de Robert, et je vous en remercie; mais quels que soient les projets de mes ennemis, et quelque violence

qu'ils puissent apporter à les exécuter, je sais un moyen de m'y soustraire, et ce moyen je l'emploierai.

— Et quel est-il ?

— La mort, répondit Émérance avec calme.

— La mort ! répéta Robert ; mourir quand la vie est pleine de
promesses ! quand vous pouvez répandre autour de vous tant de joie
et tant de bonheur !... Non ! non ! Émérance. Tenez, je vous suis
dévoué ; qu'importe le sentiment qui dicte mes paroles, je ferai pour
vous tout ce qu'il me sera humainement possible de faire : parlez !...
et en échange des services que j'aurai pu vous rendre, je ne demande
qu'une chose...

— Laquelle ?

— C'est que votre regard se fasse moins sévère, que vous ne me
repoussiez pas, que vous me permettiez enfin de vous aimer...

Et en parlant ainsi, Robert Briquet s'était de nouveau approché
de la jeune fille, et maintenant il avait passé son bras autour de sa
taille et il l'attirait contre sa poitrine.

— Laissez-moi ! laissez-moi ! s'écria Émérance épouvantée, en
cherchant à se dégager des bras du routier.

— Émérance ! disait le soudard en délire, tu es belle comme jamais
femme ne l'a été ; ma poitrine est en feu ; cesse de m'opposer une
défense inutile ; ici, les murs seront sourds à tes cris, nul ne viendra
à ton secours ; je suis seul maître, tout le monde m'obéit ; Émérance,
sois à moi !

Cette lutte inégale ne pouvait durer bien longtemps ; Émérance
se débattait en vain, Robert la poursuivait avec acharnement, et les
cris qu'elle poussait mouraient sans écho sur le seuil de la porte.

Cependant Émérance crut devoir faire un effort suprême, elle brisa
avec violence les liens dans lesquels Robert cherchait à la retenir, et
courut enfin vers la fenêtre, sur l'appui de laquelle elle posa la main.

— Misérable ! s'écria-t-elle avec énergie, si vous faites un pas vers moi, je vais chercher dans la mort un refuge contre vos infâmes violences !

Et comme, malgré cette menace, Robert allait poursuivre sa victoire, elle sonda un moment du regard l'abîme ouvert sous le château, et dit un suprême adieu à la vie.

Mais au moment où elle allait se précipiter dans le vide, la porte de la chambre s'ouvrit avec fracas, et un homme entra l'épée à la main.

— Henri ! s'écrie la jeune fille en courant se réfugier dans les bras du nouveau venu.

— Émérance ! répondit le libérateur inattendu en la serrant avec enthousiasme contre son cœur.

— Vous ! vous ! ici !

— C'est Dieu qui m'y a envoyé.

— Ah ! bien soit-il !... car la liberté me sera plus douce encore si c'est à vous que je la dois.

Mais pendant que les deux amants s'oubliaient un moment dans la joie d'une rencontre inespérée, Robert avait tiré son épée du fourreau, et se disposait à disputer chèrement sa victime.

Robert était extraordinairement robuste.

Et on l'avait surnommé *Briquet* parce qu'il maniait l'estoc avec une distinction frappante.

Ceux qui pensent que le mot *briquet* est moderne sont des simples. Les routiers connaissaient le coupe-choux comme vous et moi.

Henri de Vasconcellos, au contraire, était malade, suivant sa coutume ; ses dernières blessures lui avaient laissé une profonde faiblesse ; c'est à peine s'il pouvait soutenir la lourde épée qu'il tenait à la main.

L'issue du combat ne pouvait être douteuse ; Robert devait abattre son adversaire dès les premières passes.

Mais il y a un Dieu pour les amants, et pour les gens qui font ce sot métier d'écrire leur histoire. — Il y a bien un Dieu d'ailleurs pour les ivrognes.

Le petit Meschin avait entendu, depuis quelques instants, le bruit de l'altercation ; il se hâta de se rendre sur le lieu de la lutte, et sa présence mit fin, du moins pour le moment, à la scène qui avait lieu.

Le petit Meschin entraîna Robert Briquet, auquel il fit comprendre qu'il n'était pas prudent de s'exposer à la colère d'Hector de Joyeuse-Garde et des hommes d'armes du château qui lui étaient tous dévoués, et il revint quelques instants après pour retrouver Henri de Vasconcellos.

Mais ce dernier avait eu le temps d'apprendre de la bouche de sa fiancée les circonstances qui avaient accompagné son enlèvement.

— Mais vous, Henri, dit enfin la jeune fille, vous, par quel hasard providentiel vous trouvez-vous ici?... quelle inspiration vous est venue de vous arrêter dans ces lieux qui me servaient de prison, et que dois-je espérer de cette rencontre?

Henri secoua tristement la tête à cette question, et serra douloureusement la main d'Émérance.

— Émérance, répondit-il, les rudes épreuves auxquelles nous sommes condamnés ne sont pas encore près de finir, je le prévois. Moi aussi, je suis prisonnier ; à la bataille qui eut lieu en Espagne, j'ai été pris par le captal de Buch, et cette forteresse me sert de prison. Quoique je sois étroitement lié avec l'un des chefs qui commandent ici, vous le voyez, je ne puis être certain de pouvoir toujours vous protéger. D'ailleurs, Hector de Joyeuse-Garde est absent, il est parti ce matin même pour Bordeaux, et Dieu seul sait ce qui se passera d'ici à son retour

— Ah ! que le ciel nous protége alors ! s'écria Émérance, car je le sens, Henri, maintenant que je vous ai retrouvé, la séparation me serait trop douloureuse.

— Ne nous laissons pas abattre, Émérance, répondit Henri de

V.   40

Vasconcellos ; j'ignore ce que l'avenir nous réserve, mais quoi qu'il arrive, je veillerai sur vous. N'êtes-vous pas ma fiancée, ma femme devant Dieu ? votre amour n'est-il pas désormais mon espoir le plus cher ? votre honneur n'est-il pas mon bien le plus précieux ?... Émérance, Dieu a béni notre tendresse, puisqu'il nous a permis de nous rencontrer ; un jour nous serons heureux.

Émérance ne répondit pas, elle laissa tomber doucement sa tête sur la poitrine de son amant, et ce dernier déposa sur son front pur un long baiser.

En ce moment, le petit Meschin rentra, et ordonna à Henri de le suivre.

— Et où me conduisez-vous ? demanda le jeune comte.

— Eh pardieu ! à votre prison, répondit le routier.

— Et Émérance ?

— Ah ! quant à la fille du comte de Preignac, c'est différent : la scène de cette nuit nous rendra prudent à l'avenir, et, pour en prévenir le retour, nous allons dès ce soir la conduire en lieu sûr.

Quand Henri de Vasconcellos eut été réintégré dans sa prison, le petit Meschin se fit accompagner de quelques hommes d'armes, et une heure après il déposait Émérance dans une forteresse voisine, dont il se réserva exclusivement le commandement. On peut conclure de là qu'il y avait dans le pays beaucoup de forteresses dont on ne savait que faire, et que le petit Meschin était un malandrin vertueux.

CHAPITRE XIII.

Suite des Templiers. — Le prince de Galles et la Guyenne. — Joyeuse-Garde chez le prince Noir. — Duguesclin, grand maître du Temple — Le jeune Gilbert. — Un bon tour de Duguesclin. — Une séance secrète — La rançon de Duguesclin. La délivrance. — Trahison de Gilbert. — Le combat souterrain. — Les grands maîtres du Temple.

Depuis que Duguesclin était à Bordeaux, les soins les plus délicats lui avaient été prodigués par les ordres du prince anglais.

Bertrand Duguesclin n'était pas un prisonnier ordinaire, et l'on essayait par tous les moyens imaginables à égayer les ennuis de sa captivité. Mais, quoi que l'on fît, l'illustre capitaine avait toujours les regards tournés vers la campagne qui s'étendait au loin, et il rougissait parfois de cette oisiveté forcée à laquelle il était condamné, quand il y avait au dehors tant de glorieuses choses à entreprendre.

Duguesclin avait dès lors la conscience de sa mission, et il comprenait combien il avait fait peu encore. Et puis c'était une nature robuste; il avait besoin d'activité et d'air libre, sa poitrine respirait à peine entre les murs de sa large prison, et incessamment mille projets de fuite traversaient son esprit et le troublaient.

Il se doutait bien d'ailleurs que les amis qu'il avait au-dehors travaillaient activement à réunir l'argent nécessaire à sa rançon ; mais outre que la somme à réaliser devait être énorme, il pensait avec quelque raison que l'Anglais ne consentirait à le lâcher qu'à la dernière extrémité.

Au surplus, les circonstances ne se prêtaient guère à la générosité de la part des Anglais, et l'on devait s'attendre à ce qu'ils ne donneraient pas volontiers un chef aussi redoutable aux compagnies qui, d'un moment à l'autre, pouvaient passer au service de la France.

Le prince de Galles était revenu hydropique d'Espagne, et son armée ne valait guère mieux.

Les Gascons, qui s'étaient engagés dans cette affaire sur la foi des trésors cachés de Don Pèdre, étaient revenus pauvres, en piteux équipage et de mauvaise humeur; ils gardaient d'ailleurs au prince plus d'une vieille rancune.

Les méridionaux, dit spirituellement M. Michelet, en voulaient aux Anglais, non pas seulement de leurs vexations, mais de ce qu'ils étaient Anglais, c'est-à-dire ennuyeux, incommodes à vivre. Ces vives, spirituelles et parleuses populations du midi souffraient à les voir orgueilleusement taciturnes, et ruminant toujours en eux-mêmes leur bataille de Poitiers.

Le prince de Galles méprisait les Gascons, qui le lui rendaient bien.

Il choisit malencontreusement ce moment de mauvaise humeur pour mettre sur leurs terres un fouage de dix sols par feu; au lieu de les payer, il leur demandait de l'argent. Un fouage aux maigres populations des Landes! un fouage aux pauvres chèvriers des montagnes! un fouage à cette brave petite noblesse *qui ne fut jamais riche qu'en cadets et en bâtards!*

Le prince eut beau transférer les états de Niort à Angoulême, à Poitiers, à Bergerac, les Gascons tinrent bon et ne payèrent pas.

Tels sont rapidement exposés les circonstances dans lesquelles se trouvait la Guyenne, et les embarras qui attristaient particulièrement le prince de Galles.

On comprend que dans cette situation il devait regarder à deux fois avant de rendre la liberté à son ennemi le plus redoutable, et Chandos, qui était le *maître de Bertrand*, avait déclaré nettement qu'il ne le laisserait jamais se racheter.

C'est alors que Hector de Joyeuse-Garde arriva à Bordeaux, en ayant soin de prendre certaines précautions pour ne pas être reconnu.

Le même jour, un autre voyageur, tout aussi mystérieux que le premier, entrait également dans la capitale de la Guyenne, et retenait une chambre dans une misérable auberge située à l'entrée de la ville. Ce dernier n'était autre que Gilbert, fils illégitime du comte de Reignac, et affidé des hospitaliers.

Dès le lendemain, les deux voyageurs se mirent en campagne chacun de son côté.

Tout jeune qu'il était, Gilbert de Preignac ne manquait ni d'audace ni d'adresse ; en allant au crime qu'il avait projeté, il croyait accomplir une mission sainte, et le fanatisme politique le soutenait.

Il s'était battu avec courage, dans les dernières guerres, et avait été souvent remarqué par ses rivaux eux-mêmes ; en arrivant à Bordeaux, il retrouva bon nombre de ses compagnons de guerre, mais par une sorte d'instinct, il leur cacha soigneusement le but secret de son voyage.

Seulement, il manifesta le désir très-vif de voir l'illustre captif,

que la capitale de la Guyenne gardait dans son enceinte, et on lui
donna toutes les facilités de satisfaire sa curiosité que l'on trouvait
fort légitime.

Le soir même, il s'abouchait avec l'un des gardiens de Duguesclin,
et lui demandait tous les renseignements dont il croyait avoir besoin ;
les heures auxquelles il sortait, les jours où on le trouvait seul, le
moyen de lui parler ; puis quand il connut tout ce qu'il voulait connaître, il attendit que l'occasion se présentât d'entretenir le héros
breton.

Pendant ce temps, Hector de Joyeuse-Garde demandait à être introduit près du prince de Galles, et il lui suffisait de décliner son
nom fort connu pour obtenir cette autorisation.

Il trouva le prince très-soucieux : mais le prince était seul, et il
pouvait lui parler en toute liberté.

Il lui raconta donc qu'il venait de quitter les capitaines de compagnies, Lamit, le bâtard Lebourg, le petit Meschin, Robert Briquet,
qu'ils avaient longuement parlé des circonstances difficiles dans
lesquelles la Guyenne allait se trouver : il rappela, à ce sujet, les
préparatifs que la France faisait, le mécontentement de la plupart
des Gascons à l'endroit des Anglais, et il finit par dire que le prince
de Galles avait plus que jamais besoin du concours des routiers, et
qu'il ne pouvait songer à se passer d'eux.

— Et qui donc a pu vous donner lieu de penser que j'eusse formé
le projet de ne plus les employer? objecta le prince à ces paroles ;
Dieu merci, les routiers n'ont jamais eu à se plaindre de moi, ni moi
d'eux, et j'espère que si Dieu nous conserve la vie, nous aurons encore plus d'une occasion de nous voir sur le champ de bataille.

Hector sourit, et secoua la tête.

— Peut-être, monseigneur, répondit-il, peut-être vous trompez-
vous.., les chefs des compagnies sont entêtés, et ils ont pensé qu'ils

ne pourraient jamais se remettre en campagne, tant qu'un des leurs serait votre prisonnier.

— De qui veut-on parler?

— De Bertrand Duguesclin.

— Et ils ont pensé que je le rendrais à la liberté.

— Ils le pensent encore.

— Eh bien, messire Hector de Joyeuse-Garde, j'en suis fâché pour eux, pour vous et pour moi, mais Duguesclin est mon prisonnier, et je compte bien le garder le plus longtemps possible.

— Tant pis, monseigneur.

— Que les chefs le prennent comme ils le voudront, telle est ma volonté.

— Ainsi c'est votre dernier mot, milord?

— Tout est bien arrêté.

Hector garda un instant le silence, puis il reprit:

— Que votre grâce y songe!... les compagnies vous ont toujours été dévouées; elles vous ont rendu des services éminents, elles peuvent vous en rendre encore.

— Cette insistance est inutile, messire Hector; n'avez-vous rien autre chose à m'apprendre?

En parlant ainsi le prince de Galles s'était levé, comme pour faire entendre à son interlocuteur qu'il devait terminer là sa visite; mais le routier ne bougeait pas plus qu'un terme, et il se contenta de lever vers le prince deux yeux clairs et vifs.

— Pardon, monseigneur, dit-il d'un ton où perçait une certaine intention de raillerie, mais il me reste à vous entretenir d'une affaire qui sans doute vous touchera de plus près que celle dont il est question.

— Qu'est-ce donc? fit le prince.

— Oh! presque rien.

— Mais encore...

— Il y a quelques années, monseigneur, je suis allé en Palestine.

— Vraiment !...

— Mon Dieu oui... j'ai poussé vaillamment jusqu'à Jérusalem, je me suis agenouillé auprès du tombeau du Christ.

— Eh bien, voilà qui m'étonne de votre part, maître Hector de Joyeuse-Garde, et cette démarche me réconcilie un peu avec vous.

— Vous avez bien raison, mylord, de me louer de cette action, car aujourd'hui elle me servira, je l'espère, à obtenir de vous ce que je vous demandais en vain tout à l'heure.

— La liberté de Duguesclin? fit le prince.

— Sa liberté, monseigneur.

— Pardieu, vous piquez ma curiosité, voyons donc cela, sire capitaine, et expliquez vous sans tarder.

Hector de Joyeuse-Garde parut réfléchir avant de reprendre la parole, puis enfin, il se leva, et s'appuyant sans façon sur le dossier du fauteuil du prince.

— Mylord, lui dit-il, d'une voix insinuante, avant de prendre le chemin de Bordeaux, j'avais deux moyens de vous amener à composition ; le premier je vous l'ai fait connaître.

— Et je l'ai trouvé mauvais, interrompit le prince, voyons le second.

— Le second est plus grave, repartit Hector, et j'espère qu'il plaira davantage à votre Grâce. Vous ne devez pas ignorer, en effet, que l'ordre du Temple, aboli de droit sous Philippe le Bel, a survécu cependant à la condamnation qui l'a frappé ; que ses débris dispersés sur la surface du globe se sont réunis depuis, et qu'aujourd'hui cet ordre, quoique caché, possède cependant des membres nombreux et influents, et qu'il pourrait puissamment servir l'ambition d'un chef actif et intelligent.

— Où voulez-vous en venir? demanda le prince avec quelque inquiétude.

— Je suis chevalier du Temple, mylord.

— Vous?

— Moi même.

— Eh bien!

— Eh bien, grâce à ce titre, je connais tous les membres de cet ordre, et je sais qu'à Bordeaux même, on pourrait en réunir un groupe redoutable.

— Au fait! au fait! messire Hector.

— Le fait est simple, mylord, et je m'étonne que votre grâce ne m'ait point encore compris; si je le veux, dès ce soir, les chevaliers du Temple qui habitent la capitale de la Guyenne se réuniront en tribunal secret; des mesures énergiques y seront prises, et je ne doute pas que tous n'acceptent avec enthousiasme la proposition qui leur serait faite de rendre la liberté à leur chef suprême.

— Leur chef? fit le prince de Galles.

— Oui, mylord, il y a déjà quelque temps que Bertrand Duguesclin a été élu grand maître de l'ordre.

Le prince Noir fit un geste de surprise.

— Et tenez poursuivit Hector, afin que vous ne gardiez aucun doute sur la réalité des faits que j'avance, permettez-moi de vous faire une proposition.

— Laquelle?

— Demain soir, les chevaliers du Temple seront convoqués par moi; ils se réuniront dans une des salles même de votre château; si vous le voulez, je vous ferai assister à cette réunion, et demain, vous pourrez prendre une décision en toute connaissance de cause.

— Ce que tu me rapportes, m'étonne...

— Y consentez-vous?

— Je serais curieux... Mais je veux que tout le monde ignore!...

— Moi seul saurai que vous aurez assisté à cette séance.

— Alors qu'il soit fait selon ta proposition, demain, je te suivrai!

— A demain donc!

— A demain!

· Et Hector de Joyeuse-Garde s'éloigna.

Le lendemain, comme Duguesclin sortait de sa prison, et se disposait à quitter la forteresse, il fut accosté par un jeune homme qu'il n'avait jamais vu, et qui lui demanda l'honneur d'un moment d'entretien. Duguesclin consentit à se laisser accompagner quelques pas, et ils reprirent leur marche, côte à côte.

— Sire capitaine, dit alors le jeune homme qui n'était autre que Gilbert de Preignac, il y a longtemps déjà que je cherche une occasion de vous aborder, et c'est aujourd'hui, la première fois, qu'il m'est permis d'en profiter.

Duguesclin regarda son interlocuteur avec un certain intérêt, et lui demanda ce qu'il désirait.

— J'ai suivi le métier des armes depuis mon enfance, messire capitaine, poursuivit Gilbert, et votre réputation, vos exploits m'ont toujours inspiré la plus profonde admiration, et la plus chaleureuse sympathie : ce n'est qu'à regret que j'ai pu vous voir entre les mains de nos ennemis, et dès que j'ai connu votre infortune, j'ai songé à vous rendre à la liberté.

— Cela me paraît difficile, fit Duguesclin en souriant.

— Peut-être, repartit Gilbert. J'ai quelques amis dévoués qui partagent mon opinion sur ce sujet, et qui donneraient, comme moi, leur sang jusqu'à la dernière goutte pour vous arracher des mains de l'Anglais.

— Eh bien! mon ami, dit Duguesclin après quelques instants d'hésitation, c'est une intention dont je vous remercie, vous et vos amis ; mais, dans ce moment du moins, vous comprendrez qu'elle ne peut être acceptée par moi. Depuis que je suis dans la capitale de la

Guyenne, j'ai été traité par le prince de Galles comme un hôte de distinction, et, sur ma parole de chevalier, il m'a laissé toute ma liberté... Je suis lié par mon serment, je ne puis y manquer, et vous m'ouvririez les deux portes de la ville, que je n'en sortirais pas.

— Mais que faire donc alors ? fit le jeune Gilbert avec un accent de désespoir parfaitement joué.

— Attendre ! répondit le héros breton.

— Vous ne sortirez jamais de cette prison.

— Peut-être... En payant rançon.

— Le prince de Galles n'y consentira jamais.

— Il a besoin d'argent.

— Vous valez mieux que l'argent qu'il pourrait demander.

— En ce cas, il y a peut-être encore un autre moyen.

— Lequel ?

— Vous le saurez plus tard.

— Eh bien ! messire capitaine, quoi qu'il arrive, que je réussisse à vous faire évader, ou que vous arriviez à obtenir du prince votre liberté moyennant rançon, je sollicite de vous une grâce.

— Laquelle ?

— Promettez-moi de me venir voir à mon château de Preignac.

— Quant à cela, mon jeune ami, je puis vous le promettre.

— Vous viendrez ?

— J'irai !...

Duguesclin était toujours entouré d'un grand nombre de curieux quand il traversait les rues de Bordeaux. Gilbert fut obligé de s'éloigner sans avoir rien tenté ce jour-là. Toutefois l'affaire était entamée ; il s'était présenté au prisonnier sous d'heureux auspices ; une autre occasion encore, et son projet réussissait.

D'ailleurs, cette visite obtenue était un coup de maître.

Le fils naturel du comte accablé de rhumatismes avait lieu d'être content de lui-même.

Sinon il aurait été bien difficile !

Le soir cependant, Duguesclin se promenait dans une des cours principales du château; le prince de Galles était à quelque distance, soucieux et pensif, et songeant malgré lui aux étranges choses que lui avait dites Hector de Joyeuse-Garde.

Grand maître de l'ordre des Templiers !... c'était, en effet, un noble but offert à son ambition; mais comment y parvenir?

Joyeuse-Garde ne lui avait-il pas dit en même temps que Duguesclin occupait ce poste !...

Il aperçut le héros breton, et alla à lui : Duguesclin le salua avec un certain air de moquerie qui ne lui était pas habituel, et qui frappa tout d'abord le prince.

— Eh bien ! messire Bertrand, lui dit-il, comment vous trouvez-vous de votre captivité?

— A merveille, Dieu merci ! répliqua le prisonnier avec gaieté.

— A la bonne heure ! poursuivit le prince; vous n'êtes pas, vous du moins, un prisonnier comme les autres, et vous semblez ici aussi heureux qu'à la tête de vos compagnies.

— Que voulez-vous, mylord! dit Duguesclin, et comment ne me trouverais-je pas bien? Depuis que je suis ici, je me trouve le premier chevalier du monde. On dit partout que vous me craignez, et que vous n'osez me mettre à rançon.

Le prince regarda le capitaine avec étonnement : il était piqué.

— Messire Bertrand, dit-il, vous croyez donc que c'est pour votre bravoure que nous vous gardons? Par Saint-Georges ! c'est une illusion que vous ne conserverez pas longtemps! demain nous arrangerons cette affaire.

Le prince le quitta brusquement sur ces mots, et se hâta d'aller rejoindre Hector de Joyeuse-Garde.

Quant à Duguesclin, il rit sous cape de la vanité du prince de Galles, haussa les épaules et regagna sa chambre, se demandant si réellement son ennemi pousserait l'imprudence jusqu'à lui rendre sa liberté.

II.

Hector de Joyeuse-Garde fut exact au rendez-vous, comme il l'avait promis, et dès que le prince de Galles fut prêt à le suivre, ils partirent.

Ils portaient tous les deux le costume de chevalier du Temple; Hector de Joyeuse-Garde marchait le premier, et il indiquait, de temps à autre, à son illustre compagnon le chemin qu'ils suivaient à travers les ténèbres.

Après un quart d'heure de marche environ, ils atteignirent le but de leur course, et entrèrent dans une vaste salle qui était éclairée, de loin en loin, par de grandes lampes d'albâtre.

Il y avait encore peu de chevaliers dans cette salle; Hector de Joyeuse-Garde fit signe au prince de Galles, et ils s'assirent.

La salle était vaste, et soutenue de distance en distance par de fortes colonnes de marbre blanc. Au fond se dressait un trône d'ivoire; les murs étaient cachés par de somptueuses tentures en tapisserie; çà et là pendaient quelques-uns des principaux emblèmes de l'ordre du Temple.

Aucune parole n'avait encore été échangée entre Hector et le prince; mais avant que la salle ne fût occupée officiellement, le routier se pencha à l'oreille de son compagnon, et lui désignant une énorme pancarte de parchemin appendue à la muraille à quelques pas d'eux :

— Mylord, lui dit-il à voix basse, si quelque doute restait encore dans l'esprit de Votre Grâce au sujet de la révélation que je lui ai faite, elle pourrait se convaincre de la sincérité de mes paroles, en jetant un regard rapide sur cette charte : c'est la charte de transmission qui confère à Bertrand Duguesclin le titre de grand maître de l'ordre.

Le prince Noir se leva sur cette invitation et alla à la pancarte.

Cette charte était écrite, comme nous l'avons dit, sur une grande feuille de parchemin, et le texte en était encadré dans des ornements gothiques architecturaux, enluminés suivant le goût du temps.

On y voyait des lettres majuscules fleuronnées et rehaussées d'or.

Dans la première, on avait représenté un templier armé de toutes pièces, appuyé sur un grand bouclier blanc décoré de la croix rouge de l'ordre.

A cette feuille pendait un sceau à queue, retenu par des lacs de parchemin. Ce sceau était en bronze ; il représentait la croix de l'ordre entourée de ces mots : *Militiæ Templi sigillum.*

Cette charte était conçue à peu près dans ces termes :

« Moi, François-Thomas-Théobald d'Alexandrie, grand maître du Temple par la grâce de Dieu et du très-saint et vénérable martyr (à qui honneur et gloire !), à tous ceux qui verront ces lettres décrétales, salut ! salut ! salut !

« Je le fais connaître à tous présents et à venir, que dans les circonstances graves où nous nous trouvons, et sentant d'ailleurs mes forces m'abandonner, j'ai résolu, pour la plus grande gloire de Dieu, de remettre entre des mains plus valides la garde et la conservation des statuts et de l'ordre des frères du Temple.

« C'est pourquoi, Dieu aidant, et d'après le consentement de l'assemblée suprême des chevaliers, j'ai remis l'autorité et les priviléges de l'ordre du Temple entre les mains du commandeur Bertrand Duguesclin, et, par ce présent décret, je les confère pour la vie, avec la faculté de transmettre le pouvoir suprême à tout autre frère qui en serait digne par sa noblesse et l'honnêteté de ses mœurs ; et cela, afin de conserver, par une suite non interrompue de successeurs, l'intégrité des statuts et la perpétuité de la charge de grand maître.

« J'ordonne, toutefois, que le pouvoir ne puisse être transmis sans le consentement de tous les templiers rassemblés, lorsque rien ne s'opposera à leur réunion.

« Mais afin que les charges du pouvoir ne soient pas supportées par un seul, je veux qu'il soit nommé quatre vicaires, destinés à suppléer le grand maître, et qui recevront de lui l'autorité et les pouvoirs nécessaires.

« Ces vicaires seront choisis parmi les plus vieux de l'ordre

« Enfin, je veux, je dis et j'ordonne, d'après le décret de l'assemblée des frères et l'autorité qui m'a été conférée, que les déserteurs de l'ordre du Temple, et les frères hospitaliers de Saint-Jean de Jérusalem, spoliateurs de la milice du Seigneur, soient rejetés, maintenant et toujours, du sein du Temple.

« J'ai établi certains signes inconnus aux faux frères, et qu'ils doivent toujours ignorer. Ces signes ne seront enseignés aux chevaliers du Temple qu'après qu'ils auront fait leur profession et qu'ils auront reçu la consécration *équestre,* selon les rites, les usages et les statuts de l'ordre.

« Ainsi soit par la grâce du Seigneur. »

Il n'y avait plus place pour le moindre doute dans l'esprit du prince après la lecture de cette charte ; il revint s'asseoir pensif auprès d'Hector de Joyeuse-Garde, et attendit le résultat de cette réunion.

Les membres arrivaient peu à peu, et maintenant la salle était à peu près remplie.

A un signal donné, une musique lente et triste se fit entendre, trois portes s'ouvrirent à la fois, à gauche, à droite et au fond, et un frémissement parcourut l'assemblée.

Par la porte de droite, douze jeunes gens, vêtus de robes noires, des couronnes de cyprès sur le front, tenant chacun une épée flamboyante à la main, entrèrent processionnellement et allèrent se ranger en ordre autour du trône d'ivoire.

Par la porte de gauche, douze jeunes filles, vêtues de longues robes blanches, la tête couronnée de roses, portant chacune un encensoir d'or à la main, entrèrent à leur tour, et allèrent prendre place à côté des jeunes gens.

Enfin, par la porte du fond, le commandeur, faisant les fonctions de vicaire, entra solennellement, et marcha à pas lents et mesurés jusqu'au trône dont il monta les degrés et sur lequel il s'assit.

La musique continuait toujours ; jeunes gens et jeunes filles chantaient les chants ordinaires de ces sortes de cérémonies.

« Déjà le temple, disaient les jeunes filles, déjà les portiques et les cloîtres sont ouverts : encens, purifie l'air qui circule autour de cette enceinte. »

« Chers enfants, disaient les jeunes gens, tendres rejetons, accourez dans le vestibule ; et vous, sages et adeptes, hâtez-vous vers le sanctuaire. »

Après un instant de repos, les jeunes gens reprenaient :

« Voici l'heure terrible du châtiment ; que la colère s'allume dans tous les cœurs, que la justice descende du ciel dans le cœur du vicaire. »

Et les jeunes filles répondaient :

« Que la lumière se fasse dans tous les esprits ; que la clémence adoucisse la rigueur des arrêts du juge, et que le pardon descende sur le front du coupable. »

Peu à peu cependant, la musique alla s'éteignant, et l'on n'entendit plus bientôt que les notes faibles et incertaines qui répétaient encore les refrains des jeunes gens et des jeunes filles.

Un silence profond s'établit alors, et le vicaire se leva sur son trône :

— Frères dit-il d'une voix retentissante, un homme nous a convoqués à cette réunion avec des paroles pressantes, et nous n'avons pas cru pouvoir repousser ses instances, quoiqu'il y ait danger pour nous à tenter de pareilles entreprises. Nous vivons sous un prince que nous aimons tous, qui a souvent combattu à nos côtés, et que nous ne saurions ni haïr, ni blâmer ; si donc le chevalier qui nous a appelés au nom de nos frères de Jérusalem est présent dans cette salle, qu'il se lève et qu'il approche... nous l'y invitons, et c'est de sa bouche seule que nous voulons apprendre quel secours les soldats du Christ de Jérusalem réclament de leurs frères de la Guyenne.

Pendant quelques instants, le silence le plus profond régna dans l'assemblée, puis enfin Hector de Joyeuse-Garde se leva du banc qu'il occupait, et marcha vers le trône, sous les regards curieux de tous les chevaliers.

Arrivé au pied du trône, il s'inclina, et s'adressant à l'assemblée entière :

— Frères, dit-il d'une voix ferme et en relevant le front, c'est moi, Hector de Joyeuse-Garde, qui ai convoqué ici les chevaliers du Temple ; je ne suis ni vicaire, ni commandeur de l'ordre, mais j'ai rendu assez de services aux soldats du Christ depuis que je suis le métier des armes pour qu'on n'ait point hésité à m'accorder une confiance illimitée et sans bornes.

— Que nous reprochent donc nos frères de Jérusalem ? interrompit le vicaire.

— Ils vous accusent du crime de trahison.

— De trahison ! dirent plusieurs voix.

— Frères, il y a plusieurs mois déjà que le grand maître de l'ordre est retenu prisonnier parmi vous, et nul encore n'a tenté de le délivrer ; si cette conduite n'est point une insigne trahison, de quel nom faut-il donc l'appeler ?

— Et quel est ce prisonnier ? fit le vicaire.

— Bertrand Duguesclin.

V.   42

— Lui, le grand maître ?

— Voyez plutôt ! répondit Hector.

Et, en parlant ainsi, il arracha de la muraille la charte qu'il y avait fixée lui-même, et vint la déposer entre les mains du vicaire.

— Bertrand Duguesclin, répéta ce dernier, grand maître !...

— Et maintenant, poursuivit Hector de Joyeuse-Garde, deux issues s'offrent à vous, choisissez : vous pouvez, d'un côté, faire cause commune avec les ennemis de notre ordre, et donner des armes contre nous aux chevaliers hospitaliers de Saint-Jean de Jérusalem ; vous pouvez, d'un autre côté, user de votre influence légitime sur le prince de Galles, et obtenir la rançon du héros breton ; par l'une, vous vous couvrez d'une honte éternelle ; par l'autre, vous acquérez une gloire inaltérable et la reconnaissance de l'ordre... Choisissez !

— Mais si le prince de Galles nous repousse ? fit le vicaire.

— Eh bien ! délivrez vous-mêmes le prisonnier ; prêtez la main à son évasion ; qu'il sorte par votre secours de cette enceinte où on le retient prisonnier. Si vous n'agissez pas ainsi, si vous hésitez, si vous n'osez tenter cette généreuse entreprise, c'en est fait de l'ordre du Temple, et vous aurez fait plus par votre indécision que Philippe le Bel par sa cruauté.

Un long murmure succéda à ces paroles, et tous les regards suivirent Hector de Joyeuse-Garde qui regagna sa place du même pas insouciant.

Le prince l'attendait ; et dès qu'il se fut assis à ses côtés, il se pencha à son oreille :

— Vous le voyez, lui dit-il d'un ton ironique, ces chevaliers me sont encore plus fidèles qu'à leur grand maître.

— Patience ! fit Hector.

— Mais ils ont repoussé votre proposition.

— Vous croyez ?...

— Leurs intentions ne me semblent pas douteuses.

— Eh bien, vous vous trompez, mylord !... attendez !...

En effet, un mouvement s'était opéré autour du trône, et maintenant, tous les chevaliers étaient rangés sans ordre à quelques pas du vicaire ; les groupes étaient animés, on y parlait avec chaleur, tous paraissaient adresser de vifs reproches à leur chef, et c'était une confusion dans laquelle il eût été bien difficile de saisir une parole précise.

Enfin le vicaire se leva, et le silence se rétablit aussitôt.

— Frères, dit-il, je cède à vos instances, et j'y cède avec joie, car votre décision n'est que l'expression de mes propres sentiments. Bertrand Duguesclin notre illustre grand maître sera libre, j'en prends l'engagement solennel; mais que nos frères se reposent sur moi du soin d'atteindre le but, et je parie qu'avant peu, Duguesclin sera rendu à la liberté. Toutefois que votre attitude n'éveille aucun soupçon, soyons prudents, jusqu'à la dernière heure, et s'il le fallait, eh ! bien, nous sommes nombreux et puissants, nous pourrions au besoin exiger du prince de Galles la rançon de l'illustre capitaine.

Toute l'assemblée applaudit à ces paroles du vicaire, qui répondaient si bien au sentiment général, et chacun s'éloigna, en se promettant d'agir énergiquement, dans le cas où les moyens de persuasion seraient impuissants ou inefficaces.

Hector de Joyeuse-Garde et le prince sortirent les derniers, et quand ils furent arrivés au seuil du palais dans les souterrains duquel cette scène s'était passée, Hector s'arrêta.

— Eh bien ! dit-il au prince de Galles, que pensez-vous de ceci, monseigneur ?

— Je pense, répondit le prince, que le seul parti sage qui me reste à prendre, c'est de faire pendre demain tous les chevaliers rebelles qui vont s'unir contre moi.

— Vous y perdrez vos meilleurs, vos plus fidèles et vos plus dévoués chevaliers.

— Vous avez peut-être raison, mais la trahison doit être punie !

— Mylord réfléchira.

— Je réfléchirai ! et ils se quittèrent.

La nuit porte, dit-on, conseil : le prince ne ferma pas l'œil durant
celle qui suivit. Il réfléchit profondément à la situation qui lui était
faite, et se dit qu'il valait peut-être mieux, ainsi que le lui conseillait
Hector de Joyeuse-Garde, se rendre à l'expression d'un sentiment
aussi universellement partagé, et ne point s'exposer à se voir abandonné, lorsque la guerre était imminente, par ses plus dévoués
guerriers.

D'ailleurs il avait été piqué au vif par les paroles adroites que lui
avait dites Duguesclin; il ne voulait pas surtout qu'on pût croire
qu'il le retenait prisonnier à *cause de sa bravoure*, il se décida à
prendre un parti énergique.

Ayala raconte que le prince, pour montrer qu'il se souciait peu de
Duguesclin, lui dit le lendemain, de fixer lui-même combien il voulait payer.

Duguesclin dit fièrement : « pas moins de cent mille francs. »

Ce serait plus d'un million aujourd'hui.

Le prince fut étonné :

— Et où les prendrez-vous? Bertrand, lui demanda-t-il.

Le breton, selon la chronique, aurait dit ces belles paroles, qui
n'ont rien d'invraisemblable :

Monseigneur, le roi de Castille en paiera moitié, et le roi de France
le reste; et si ce n'était assez, il n'y a femme en France sachant filer,
qui ne filât pour ma rançon.

— Eh bien ! repartit le prince, payez donc cent mille francs et
vous êtes libre.

Huit jours après, Duguesclin sortait de Bordeaux, et s'acheminait vers Paris.

Il était libre!...

III.

Dès qu'il se trouva en rase campagne, monté sur un superbe cheval qu'il devait à la munificence du prince de Galles, Duguesclin éprouva un immense bien-être. Pour la seconde fois, il était libre; il allait pouvoir reprendre ses travaux habituels, revoir ses braves compagnons, et essayer de nouveau ses armes contre les Anglais.

Le moment était opportun, et il se promettait bien de prendre une revanche éclatante.

La journée promettait d'être splendide : le soleil s'était levé radieux à l'horizon, tout éclatait sous ses rayons; la nature entière semblait revenir à l'animation et à la vie !

Duguesclin était parti seul de Bordeaux ; il n'avait voulu se faire suivre d'aucun écuyer; il espérait rencontrer sur la route quelques-uns de ses routiers aimés, et il avait hâte d'ailleurs d'atteindre le but de son voyage, et de se présenter au roi de France.

Il portait une dalmatique aux armes réunies de France et de Bretagne; un casque d'acier qui reluisait au soleil, et à sa ceinture pendait une forte épée à deux mains dont les chevaliers du Temple lui avaient fait don.

Le chemin qu'il suivait, était désert ; c'est à peine si de loin en loin, il apercevait un paysan, ou un homme d'armes; le pays qu'il traversait semblait mort; les guerres continuelles l'avaient ruiné, et dans ces temps d'ailleurs, il était rare que les voyageurs osassent s'aventurer à travers la campagne sans être accompagnés par des soldats en nombre suffisant pour les protéger.

Le héros breton avait déjà fait quelques lieues, et à mesure qu'il avançait, il sentait sa satisfaction grandir ; encore quelques pas, et il allait sans doute rencontrer soit Robert Briquet, soit le petit Meschin, soit encore Hector de Joyeuse-Garde qu'il s'étonnait même de n'avoir pas trouvé au sortir de sa prison.

Hector de Joyeuse-Garde était parti de Bordeaux, la nuit même où nous l'avons vu pénétrer avec le prince de Galles, dans la salle des Templiers. Un homme d'armes de la troupe du petit Meschin, était venu le prévenir qu'il se passait des choses fort graves au château de Buch.

Emérance de Preignac qu'il avait conduite à quelque distance pour la mettre à l'abri des outrages de Robert Briquet, en avait été enlevée par le bâtard Lebourg : le petit Meschin s'était mis à la recherche de la jeune héritière, et il avait dépêché, sur-le-champ vers Hector, un homme qui devait l'informer de ce qui se passait.

Hector n'avait pas tardé à courir au château de Buch, il avait délivré Henri de Vasconcellos, et tous les deux étaient partis.

Malgré son désir ardent de rejoindre au plus tôt le roi de France, Duguesclin ne voulait pas cependant quitter le pays avant de s'être entendu avec les chefs des diverses compagnies qui stationnaient en Guyenne ; il était important pour lui, en effet, de savoir à quoi s'en tenir sur leurs intentions, et s'ils devaient passer au service du roi de France, ou rester à celui du prince de Galles.

Dans un de ces moments, où il se demandait avec inquiétude en quel lieu il pourrait trouver ceux qu'il cherchait, il aperçut au bout du chemin dans lequel il était engagé, un cavalier qui s'avançait vers lui, au pas tranquille de sa monture.

Ce cavalier portait un casque dont la visière était baissée, mais à la souplesse de ses mouvements, à sa taille, à la recherche de son costume que la poussière avait respecté, il était facile de remarquer qu'il était jeune, et qu'il appartenait à une des familles nobles des environs.

Les deux cavaliers ne tardèrent pas à se rencontrer, mais Duguesclin n'attendit pas le moment où le jeune homme l'aborda pour reconnaître en lui Gilbert de Preignac, celui-là même qui était venu à Bordeaux, lui porter des vœux qu'il faisait lui et ses amis pour sa prochaine délivrance.

Le jeune homme courut à lui, avec les démonstrations de la joie la plus vive.

— J'ai appris hier seulement, dit-il d'une voix qui tremblait d'une émotion parfaitement feinte, la nouvelle de votre délivrance, et j'accourais vous en témoigner tout mon contentement : mes amis vous attendent, capitaine, et j'espère qu'ainsi que vous me l'avez fait espérer, vous voudrez bien vous reposer un instant au château de mes pères.

Duguesclin se laissa serrer les mains par le jeune chevalier, et le suivit sans défiance jusqu'au manoir de Preignac. D'ailleurs, il espérait que ce jeune homme qui lui paraissait si dévoué, et ses amis qui ne devaient pas l'être moins, lui pourraient indiquer la retraite des chefs de compagnies ; et puis, comme le disait Gilbert, le manoir était à peu de distance, c'était une halte qui ne pouvait pas être longue, et qui lui permettrait de reprendre son voyage avec une ardeur nouvelle.

Tout en conversant de la situation des affaires du pays, de l'imminence de la guerre, des ressources dont pouvait disposer la Guyenne, et de la probabilité des succès qui attendaient le héros breton, les deux cavaliers ne tardèrent pas à arriver au manoir de Preignac.

Quelques hommes en gardaient l'entrée ; dès que l'on reconnut de loin le jeune Gilbert et son compagnon, un grand mouvement se manifesta de toutes parts, et quand ils arrivèrent, bon nombre d'hommes d'armes vinrent les recevoir sur le seuil.

Duguesclin descendit de son cheval, en remit la bride à l'un des palefreniers qui se présentèrent, et suivit Gilbert de Preignac qui lui montrait le chemin, et l'introduisit dans l'intérieur du manoir. Ils traversèrent ainsi plusieurs salles désertes, plusieurs corridors sombres où passaient de temps à autre quelques valets affairés, et enfin ils atteignirent le seuil d'une vaste salle, dont l'entrée était défendue par une porte d'airain.

La porte s'ouvrit et Gilbert s'effaça pour laisser passer Duguesclin.

Cependant, soit que ce dernier eût, à ce moment, le pressentiment d'un danger quelconque, soit que certaines indices l'eussent frappé tout à coup, et comme par miracle, il s'arrêta et regarda son compagnon qui pâlit.

Puis il jeta un regard dans la salle, et aperçut une foule de chevaliers armés jusqu'aux dents. — On ignorait si Duguesclin viendrait accompagné, et à tout hasard, on avait pris ses précautions.

— Qu'est-ce à dire ! fit Duguesclin en reculant de deux pas et en portant la main sur la garde de son épée, aurais-je été trop confiant, et me serais-je trompé, quand j'ai cru à votre honneur et votre loyauté?

Gilbert n'avait pu se défendre d'abord d'un mouvement de frayeur, mais il s'était remis promptement.

— Ces hommes, répondit-il, sont tous des chevaliers hospitaliers de Saint-Jean de Jérusalem, ils ont juré haine à mort à tous les membres de l'ordre du Temple.

— Donc c'est une trahison! dit Duguesclin.

— Vous êtes en notre pouvoir.

— Eh bien, soit, dit le héros breton, Dieu jugera, mais je vous ferai sentir avant de mourir, jeune homme lâche et déloyal, ce que pèsent le bras et l'épée de Bertrand Duguesclin.

Et en parlant ainsi, il tira son épée du fourreau et s'avança vers Gilbert, le regard fulgurant, et brandissant avec énergie l'arme qu'il tenait à la main.

Gilbert se rejeta en arrière, tira en même temps son épée du fourreau, et marcha, tout en se défendant vers la salle, où il fut en un instant entouré par tous les chevaliers présents.

Mais le combat était engagé, il ne devait se terminer que d'une façon sanglante. D'ailleurs Duguesclin était terrible à voir à ce moment solennel : il ne prononçait pas une parole ; ses sourcils s'étaient rapprochés et donnaient à sa physionomie un air de menace sauvage ; son col s'était gonflé de grosses veines noires ; son épée, fortement maniée par deux mains rudes et habituées à ce fardeau, décrivait dans l'air des courbes redoutables, et tombait avec un bruit sans pareil sur les armures des chevaliers. Mais celui dont l'épée de Duguesclin cherchait ainsi la poitrine, ce n'était aucun de ces hommes qu'il ne connaissait pas, et qu'il lui importait peu d'étendre sur les dalles ; celui qu'il cherchait, celui qu'il eût voulu frapper sans pitié, c'était le traître, la foi mentie, c'était Gilbert de Preignac.

Ce dernier, il faut le dire, ne fuyait pas devant les coups de son adversaire, et, malgré la fureur avec laquelle il était attaqué, il faisait bonne contenance, et défendait le terrain avec courage. Mais il était moins robuste que Duguesclin, moins adroit que lui ; et qui donc pouvait résister au bon chevalier ?

Les amis de Gilbert le protégeaient de leur mieux ; quelques-uns même s'étaient mis de la partie, et déjà le héros breton allait se trouver entouré quand la porte de la salle s'ouvrit, et le comte de Preignac entra seul et sans armes.

Cette intervention mit momentanément fin à la lutte ; le comte promena son regard étonné autour de lui, et le ramena enfin sur Duguesclin, qui venait d'appuyer la pointe de son épée sur le sol, et qui attendait le résultat de cette suspension.

— Que se passe-t-il donc chez moi ? dit alors le vieux comte de Preignac en jetant un regard sévère sur son fils, et depuis quand, dans le pays de Guienne, vingt chevaliers ont-ils la lâcheté d'attaquer un seul homme qui s'est présenté comme leur hôte ? Est-ce

vous, mon fils, qui avez ordonné cette trahison? Est-ce vous seulement qui l'avez autorisée?... Cette honte était réservée à ma vieillesse
de voir mon hôte insulté chez moi par mon propre fils... Eh bien!
puisque les jeunes oublient à ce point les traditions d'honneur et de
loyauté, puisque les chevaliers d'aujourd'hui n'ont pas honte de
commettre de pareilles actions, c'est à nous, les chevaliers d'autrefois, à les rappeler à ce qu'ils doivent au nom qu'ils portent!...

Le vieux comte de Preignac marcha alors, malgré ses rhumatismes, vers une panoplie, en arracha une épée que sa main débile
pouvait à peine soulever, et vint, ainsi armé, se placer à côté de
Duguesclin étonné.

Réfléchissez pour l'honneur de la noblesse que Gilbert n'était
qu'un bâtard, fait de complicité avec une anglaise maigre!

Cependant les chevaliers ne savaient que faire; ils regardaient le
jeune Gilbert qui, les bras pendants, les yeux fixés au sol, n'osait
prendre une détermination.

Cette hésitation était toutefois trop en dehors des mœurs de l'é-
poque pour être de longue durée; un mot imprudent suffisait pour
pousser toute l'assemblée vers une collision attendue, et, ce mot, on
ne sut jamais qui le prononça.

Toujours est-il qu'au moment où les deux côtés de la salle se menaçaient du regard, un des chevaliers qui entouraient Gilbert de
Preignac jeta une parole d'accusation, qui semblait s'adresser à la
lâcheté de ses compagnons, et aussitôt un même mouvement emporta tous les chevaliers de Saint-Jean de Jérusalem. Les épées se
levèrent, et chacun se précipita, Gilbert le premier, vers Bertrand
Duguesclin.

Mais ce dernier s'était mis sur la défensive; il avait saisi son arme
à deux mains, l'avait fait énergiquement tournoyer, et le premier
chevalier qui se présenta à distance fut impitoyablement massacré.

C'était Gilbert de Preignac!

Le malheureux comte jeta un cri de détresse, et ce cri fut aussitôt répété par tous les spectateurs.

— Arrière, s'écria le héros breton, arrière, ou, par le ciel, le même sort vous attend tous.

Mais les chevaliers ne se possédaient plus de fureur ; il leur fallait une vengeance terrible de cette première victime ; ils s'avancèrent l'épée haute, le front menaçant, vers Duguesclin, qui s'était adossé à la porte, pendant que le comte s'agenouillait près de son fils mourant.

Bertrand Duguesclin était perdu sans doute ; ses ennemis ne devaient point lui faire de quartier ; il allait succomber sous leurs coups ; mais son heure n'était pas encore venue, et le ciel lui envoyait un secours sur lequel il ne comptait pas.

En effet, au moment où il s'adossait à la porte et relevait courageusement son épée teinte encore du sang du jeune Gilbert de Preignac, un grand bruit s'éleva au-dehors ; on entendit un grand cliquetis d'armes, et la porte s'étant ouverte avec fracas, livra passage aux principaux chefs des compagnies de routiers, parmi lesquels on distinguait, au premier rang, Hector de Joyeuse-Garde et le petit Meschin.

Ce Joyeuse-Garde devient décidément bon à quelque chose. Quant au petit Meschin, çà toujours été un routier vertueux.

Cette intervention inattendue fut le signal d'une mêlée horrible et d'une lutte sanglante. Pendant quelques instants, on n'entendit que les cris des combattants, les imprécations des blessés, le râle des mourants. Mais Hector de Joyeuse-Garde avait amené avec lui une troupe fraîche et habituée à ces sortes de combats ; en moins d'un quart d'heure les chevaliers de Saint-Jean de Jérusalem furent contraints de se rendre à merci.

Comme cette lutte finissait, Henri de Vasconcellos entra, ramenant Emérance de Preignac à son père.

Hector avait appris par le petit Meschin l'endroit où le bâtard Lebourg avait conduit l'héritière de Preignac ; ils avaient couru sus avec quelques hommes, et, grâce à l'activité qu'ils avaient déployée en compagnie d'Henri, ils étaient arrivés assez à temps pour l'arracher des mains de Lebourg.

Le vieux comte éprouva une joie d'autant plus vive en revoyant sa fille, que Gilbert venait de mourir dans ses bras ; il riait et pleurait en même temps ; il allait successivement de sa fille au cadavre de son fils, et ne savait s'il devait maudire ses libérateurs ou les remercier.

Enfin, on emporta le malheureux Gilbert et tous les chevaliers qui avaient eu le même sort, et les routiers, qui avaient si vaillamment combattu, purent prendre le repos dont ils avaient tant besoin.

Tout le monde était assez content. En somme, on n'avait perdu dans tout ceci que le bâtard d'un rhumatisme et d'une anglaise.

Une heure après, Duguesclin partait pour Paris, après avoir promis à Hector et à Henri de les revenir bientôt visiter. Mais quelques mois après, le grand maître de l'ordre du Temple allait mourir devant Randon, léguant l'autorité dont il avait été mystérieusement revêtu à Jean III, comte d'Armagnac, de Fezensac et de Rhodez.

A Duguesclin succédèrent donc, comme grands maîtres des Templiers, les chevaliers dont les noms suivent :

Jean III, comte d'Armagnac, de Fezensac et de Rhodez, 1381.

Bernard VIII, d'Armagnac, frère du précédent, connétable de France et gouverneur général des finances, 1391. — Il fut assassiné, à Paris, par la faction bourguignonne, le 12 juin 1418.

Jean IV, d'Armagnac, fils du précédent, 1418.

Jean de Croï, seigneur de Thou-sur-Marne, comte de Chimay, et chevalier de la Toison-d'Or, 1451.

Ce grand maître, dit M. de Freminville, mourut en 1478.

Lors de la réunion du couvent genéral, assemblé pour lui donner un successeur, il s'éleva quelques discussions entre les membres de l'ordre qui en faisaient partie.

Les uns, s'étayant de leurs prédécesseurs, qui avaient constamment choisi des grands maîtres parmi les Templiers ordinaires, prétendirent que cette dignité ne devait jamais appartenir qu'à un guerrier.

Les autres, persuadés que la haine du clergé était le plus grand obstacle à la restauration publique du Temple, pensèrent que le plus sûr moyen d'aplanir toutes difficultés, était de choisir pour chef un des prélats qui faisaient partie de l'ordre (et il y en avait alors, comme il y en eut depuis plusieurs).

Cette discussion amena de longs débats, pendant lesquels le Temple fut provisoirement gouverné par un chevalier nommé Bernard Imbault.

Enfin, la majorité des suffrages se réunit en faveur de l'archevêque de Reims, Robert de Lenoncourt : il fut proclamé grand maître du Temple en 1478 ; mais, soit qu'il n'eût pas l'influence qu'on lui avait crue, soit qu'il rencontrât des obstacles insurmontables, son magistère n'amena point les résultats qu'on en avait attendus. Le parti militaire reprit sa prééminence, et lui donna pour successeurs :

Galters de Salazar, chevalier, seigneur du Mez, fils de Jean de Salazar, conseiller du roi et de Marguerite de la Trémouille, 1496.

Philippe Chabot, comte de Charni et de Brion, amiral de France, chevalier de l'ordre du roi et de celui de la Jarretière, gouverneur de Bourgogne et de Normandie, 1516.

Gaspard de Saulx-Tavannes, maréchal de France, 1544.

Henri de Montmorency, fils puîné du célèbre Anne de Montmorency, maréchal et connétable de France, 1574.

Charles de Valois, simple gentilhomme de Normandie, 1616. — Il se démit volontairement de la charge de grand maître en 1651.

Jacques Roussel de Grancey, gouverneur de Thionville, maréchal de France, et chevalier des ordres du roi, 4651.

Jacques Henri de Durefort, duc de Duras, maréchal de France,
capitaine des gardes-du-corps, chevalier des ordres du roi, 4680.

Nous interromperons ici la liste des grands maîtres de l'ordre du
Temple : c'est à ce moment, en effet, que commence l'histoire qui va
suivre.

FIN DU CINQUIÈME VOLUME

TABLE.

LES TEMPLIERS.

Page

FIN DE LA TABLE DU CINQUIÈME VOLUME.

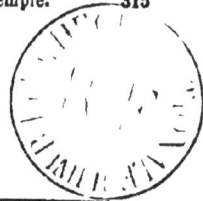

Paris — Typographie de E. et V. PENAUD frères, 10, Faubourg-Montmartre.